Franz Xavier von Neumann-Spallart

Übersichten über Produktion, Verkehr und Handel in der

Weltwirtschaft, 1878-89

1. Band

Franz Xavier von Neumann-Spallart

Übersichten über Produktion, Verkehr und Handel in der Weltwirtschaft, 1878-89
1. Band

ISBN/EAN: 9783743477810

Hergestellt in Europa, USA, Kanada, Australien, Japan

Cover: Foto ©Suzi / pixelio.de

Weitere Bücher finden Sie auf **www.hansebooks.com**

Uebersichten

über

Produktion, Verkehr und Handel

in der

Weltwirthschaft.

Von

Prof. Dr. F. X. von Neumann-Spallart

Jahrgang 1878.

Stuttgart.

Verlag von Julius Maier.

1878.

Vorwort.

Die statistischen Uebersichten, welche hiemit der Oeffentlichkeit übergeben werden, bilden die Fortsetzung derjenigen
Arbeiten, die ich seit dem Jahr 1870 regelmässig für Behm's
geographisches Jahrbuch geliefert habe. Die erfreuliche Wahrnehmung, dass sich viele Fachgenossen für diese von mir versuchten Darstellungen des unendlich verzweigten Getriebes der
Weltwirthschaft interessiren·und dass die Uebersichten durch
die Tagespresse und die Literatur in zahlreichen Citaten auch
einem grösseren Leserkreise bisher ·stets vermittelt worden
sind, ·hat· mich ermuthiget, die mühevolle und zeitraubende
Arbeit neuerdings aufzunehmen. Um jedoch den Zweck einer
möglichst weiten Verbreitung voll zu erreichen, war es unerlässlich nothwendig, aus dem Rahmen eines blossen Beitrages
zum geographischen Jahrbuche herauszutreten und die „Uebersichten" als selbstständiges Buch erscheinen zu lassen.

Da mit diesem Jahrgange gewissermassen der Anfang
einer neuen Serie gemacht ist, mussten alle jene statistischen
Daten in retrospectiven Tabellen wieder aufgenommen werden,
welche die Basis von inductiven Schlussfolgerungen und histo-
rischen Vergleichen bilden; überdiess erforderten einzelne Abschnitte, wie namentlich derjenige über das Geld- und Credit-

wesen eine den Zeitverhältnissen entsprechende, eingehendere Behandlung als in früheren Jahren. Dadurch ist das Buch etwas umfangreicher geworden, als beabsichtigt war, es hat aber auch mehr den Charakter einer in sich abgeschlossenen Arbeit erhalten, als bei blosser Beschränkung auf den allerletzten Zeitraum möglich gewesen wäre.

Die Absicht, welche mich bei der Verfassung geleitet hat, würde nur halb erreicht, wenn man das Ziffernmaterial, welches hier aufgehäuft ist, und die daraus gezogenen Erfahrungssätze anders auffassen würde, als es ihrer eigensten Natur nach der Fall sein muss. Wie ich ausdrücklich erkläre, sollen hier nur grosse Umrisse gezeichnet werden, und nicht das einzelne Detail, sondern die Darstellung der Erscheinungen im Ganzen ist dasjenige, was ich zu bieten bemüht war. Schon dabei stellten sich grosse Hindernisse in den Weg; nicht nur sind die einzelnen statistischen Erhebungen, auf welche sich die folgenden Uebersichten stützen, in der Literatur aller Länder ungemein zerstreut, in sehr verschiedener Art gewonnen und in verschiedenem Grade verlässlich, sondern es fehlt denselben nur zu häufig die Vergleichbarkeit, indem die Methode der Beobachtungen und die Aufzeichnungen der Letzteren in den einzelnen Staaten in und ausser Europa oft so sehr abweichend sind, dass eine tiefer herabreichende Zergliederung des Stoffes geradezu unmöglich wird.

Ad. Quetelet hat bekanntlich zu seinen vielen Verdiensten auch das hinzugefügt, dass er die Mängel der vergleichenden und descriptiven Statistik durch die Anbahnung gemeinsamer Grundsätze für die Beobachtung der Thatsachen allmählich zu beheben trachtéte. Schon dem im Jahre 1860 zu London abgehaltenen vierten statistischen Congresse hatte er den Plan einer internationalen Statistik aller Länder vorgelegt und selbst einen Theil derselben bearbeitet.

Dieser Anregung ist es zu danken, dass auf dem im Jahre 1869 im Haag abgehaltenen siebenten statistischen Congresse nach Engel's Vorschlag das Programm einer „Statistique internationale et comparée de l'Europe et des Etats Unis" festgestellt und die Bearbeitung derselben unter die Delegirten der im Congresse vertretenen Regierungen vertheilt wurde. Dieses Werk ist aber indessen nur wenig vorgeschritten; unter den bisher erschienenen Publicationen beziehen sich nur vier auf das Gebiet des materiellen Culturlebens, dessen Darstellung wir uns zur Aufgabe gemacht haben und auch in diesen Theilen liegt nur wenig Ausbeute für die Statistik der Weltwirthschaft.

Wir können uns daher nur auf jene allgemeinen Umrisse beschränken, welche sich unabhängig von dem Plane einer künftigen einheitlichen Statistik aller Staaten der Erde schon länderweise aus den mannigfachsten Aufzeichnungen entnehmen lassen. Der Literatur-Nachweis, welcher den Schluss dieses Buches bildet, zeigt am besten, welche Schwierigkeiten sich vorläufig noch einer Sammelarbeit solcher Art entgegenstellen. Die Gefälligkeit der Vorstände mehrerer statistischer Bureaux, die Beiträge, welche mir von einzelnen Seiten über specielle Fragen verfügbar gemacht wurden und die Reichhaltigkeit der Bibliotheken Wien's mussten zusammentreffen, um dieses verschiedenartig zersplitterte Material zu erlangen. Wenn ich trotzdem Einiges übersehen, oder Irrthümer begangen haben sollte, wird mir jede Berichtigung für die künftigen Jahrgänge der Uebersichten willkommen sein, obgleich ich meinerseits selbst jede Angabe sorgfältigst geprüft habe. Ich wünsche lebhaft, dass die Arbeit in einem Umfange benützt werde, welcher der darauf gewendeten Mühe entspricht.

Wien, Anfang August 1878.

Neumann.

Inhalts-Verzeichniss.

Rohstoffe für die Weltindustrien und den Massenverbrauch.

Der Welthandel.

Literatur-Nachweis.

Einleitung.

Die Entwickelung der Weltwirthschaft.

Mit ungeahnter Raschheit hat sich seit der Mitte unseres Jahrhunderts die Weltwirthschaft entwickelt; die Formen eines höheren, alle Culturstaaten der Erde umfassenden Organismus treten immer deutlicher hervor. Das Verlangen nach allgemeiner und gegenseitiger Ergänzung ist unaufhaltsamer, als die Sonderinteressen einzelner Klassen und Stände. Die nationalen Kreise, welche in einer früheren Zeit und unter der Herrschaft veralteter national-ökonomischer Ideen noch möglich waren, werden nach allen Seiten immer mehr durchbrochen und die kosmopolitische Gestaltung tritt als einigendes Band an deren Stelle. Die internationalen Beziehungen aller Völker der Erde schaffen ein ganz neues Lebensgebiet, auf welchem die einzelnen Volkswirthschaften die Function von Gliedern erhalten, und innerhalb dessen sie sich selbst wieder zu Wirthschaftsgruppen vereinigen. Handel und Schifffahrt, Eisenbahnen, Posten und Telegraphen geben die äusseren Bedingungen für diese Vereinigung; mit denselben Hand in Hand geht die Arbeitstheilung, welche zur Massen-Production an einzelnen besonders geeigneten Stellen der Erde führt. Mit der Menge und Billigkeit der Erzeugung tritt eine solche Erweiterung der Bedürfnisse und des Verbrauches der Welthandels-Güter ein, dass es keine Schranken mehr gibt, welche mächtig genug wären, diesen allseitigen Anforderungen Widerstand zu leisten. Die administrativen und völkerrechtlichen Institutionen müssen denselben angepasst werden, damit die Gesetzgebung den Ausdruck der Strebungen des Zeitalters und in diesen ihre eigene haltbare Grundlage finde. So entstanden und entstehen noch fortwährend jene zahlreichen Staatsverträge, welche zumeist wirthschaftliche Aufgaben

nach gemeinsamen Interessen zu lösen suchen, indem sie die ein-
stigen Zollschranken, die Verschiedenartigkeit der Verkehrseinrich-
tungen, des Rechtsschutzes und der Verwaltungspflege immer mehr
beseitigen. Auf dem Inhalte der ökonomischen Staatsverträge ruht
die mit Riesenschritten herbeigeführte Erleichterung des Welthandels;
es ruht darauf die Gleichartigkeit von Maass-, Gewicht- und Geldwesen für ganze Völkerfamilien, die Vereinigung der grössten Ländercomplexe durch Eisenbahn-, Post- und Telegraphen-Verbände;
es folgt daraus endlich die kosmopolitische Weiterbildung des
Verkehrswesens durch eigens dafür geschaffene. Körperschaften:
Eisenbahn-Congresse, den Weltpost-Congress und die europäische
Telegraphen-Conferenz. Die international-gleichartige Rechtsbildung,
wie sie theilweise schon verwirklicht, theilweise in Vorbereitung begriffen ist und jene Staatsverträge machen die Ausnützung von
Capitalien und Crediten ohne Rücksicht auf Nation und Land immer
mehr zur Wahrheit. Aus allen diesen Vereinigungen der Völker aber
bildet sich eine über die politischen Grenzen des Staates weit hinaus-
reichende und unbezwingbare Macht: die Weltwirthschaft.
Die Ergebnisse dieser grössten Grossmacht spiegeln sich am deutlichsten in dem raschen Fortschritte und der enormen Steigerung
ab, welche Production, Consumtion und Handel während der letzten
Jahrzehnte erfahren haben.

Die exacte Beweisführung für den Grad der Zunahme aller
wirthschaftlichen Kräfte durch Zahlen, die unmittelbar neben einander
gestellt und verglichen werden könnten, ist der Natur der Sache
nach, ausgeschlossen. Wohl aber lassen Symptome einen sichern
Schluss auf die Intensität der Erscheinung zu. Zu diesen Symptomen
gehört in erster Linie der Anwachs des Nationalvermögens in den
grossen Kulturstaaten.

Grossbritannien ist unter Allen in erster Reihe zu nennen.
Nach den Erträgen der Income-Tax und nach mehreren anderen
statistischen Merkmalen, ist dort die Ansammlung von Reichthümern
am raschesten vor sich gegangen. Dudley Baxter gibt den Werth
des durch die Steuern getroffenen Einkommens für die Jahre 1814—
1815 auf 146 Mill. Pfd. Sterl. an; im Jahr 1843 betrug dasselbe
bereits 251 Mill. Pfd. Sterl., im Jahr 1865 stieg es auf 396 Mill.
Pfd. Sterl. und im Jahr 1875 auf 571 Mill. Pfd. Sterl. Wird dieses
nachweisbar der Steuer unterliegende und das von derselben befreite
Einkommen nach einem von Rob. Giffen jüngst durchgeführten,

eher hinter der Wirklichkeit bleibenden als dieselbe überschreitenden Calcül capitalisirt, so ergibt sich, dass das Nationalvermögen des Vereinigten Königreichs im Jahr 1865 6113 Mill. Pfd. Sterl., dagegen im Jahr 1875 bereits 8548 Mill. Pfd. Sterl. betragen, d. h. in diesem Jahrzehnt jährlich um 243 Mill. Pfd. Sterling oder 4860 Mill. Mark zugenommen hat. Diese Schätzung wird durch mehrere auf anderem Wege gewonnene Daten bestätigt: so zuerst durch die Erträgnisse der Erbsteuer, welche zeigt, dass das bewegliche Vermögen allein, dessen Uebertragung bei dieser Art der Besitzveränderung zeitweilig an's Tageslicht kömmt, von 1200 Mill. im Jahre 1874 auf 2200 Mill. im Jahre 1845 und auf rund 5000 Mill. Pfd. Sterl. im Jahre 1875—76 stieg, und dass hiervon 1500 Mill. Pfd. Sterl. im letzten Dezennium entstanden zu sein scheinen; dann durch die Höhe der gegen Feuer versicherten Werthe, welche, wie Porter in seinem „Progress of the Nation" anführt, im J. 1801 nur eine Summe von 232 Mill., im J. 1845 bereits 745 Mill. und nach Leone Levi im J. 1867 1365 Mill. Pfd. Sterl. betrugen; endlich nach den Einlagen in den Sparkassen, welche von 13,₅ Mill. Pfd. Sterl. im J. 1830 auf 70 Mill. Pfd. Sterl. im J. 1876 gestiegen sind. Die mit dieser Vermögens-Anhäufung zusammenhängende Handelsbewegung lässt sich in ein paar Zahlen ausdrücken. Im J. 1801 betrugen die gesammten Ein- und Ausfuhren nur 71,₅ Mill., im J. 1845 bereits 135,₃ Mill. Pfd. Sterl., im J. 1873 aber erreichten sie den Höhepunkt von 682,₃ Mill. Pfd. Sterl. Zur Bewältigung dieser Handelsumsätze liefen im J. 1802 in allen britischen Häfen Fahrzeuge mit einer Tragfähigkeit von nur 3,₄ Mill. Tonnen aus und ein; um das J. 1845 betrug diese Schiffsleistung schon 10,₇ Mill. Tonnen, im J. 1876 aber 50,₇ Mill. Tonnen; die Steigerung tritt hier am klarsten hervor! Wir werden in den folgenden Abschnitten noch Gelegenheit finden, auf viele analoge Anzeichen hinzuweisen, beschränken uns daher vorläufig auf diese wenigen Merkmale, aus denen das riesige Anwachsen der britischen Wirthschaftsmacht zu beurtheilen ist.

Die Vereinigten Staaten von Nordamerika nehmen durch die ungemeine Raschheit ihres Aufschwunges nächst England das meiste Interesse in Anspruch. Aus den mit dem zehnjährigen Census stets verbundenen Schätzungen der verschiedenen Grundlagen des Nationalreichthums entnehmen wir, dass man im J. 1800 das Vermögen der damals 5,₃ Millionen Köpfe zählenden Einwohner Nordamerika's mit 1072 Mill. Dollars bezifferte, so dass auf einen Einwohner 202 Doll. entfielen; im J. 1850 ergab der Census bei 23 Mill. Einwohnern ein Vermögen von 7136 Mill. d. h. per Kopf 307 Doll.; im J. 1870 hatte sich die Bevölkerung auf 38,₅ Mill. Menschen und deren Vermögen auf 30.069 Mill. Doll., d. h. der Durchschnitt per Kopf auf 777 Doll. gehoben. Auch hier war die Entwickelung wie in England bis zum J. 1840 eine sehr langsame, dann folgte der schnelle Anwachs und er erreichte von 1860 bis 1870· seine grösste Beschleunigung. Der Census von 1880 wird uns neue Zunahmen verzeichnen; denn es liegen einzelne Nachrichten vor, welche eine geradezu erstaunliche Reproductionskraft in diesem transatlantischen Freistaate erkennen lassen. So soll nach einem Berichte, welchen kürzlich S. J. Moore der Gesellschaft für Socialwissenschaften erstattete, der Werth der Manufactur-Erzeugnisse von 1800 Mill. Doll. im J. 1866 auf 4000 Mill. Doll. im J. 1877 gestiegen sein. Auf die Anlage und Ausrüstung von Eisenbahnen allein wurden seit dem letzten Census nahezu 2300 Mill. Doll. aufgewendet und die Umsätze des Aussenhandels, welche im J. 1860 735 Mill., im J. 1869 755 Mill. Doll. betrugen, waren im J. 1873 auf dem Höhepunkte von 1241 Mill. Doll. angelangt, von welchem sie allerdings seither durch die Krise wieder herabgestürzt wurden.

Unter den continentalen Staaten haben wir einige Anhaltspunkte für die Hebung des Wohlstandes in Frankreich. Michel Chevalier veranschlagte das mittlere Einkommen eines Franzosen im J. 1848 auf 75 Centimes täglich, also dasjenige des ganzen Volkes auf rund 8 Milliarden Francs jährlich, während es M. Block schon im J. 1868 nach guten analytischen Daten auf 22,₇ Milliarden Francs schätzen konnte. Eine noch rapidere Steigerung muss sich in dem letzten Decennium vollzogen haben, wenigstens lassen es die übrigen Symptome bestimmt annehmen. Nach den officiellen Angaben des Finanzministeriums hat der Werth des durch Verlassenschaften constatirten Capitals von 2055 Milliarden Francs im J. 1847 auf 2443 im J. 1859, 3637 im J. 1869 und 3749 Milliarden im J. 1874 zugenommen. Die ordentlichen Einnahmen der Staatsfinanzen sind von 729,₂ Mill. Frcs. im J. 1815 auf 1296 Mill. im J. 1850 und auf 2664 Mill. Frcs. im J. 1877 gestiegen, was trotz des Antheils, den die Steueranspannung daran hat, dennoch auf hohe Leistungsfähigkeit schliessen lässt; der Aussenhandel Frankreichs hat sich in derselben Zeit, d. i. seit 1815, von 611 Mill. Frcs. auf 1904 Mill. Frcs. im J. 1850 und 7241 Mill. Frcs. im J. 1877 gehoben,

und endlich hat die Zahl der in den Industrieen und Verkehrsanstalten verwendeten Dampfmaschinen von 2873 mit 56.422 Pferdekräften im J. 1840 auf 32.827 mit 871.176 Pferdekräften im J. 1869
(vor dem Verluste von Elsass-Lothringen) zugenommen.

Ueber den ungeheueren Aufschwung des Wirthschaftslebens in
Deutschland können wir wegen der mehrfachen politischen, ad-
ministrativen und territorialen Veränderungen, welche in die letzte
Zeit fallen, keine so vergleichbaren Zahlen anführen, wie für andere
Volkswirthschaften. Es genüge daran zu erinnern, dass der Aussen-
handel des Zollvereins von circa 1060 Mill. Mark im J. 1850 (nach
Hübner) auf 6000 Mill. Mark im J. 1874 (nach Laspeyres) stieg,
und dass sich die Gesammteinnahmen des Zollvereins an Zöllen und
Verbrauchsabgaben von 69 Mill. Mark im J. 1850 auf 183 Mill.
Mark im J. 1873 hoben. Wir fügen noch bei, dass auf dem Gebiete des preussischen Staates (nach Engel) die Zahl der stationären
Dampfmaschinen von 7894 mit 167,793 Pferdekräften im J. 1861
auf 23.730 mit 685.559 Pferdekräften im J. 1875, d. i. um 347
resp. 385 Proc. vermehrt wurde und dass für die Herstellung aller
Dampfmaschinen und Locomotiven in dieser kurzen Zeit von 1861
bis 1875 in Preussen allein ungefähr 550 bis 600 Mill. Mark auf-
gewandt wurden. Diese Symptome deuten auch hier auf die Raschheit der Entwickelung im letzten Vierteljahrhunderte. Sie wiederholen
sich in den übrigen westeuropäischen Ländern, aus denen wir nur noch
Oesterreich-Ungarn hervorheben, weil es einiges nicht uninteres-
santes Material bietet.

Der verdiente Statistiker C. v. Czörnig berechnete für Oesterreich auf Grund mehrfacher amtlicher Erhebungen das rohe
Volkseinkommen aus Landwirthschaft, Bergbau und Industrie im
Jahre 1859 auf circa 3360 Millionen Gulden; eine Privatarbeit
aus dem J. 1867 gelangte zu der Schätzung von 4300 Mill. und
wir selbst konnten für das J. 1874 das Brutto-Volkseinkommen aus
diesen Zweigen auf 5500 bis 6000 Mill. Gulden im Minimum schätzen.
Der Betrag der in den österreichischen Sparkassen capitalisirten
Einlagegelder hat sich von rund 3 Mill. Gulden im J. 1825 auf
106 Mill. Gulden im J. 1860 und dann bis 1876 rasch auf die
enorme Summe von 610 Mill. Gulden gehoben, obwohl notorisch
der Sparsinn der Bevölkerung weder nach der natürlichen Charakter-
anlage sehr rege, noch durch äussere Mittel gepflegt worden ist.
Die Einnahmen der Staatsfinanzen, welche am Beginne des Jahr-

hunderts, da allerdings noch die Naturalwirthschaft in grossem Umfange bestand, nur 80 bis 90 Mill. Gulden betragen hatten, hoben sich in der Mitte unseres Jahrhunderts nach Durchführung der Grundentlastung auf circa 200 Mill. Gulden, und beziffern sich jetzt in beiden Reichshälften auf nahezu 600 Mill. Gulden, was doch jedenfalls auch als ein Symptom der wesentlich gesteigerten wirthschaftlichen Leistungsfähigkeit der Bevölkerung gelten darf.

Wohin wir also unsere Blicke wenden, überall tritt uns eine Erweiterung der materiellen Lebenskreise hervor, die in wenigen Jahrzehnten Dimensionen erreicht hat, wie sie früher in ganzen Jahrhunderten von der Menschheit nicht zuwege gebracht wurden. Die Impulse, welche aus dieser Entfaltung aller Kräfte hervorgingen, wirkten so stark, dass sie in den Jahren 1870—72 zur Ueberproduction und Ueberspeculation führten, in Folge deren die grösste aller Handelskrisen, jene des Jahres 1873, über fast sämmtliche Länder der Erde hereinbrach. Von Oesterreich (im Mai 1873) ihren Ausgangspunkt nehmend, wurde sie der Zeitfolge nach in Italien, Russland, dann in Nordamerika (Sept. 1873), in Deutschland (seit Oktober 1873), hierauf in England und im Laufe des Jahres 1874 an den verschiedensten Punkten der Erde zu einer acuten, in den meisten Ländern sogar zu einer chronischen Erkrankung. Selbst Frankreich, welches durch eine glückliche Verkettung von Umständen von dem „Overtrading" verschont zu bleiben hoffte, entging den Erschütterungen der Weltwirthschaft nicht, sondern wurde zu Ende 1876 ebenfalls davon erfasst. Mit einer geradezu entmuthigenden Intensität nahm die Depression in den letzten Jahren allenthalben so unaufhaltsam zu, dass man sich kaum mehr die Erklärung dafür zu geben vermochte, wie es denn komme, dass ein so tief gedrückter Zustand der Dinge in Grossbritannien, Amerika, Deutschland, Oesterreich, kurz in ganz Mitteleuropa und zuletzt auch in den Staaten der apenninischen und pyrenäischen Halbinsel andauern könne, ohne dass ein Anzeichen der Abhilfe oder der natürlichen Reaction bemerkbar wurde. Die Geldmittel der Consumenten und die Kaufkraft aller Völker des Erdballes nahmen seit 1873 in einem vorher unerhörten Grade ab und die ehernsten Grundvesten des Wohlstandes schienen den zerstörenden Gewalten keinen Widerstand leisten zu können.

Aber auch dieser Stillstand und der momentane Rückschritt darf uns an der weiteren Entwickelung der Weltwirthschaft in der

nächsten Zukunft nicht irre machen. Diese Periode der Ruhe und
des Stillstandes ist nur die Etappe für einen späteren Aufschwung,
der sich in einer — gegenüber den Jahrtausenden der Culturgeschichte
des Menschen — relativ kurzen Spanne Zeit gewiss wieder einstellen wird. Die traurigen Vernichtungen der vorhandenen Werthe,
die ungeheure Zerstörung der in Industrie und Verkehr engagirten
Capitalien, die allgemeine Lähmung der productiven Arbeitskräfte:
sie können nicht sogleich wieder verwunden werden. Es erschiene
uns als Ausgeburt des unberechtigtsten Pessimismus, wollte man eine
Wiederkehr der früheren Prosperität überhaupt absprechen. Im
Gegentheile; schon liegen ganz bestimmte Anzeichen dafür vor, dass
an einzelnen Punkten der Weltwirthschaft die Wendung zum Besseren beginnt. Die Einschränkung des überflüssigen Verbrauches,
die intensivere Arbeit auf denjenigen Gebieten, wo sich auf Gewinn
rechnen lässt und wo allmälig Ueberschüsse zur Neubelebung der
erstorbenen Gebilde entstehen müssen, endlich die reichen Erträge
des Bodens, wie sie bei der heutigen Wirthschaftsweise in günstigen
Jahren unfehlbar wieder kommen müssen: das sind die Factoren,
durch welche früher oder später in die Bahnen neuen materiellen
Fortschrittes eingelenkt werden wird. Noch sind die äusseren, insbesondere die politischen Zustände Europa's dieser Wiedergeburt
hinderlich. Die nach dem Ende der Kriegswirren nicht zu bezwei-
felnde Aufnahme der productiven Arbeit am richtigen Platze, die
stetig vorwärts eilenden Verbesserungen der Technik und industriellen Erfindungen, die billigere Herstellung der Artikel des Massen-
verbrauches, das Aufsuchen neuer Wege des Gütertausches müssen
zu einer aufsteigenden Conjunctur führen.

Diese mit Zuversicht zu erwartende künftige Wendung wird
dasjenige Land am besten auszunützen im Stande sein, welches mit
grösster Klarheit und Objectivität die wirthschaftlichen Verhältnisse
beurtheilt und die Anhaltspunkte dafür in der richtigen Beobachtung
des Verlaufes der Ereignisse sucht. Da es überhaupt als zweifellos
gilt, dass heute kein civilisirter Staat mehr die materiellen und geistigen Bedingungen seiner Existenz und Weiterbildung blos in sich
selbst voraussetzen darf, sondern dass jeder durch gemeinsame
Interessen mit allen übrigen solidarisch verbunden ist, dass jeder
sich von Aussen ergänzen muss und zur Ergänzung der Uebrigen
dient, so liegt die Sphäre jener nothwendigen Beobachtungen weit
über den Grenzen des einzelnen Volkswirthschaftsgebietes. Die er-

kennbaren Merkmale für den Verlauf der Ereignisse sind vielmehr
in der Weltwirthschaft selbst zu suchen; die statistische Beobachtung muss sich an dieses grosse und verwickelte Getriebe
heranwagen und muss die einzelnen Elemente desselben vorläufig
wenigstens in Umrissen ununterbrochen verfolgen, dessen Phasen
verzeichnen und den Gesammteindruck in möglichst getreuer Form
wiedergeben.

Kein einziger Zweig der Production und des Handels, keine
einzige Richtung des Verkehrs kann wirthschaftlich sicher beurtheilt
werden, ohne dass man den Zusammenhang dieses Einzelnen mit
dem grossen Ganzen erfasst. Vom rohen Ertrage des Bodens bis
zur feinsten Leistung der Kunstindustrie, von der Legung eines
Telegraphendrahtes bis zur Durchbohrung der Hochgebirge hängt
Alles gleichsam durch Tausende von Fäden mit den Zuständen des
Weltmarktes so zusammen, dass es ohne Beziehung zu dem Letzteren nicht gedeihen kann. Die Erkenntniss dieses Zusammenhanges
zu vermitteln, wird eine dringende Aufgabe unserer Zeit, und in der
That widmen sich derselben an unzähligen Punkten des geschäftlichen Lebens und der Staatsverwaltung unausgesetzt die Beobachter,
aus deren ersten Aufschreibungen und ihrer Sammlung wir ein übersichtliches Bild zu gestalten bemüht sind. Nach der Natur der
Sache und nach dem Zwecke, dem es dienen soll, genügt dieses
Bild, wenn es in allgemeinen Umrissen die Züge der Weltwirthschaft
erkenntlich macht. Nicht den Aufschluss über die kleinste Veränderung, die sich vollzogen hat, sondern nur Einblicke in die grosse
Bewegung der materiellen Cultur während der jüngsten Zeit sollen
die folgenden Abschnitte bieten.

Die Nahrungs- und Genussmittel in der Weltwirthschaft.

I. Getreideproduction und Getreidehandel.

Wenn wir die Entwickelung und den gegenwärtigen Zustand des Kornhandels an die Spitze dieser Uebersichten stellen, so leiten uns dabei vornehmlich zwei Gesichtspunkte, ein kultureller und ein ökonomischer. Der kulturelle besteht in der Ueberzeugung, dass die heutige Organisation der Brodversorgung einen grossen allgemein menschlichen Fortschritt begründet, weil sie die civilisirten Länder der Erde von den früher so häufigen Gefahren der Hungersnoth und Theuerung mit allen nachweisbar in deren Gefolge stehenden nachtheiligen Einflüssen auf Geburten, Ehen, Sterbefälle und Moralität ziemlich befreit hat. Der grossartig organisirte Handel mit Brodfrüchten hat zwischen den fruchtbaren Productionsgebieten im Osten und Norden von Europa, in Nordamerika, in Aegypten, Ostindien, Australien einerseits und den dicht bevölkerten Industriestaaten im Westen unseres Erdtheiles andererseits einen so stetigen Contact hergestellt, dass die Witterungsverhältnisse, welche in einzelnen Jahren lokal herrschen, die Missernten, welche einzelne Länder heimsuchen, für den Weltmarkt nicht in Betracht kommen. Der Ausgleich zwischen den entferntesten Theilen der Erde ist ein vollständiger; die Ungunst der Natur wird dadurch überwunden und wenn selbst eine ganze Staatengruppe völlig auf Zufuhren von einer anderen angewiesen wäre, so werden solche Leistungen heutzutage ohne erhebliche Anstrengungen, ohne beträchtliche Opfer durchgeführt. Sogar die totale oder theilweise Missernte, welche im Jahre 1873 gleichzeitig mit den übrigen Erschütterungen des Wirthschaftslebens die grössten Getreideproducenten Europa's: Russland, die unteren Donauländer, Oesterreich-Ungarn, Deutschland und

Frankreich zugleich heimgesucht hatte, ging ohne andere Folgen, als eine relativ mässige Erhöhung der Getreidepreise vorüber, da die gleichzeitigen ergiebigen Weizenernten Nordamerika's rasch dem Mangel abhalfen. Es ist gewiss kein geringer Sieg des heutigen Kulturlebens, dass diese so vollständig eingerichtete Beschaffung des wichtigsten Nahrungsmittels der ganzen Bevölkerung nicht mehr von deren eigenem Wohnsitze ausgehen muss, sondern davon völlig unabhängig geworden ist. Die Zufuhren von Weizen aus der Region des russischen Tschernozem oder aus Illinois und Jowa sind nicht schwieriger und nicht kostspieliger, als die frühere Erzeugung im nächsten Umkreise der Städte war. Die Menschen sind daher nicht mehr, wie einst bei der Wahl ihres Standortes an die Kornfrage gebunden, sondern sie haben sich von dieser, in früheren Jahrhunderten entscheidenden Bedingung der Natur unabhängig gemacht.

Aber auch ein ökonomischer Gesichtspunkt ist vorhanden, um dem Getreidehandel den ersten Platz in der Weltwirthschaft einzuräumen. Kein anderer Zweig der Production und des Handels hat sich so schnell zu einer imposanten Höhe erhoben, wie dieser. Vor einem Jahrhundert schätzte Turgot, der berühmte physiokratische Minister Ludwig's XVI., den internationalen Kornhandel der Erde auf 6, höchstens 7 Millionen Septiers, d. i. ungefähr 10 bis 11 Mill. Hectoliter Getreide; jetzt gelangen jährlich wohl nicht weniger als 200 Mill. Hectoliter in den internationalen Verkehr. Diejenigen Länder, welche an diesem Zweige des Welthandels einen hervorragenden Antheil nehmen, sind mit einer Raschheit zu ihrer heutigen Grösse herangewachsen, welche allen Erfahrungen spottet. Russland verschickte im Anfange unseres Jahrhunderts (1800 bis 1813) durchschnittlich 3,5 Mill. Hectoliter, in der Mitte des Jahrhunderts (1844—1853) jährlich 11,5 Mill., in den letzten fünf Jahren dagegen zwischen 33 und 56 Mill. Hectoliter Getreide und Mehl in alle Theile Europa's. Die Vereinigten Staaten von Nordamerika' waren in den vierziger Jahren für den Kornhandel noch kaum beachtet, denn ihr gesammter Export betrug durchschnittlich nur 5 Mill. Hectoliter im Werthe von etwa 22 Mill. Dollars; jetzt treten sie mit 30—40 Mill. Hectoliter Brodfrüchten und Mehl im Werthe von 120—140 Mill. Dollars in den Welthandel ein. Und umgekehrt hat England in den Jahren 1800 bis 1810 nur ungefähr 1,6 Mill. Hectoliter Weizen und einige hunderttausend Centner Mehl von Aussen zugeführt, wogegen es sich in den abgelaufenen zehn Jahren darauf eingerichtet hat, durchschnittlich je 28 Mill. Hectol. Weizen und 6 Mill. Centner Mehl zur Ernährung des Volkes aus allen Gegenden der Welt zu beziehen.

Auf solche Art ist es gekommen, dass der Getreidehandel gegenwärtig — wie wir unten nachweisen — einen Jahresumsatz von ungefähr 5 Milliarden Mark, also nicht viel weniger als den zehnten Theil der gesammten Welthandelswerthe für sich in Anspruch nimmt. Der Kornhandel hat dadurch in seiner Bedeutung alle übrigen Zweige des Gütertausches weit überflügelt, und wir können in dieser Beziehung den „King Corn" dem früher so hoch gehaltenen „King Cotton" als ebenbürtigen Herrscher in der Weltwirthschaft zur Seite stellen.

Wir verfolgen nunmehr den Verlauf dieser Thatsachen in den einzelnen Staaten nach ihrer natürlichen Gruppirung erstens in Länder, welche regelmässig die Ueberschüsse der eigenen Production ausführen, um andere damit zu versorgen, und zweitens in solche, welche regelmässig auf diese Zufuhren angewiesen sind, um sich durch dieselben zu approvisioniren und das Deficit der eigenen Ernten zu decken.

1. Länder mit regelmässigem Export von Cerealien.

1. Russland. Unter allen Getreideländern steht Russland voran, sowohl was die Grösse der Ernteerträge, als die zur Ausfuhr gelangenden Ueberschüsse betrifft. Noch immer jedoch lässt sich in Ermangelung einer rationell eingerichteten Erntestatistik kein vollständiger Einblick in die thatsächlichen Productionsverhältnisse gewinnen, und auch die neuesten officiellen Daten sind so wenig exact, dass sie eben nur als Schätzungen gelten dürfen. Die folgenden Zahlen beruhen auf den Erläuterungen zu dem vom Domänen-Ministerium herausgegebenen „landwirthschaftlich-statistischen Atlas", auf dem Berichte der zur Untersuchung der landwirthschaftlichen Zustände eingesetzten Enquête-Commission (Petersburg, 1873) und auf directen Mittheilungen, welche im Wege einer Umfrage eingeholt wurden. Obwohl die Erhebungen durch die Provinzial-Delegationen und ländlichen Gemeinden (volost) angeblich mit vieler Mühe geleitet werden, liefern sie doch wegen des geringen Bildungsgrades der Landwirthe, sowie wegen des steten Wechsels

der Kulturarten und des Wirthschaftsbetriebes, im Zusammenhange
mit der grossen territorialen Ausdehnung des Reiches, nicht so verlässliche Anhaltspunkte, als im Interesse des Getreidehandels wün-
schenswerth wäre. Es betragen die

Ernten aller Cerealien

nach einem Anschlage im Jahre 1868 . . . 560 Mill. Hectoliter,
„ der im J. 1872/73 gepflogenen Enquête . 609 „ „
„ privaten Angaben im Jahre 1870 . . . 640 „ „
„ „ „ „ „ 1871 . . . 511 „ „
„ „ „ „ „ 1872 . . . 560 „ „
„ „ „ „ „ 1873 . . . 562 „ „
„ , officiellen Daten im Durchschn. 1870-1874 653 „ „

Dieser Totalertrag vertheilt sich approximativ wie folgt:

	nach privaten Schätzungen:		nach der Enquête von 1872/73:	
Weizen	100 Mill. Hectol.		95 Mill. Hectol.	
Roggen	245	„ „	231	„ „
Gerste	45	„ „	41	„ „
Hafer	180	„ „	173	„ „
Buchweizen . . .	25	„ „	34	„ „
Anderes Getreide .	35	„ „	32	„ „

Die Ernte des Jahres 1877 war, trotz der Störungen, welche
der Krieg bei der Bestellung des Bodens mit sich brachte, in Süd-
russland die reichlichste seit 25 Jahren; in Podolien wurde sie
auf 15 %, in den wichtigsten Gouvernements von Mittel- und Süd-
russland auf 25 % über dem Durchschnitte geschätzt.

Die Getreideproduction und namentlich jene des Weizens hat
ihren eigentlichen Sitz im europäischen Russland, denn es entfallen
nach den niedrigsten officiellen Angaben

auf das europ. Russland mit Polen, den Ostsee-
Provinzen und Finnland . . . . 434,1 Mill. Hectol.
„ Kaukasien. . . . . 30,1 „ „
„ Sibirien und russisch Central-Asien . . . 22,2 „ „

Im europäischen Russland sind es 26 Gouvernements in der
Region der Schwarzerde (Tchernozem), welche Getreide über ihren
eigenen Bedarf produciren, und zwar die 17 centralen: Nishnij-
Nowgorod, Kasan, Ssimbirsk, Ssaratow, Pensa, Tambow, Rjasan,
Tula, Orel, Kursk, Charkow, Woronesh, Poltawa, Tschernigow,
Kijew, Podolien und Volhynien; ferner die 4 südöstlichen: Ufa,
Orenburg, Ssamara und Astrachan; endlich die 5 südlichen: das
Gebiet der Don'schen Kosaken, Bessarabien, Cherson, Taurien und

Yekaterinoslaw. Die übrigen decken gerade oder nicht einmal den eigenen Bedarf der Bewohner; eine unglaubliche Landverschwendung und sehr mangelhafter Zustand der Cultur sind — wie die Enquête constatirte — die Ursache des relativen Zurückbleibens. Den hervorragendsten Antheil an der Getreideproduction haben in der Region des Tschernozem die Gouvernements von Neurussland, namentlich Bessarabien. Der Export jener Landestheile hat nach einem Berichte des österreichischen Generalconsuls in Odessa von 2—4 Mill. Tschetwert (à 2,$_{099}$ Hectoliter) in den Jahren 1848—1863 bis zu 12,$_7$ Mill. Tschetw. in der neuesten Zeit zugenommen.

Was den Antheil Russlands an der europäischen Getreideproduction betrifft, so sollen von der oben angegebenen Ernte circa 487 Mill. Hectol. Getreide nach Abzug des Saatgutes überhaupt als Netto-Ertrag verfügbar bleiben. Davon kann Russland nach den Erfahrungen des letzten Quinquenniums unter normalen Verhältnissen 21,$_5$—22 Mill. Tschetw. d. i. 45—46 Mill. Hectoliter Cerealien als Ueberschuss exportiren. Da die eigene Bevölkerung relativ mehr Roggen und Hafer verbraucht, so wird zumeist Weizen zur Ausfuhr gebracht; auf diesen entfallen im J. 1876 27 Proc. des gesammten russischen Waarenexportwerthes, 45 Proc. aller exportirten Nahrungsmittel und 50 Proc. des exportirten Getreides.

Menge der Getreide-Ausfuhr.
(In Tschetwert zu 2,$_{099}$ Hectol.)

	1872	1873	1874	1875	1876
Weizen	9.847.839	6.957.164	8.122.799	9.530.000	9.240.000
Roggen	2.728.361	7.389.182	9.707.763	5.704.304	8.070.000
Gerste	1.097.214	1.160.717	2.174.804	1.466.288	1.470.000
Hafer	1.396.868	3.437.940	5.375.119	4.893.211	5.230.000
Mais	416.101	663.999	131.826	138.278	380.000
Erbsen	60.537	173.377	363.350	176.013	110.000
Verschied. Getreide	183.224	702.249	528.553	243.720	?
Mehl	220.305	305.746	405.702	294.824	330.000
Zusammen . .	15.950.449	20.790.374	26.804.826	22.446.638	24.830.000
d. i. Hectoliter	33,$_5$ Mill.	43,$_6$ Mill.	56,$_3$ Mill.	47,$_1$ Mill.	52,$_1$ Mill.

Nach vorläufigen Angaben hat im J. 1877 die Getreide- und Mehlausfuhr, zusammenhängend mit der reichen Ernte um 5.286.000 Tschetw. d. i. 20,$_8$ Proc. zugenommen und betrug daher 30.116.000

Tschetw. d. i. 63,₂ Mill. Hectol. Das Kriegsjahr wäre nach diesen Daten, obwohl die Südhäfen durch Blokade gesperrt waren und im Herbste 1877 ein Verbot auf die Ausfuhr von Weizen erlassen wurde, in Folge dessen diese Letztere thatsächlich nur 8.857.153 Tschetw. erreichte, im Ganzen das günstigste gewesen, das jemals zu verzeichnen war. In der letzten Zeit nahmen die Gesammtumsätze folgenden Verlauf:

Menge und Werth der Ausfuhr von Cerealien, Hülsenfrüchten und Mehl.

Jahr	Menge Mill. Hect.	Werth Mill. Rub.		Mill. Mark.	Jahr	Menge Mill. Hect.	Werth Mill. Rub.		Mill. Mark.
1865	20,780	61,3	=	197,1	1872	33,500	134,6	=	430,7
1866	25,608	73,6	=	237,0	1873	43,600	164,1	=:	526,1
1867	31,694	94,0	=	302,7	1874	56,300	212,3	=	679,2
1868	25,629	73,6	=	237,0	1875	47,110	180,5	=	581,2
1869	21,677	86,9	=	280,0	1876	52,117	203,6	=	655,1
1870	44,242	163,0	=	524,9	1877	63,213 [1]	237,2	=	763,8 [1]
1871	48,789	182,9	=	585,1					

Die wichtigsten Exportgrenzen sind für Weizen unter normalen Verhältnissen die Häfen des schwarzen und Azow'schen Meeres, für Roggen und Hafer jene der Ostsee; indessen haben die Ausfuhren über die lezteren und über die Landgrenzen durch den Ausbau des Eisenbahnnetzes während der verflossenen Jahre sehr an Bedeutung gewonnen; sie wurden überdies durch die Blokade der Südhäfen im Jahre 1877 ausnahmsweise zu höherem Antheil gehoben. Im Jahre 1875 sind noch fast 79 Proc. alles Weizens über Odessa und die anderen Häfen des schwarzen und Azow'schen Meeres gegangen; im Jahre 1876 nur mehr 71,₆ Proc., das übrige über die Ostsee und zu Land. Noch immer nimmt Odessa unter allen Ausfuhrhäfen den ersten Rang ein, aber seine Stellung wird ihm einerseits durch die neuen Schienenstrassen nach Westen und die damit zusammenhängenden neuen Richtungen des Handels über St. Petersburg, Kronstadt, Libau, Riga u. s. w., andererseits durch die bessere Verbindung des Hinterlandes mit den Häfen des Azow'schen Meeres: Taganrog, Rostoff, Mariupol und Berdiansk streitig gemacht. Der europäische Getreidehandel wird auf diese veränderte

---

[1] Nach vorläufigen Schätzungen.

Lage der Stapelplätze russischen Weizens bald ernstlich Bedacht
nehmen müssen und mit anderen Bezugsrichtungen zu rechnen
haben, als in dem verflossenen Jahrzehnt. Die Cerealien - Exporte
von Odessa veränderten sich nämlich wie folgt: sie betrugen im
Jahre 1868: 1.869.100 Tsch., im Jahre 1869: 1.676.600 Tsch., im
Jahre 1870: 5.430.000 Tsch., im Jahre 1871: 5.695.000 Tsch. und
sanken nun im Jahre 1873 auf 3.625.400 Tsch.; im Jahre 1874 betrugen sie 3.714.000 Tsch., im Jahre 1875: 3.215.000 Tsch. und im
Jahre 1876: 4.053.000 Tsch. Getreide nebst je 500.000 bis 870.000
Pud Mehl. Die Weizen-Exporte speciell nahmen von $3_{,1}$ Mill. Tsch.
im Jahre 1871 und $3_{,6}$ Mill. Tsch. im Jahre 1872 auf $2_{,15}$ Mill. Tsch.
im Jahre 1873 und $2_{,7}$ Mill. Tschetwert in den Jahren 1874 und
1875 ab: im Jahre 1876 betrugen sie wieder etwas mehr, nämlich
$2_{,19}$ Mill. Tsch.

Die Bestimmungsländer für russisches Getreide sind in erster
Reihe Grossbritannien (s. unten), dann Frankreich und Deutschland
für Weizen, sowie Deutschland, Grossbritannien und Holland für
Roggen: Mehl geht vorzugsweise in die Türkei, nach Schweden und
Norwegen. Die Weizen - Exporte speciell betrugen nach den
russischen Handelslisten:

	im Jahre 1875:	im Jahre 1876:
nach Grossbritannien	$4_{,10}$ Mill. Tsch.	$3_{,77}$ Mill. Tsch.
„ Frankreich . ·.	$2_{,12}$ „ „	$1_{,81}$ „ „
„ Deutschland	$1_{,05}$ „ „	$0_{,98}$ „ „
„ Oesterreich	$0_{,65}$ „ „	$0_{,17}$ „ „
„ Italien	$0_{,53}$ „ „	$0_{,59}$ „ „

2. Vereinigte Staaten von Nordamerika. Die hohe Bedeutung des amerikanischen Getreides, besonders des Weizens, für
die Versorgung Europa's tritt mit der stetigen Vervollständigung
der transcontinentalen Bahnen in der neuen Welt, mit der besseren
Einrichtung der Verfrachtungen auf den Canälen und von den
Hauptstapelplätzen des Landes zu den grossen Exporthäfen immer
mehr hervor. In Jahren, wie das eben verflossene (1877), wo durch
Kriegssperre die Versendung des russischen Getreides aus den ge-
wohnten Handelswegen abgelenkt wurde, macht sich der gewaltige
Einfluss Amerika's in Europa am kräftigsten geltend. Die Concurrenz des Weizens von Jowa, Minnesota, Wisconsin, Californien und
Indiana mit demjenigen der ungarischen Donauebene und des Ba-
nates oder der bessarabischen und vollhynischen Schwarzerde ist

eine vollendete Thatsache; amerikanischer Weizen wird heute auf die europäischen Getreidemärkte ebenso billig gestellt, wie ungarischer oder russischer. Die Exporthäfen des schwarzen und Azowschen Meeres und der Ostsee haben mit New-York, Baltimore, Philadelphia und den übrigen transatlantischen Plätzen um den Vorrang auf den Kornmärkten in England, Belgien, der Schweiz und Deutschland zu kämpfen. Das letzte Jahr hat gezeigt, dass Oesterreich-Ungarn die Weizen- und Mehlpreise beispielsweise in Deutschland nur bis zu dem Zeitpunkte bestimmen konnte, als die ersten Schiffsladungen aus Amerika in Europa eintreffen; von da ab (Mitte September) wurde die Preisbestimmung und die Effectuirung der grössten Lieferungen in gleichem Grade von Amerika, wie von den Donauländern abhängig.

Diese rasch wachsende Uebermacht hängt nicht bloss mit der Gunst des Bodenreichthums und Klima's in den neu kultivirten Gebieten von Nordamerika zusammen, wo Ländereien mit dem Ertrage von 20 Hectoliter Weizen per Hectare nicht selten sind, sondern sie beruht vorzugsweise auf der wahrhaft grossartigen Organisation des Transportes, der Aufspeicherung und aller übrigen technischen und commerciellen Vorbedingungen eines weitverzweigten Kornhandels, von welchen wir unten einige Daten anfügen.

Nach den Reports des Commissioner of Agriculture betrugen die

Ernten der Vereinigten Staaten [1])
(000 ausgelassen, 235.885 = 235.885.000)

	1870—71		1871—72		1872—73		1873—74		1874—75	
	Bushel	Mtr. Tonn.	Bushel	Mtr. Tonn.	Bushel	Mtr. Tonn.	Bushel	Mtr. Tonn.	Bushel	Mtr. Tonn.
Weizen.	235.885	6.420	230.722	6.279	249.997	6.804	281.255	7.654	309.103	8.412
Roggen.	15.474	393	15.365	390	14.889	378	15.142	385	14.991	381
Gerste .	26.295	572	26.718	582	26.846	584	32.044	698	32.552	709
Hafer. .	247 277	3.589	255.743	3.712	271.747	3.944	270.340	3.924	240.369	3.489
Mais . .	1.094.255	27.795	991.898	25.195	1.092.719	27.756	932.274	23.681	850.148	21.595
Buchw..	9.842	232	8.329	196	8.133	192	7.838	185	8.017	189
Ges.-Erzeugung	1 629.028	39.022	1.528.776	36.355	1.664.331	39.659	1.538.893	36.526	1.455.180	34.775

Auf Grund der officiellen Angaben von 1865/66 bis 1875/76 berechnen wir die

---

[1]) Fiscaljahre vom 1. Juli bis 30. Juni, d. i. auch Erntejahre.

Ernte der Vereinigten Staaten:

	im Jahre 1865/66:	im fünfjährigen Durchschnitt von 1870/71 bis 1874/75:
Weizen	52,2 Mill. Hectol.[1]	92,0 Mill. Hectol.[2]
Roggen	6,9 „ „	5,3 „ „
Gerste	4,0 „ „	10,2 „ „
Hafer	80,3 „ „	90,5 „ „
Mais	247,3 „ „	346,2 „ „

Nichts kann deutlicher den stetigen Aufschwung der Kultur von Mais, Weizen und Hafer zeigen, als diese Productionsmengen, deren Steigerung seit 10 Jahren eine ganz enorme zu nennen ist. Wir fügen hinzu, dass auf die Missernte des Jahres 1876, welche weit unter dem Durchschnittsertrage zurückblieb, im Jahre 1877 die reichste Ernte folgte, welche noch überhaupt vorkam. Dieselbe wird mit 360 Mill. Bushel, d. i. 126,7 Mill. Hectoliter Weizen und 1300 Mill. Bushel, d. i. 457 Mill. Hectoliter Mais angegeben.

Die grössten Mengen von Weizen werden in Jowa, Minnesota, Illinois, Wisconsin, Californien und Indiana, die grössten Mengen von Mais in Illinois, Jowa, Ohio und Missouri erzeugt.

Den Werth der gesammten Cerealien gibt das statistische Departement mit 4358,7 Mill. Mark im Jahre 1868, 4155,6 Mill. M. im Jahre 1870, 3651,3 Mill. M. im Jahre 1873 und 4036,2 Mill. M. im Jahre 1874 an.

Diese bedeutenden Mengen werden niemals im Lande selbst verbraucht, sondern es betragen die Ausfuhren die nachstehend verzeichneten Mengen, welche sich von 33,4 Mill. Bushel im Jahre 1865 rasch auf 132 Mill. Bushel im Jahre 1873/74 gehoben haben. Im Jahre 1865 waren die Ueberschüsse nur circa 2 Proc., in der letzten Zeit aber schon 7—8 Proc. der Gesammt-Erzeugung.

---

[1] 1 Bushel ist gleich 35,237 Liter, da in Nordamerika noch nach dem alten englischen sog. Winchester Bushel gerechnet wird, welches = 0,969 Imp.-Bushel ist. Wir bemerken dies ausdrücklich, um Abweichungen unserer Ziffern gegenüber denjenigen der „Statistique internationale de l'agriculture" für 1873 zu rechtfertigen, wo eine irrige Grundzahl zur Umrechnung gewählt wurde. Für die Gewichtsreduction gilt 1 Bushel Weizen = 60 Pfd. a. d. p., 1 Bushel Roggen = 56 Pfd., 1 Bush. Gerste = 48 Pfd., 1 Bush. Hafer = 32 Pfd., 1 Bush. Mais = 56 Pfd. 1 Barrel Weizen-, Roggen- und Maismehl = 196 Pfd. und = 5 Bushels des vermahlenen Getreides.

[2] 1 Dollar = 4 Mark gerechnet.

Menge der Ausfuhr von Getreide und Mehl

(000 ausgelassen, d. i. 17.907 = 17.907.000)

In den Fiscal-Jahren	Weizen Bush.	Roggen Bush.	Gerste Bush.	Hafer Bush.	Mais Bush.	Getreide zusamm. Bush.	Mehl Bush.	Alles auf Getreide reducirt Bush.
1868—69	17.907	0.096	0.059	0.541	7 094	25.652	2.764	39.475
1869—70	36.997	0.496	0.255	0.200	1.392	39.340	3.677	57.726
1870—71	34.791	0.204	0.365	0.153	9.826	45.339	3.873	64.706
1871—72	27.000	0.928	0.098	0.263	34.492	62.781	2.915	77.354
1872—73	39.592	0.840	0.501	0.714	38.542	80.189	3.002	95.200
1873—74	71.834	1.782	0.320	0.813	34.435	109.184	4.588	132.123
1874—75	53.327	0.463	0.091	0.505	28.858	83.244	4.279	104.638
1875—76	55.073	0.544	0.318	1.466	49.494	106.895	4.297	128.380
1876—77	40.325	2.189	1.186	2.854	70.861	117.415	3.799	136.410

In der zweiten Hälfte des J. 1877 hat die reiche Ernte zu einem neuerlichen und zwar sehr raschen Aufschwunge des Exportes geführt; man schätzt die Exportfähigkeit Amerika's für das Fiscaljahr 1877—78 auf 110 Mill. Bushel, d. i. circa 39 Mill. Hectoliter Weizen (in der Form von Weizen und Mehl) und auf nahezu 120 Mill. Bushel Mais. Die colossalen Verschiffungen, welche vom September bis November 1877 effectuirt wurden, lassen annehmen, dass die factischen Exporte jene aller früheren Jahre weit übertreffen werden.

Werth des auswärtigen Getreidehandels

im Kalender-Jahre	Einfuhr ℳ	Ausfuhr ℳ	daher Mehr-Ausfuhr ℳ
1873	41.186.384	498.432.308	457.245.916
1874	50.450.940	570.007.640	519.556.700
1875	45.913.408	454.498.296	408.584.888
im Fiscaljahre (zugleich Erntejahre)			
1874—75 [1]) . .	41.559.476	450.891.256	409.331.780
1875—76 . .	51.863.936	535.242.412	483.378.476
1876—77 . . .	33.465.592	476.759.672	443.294.080

---

[1]) In diesen Totalziffern sind unter der Ausfuhr auch die Reexporte inbegriffen; dieselben betrugen in den letzten 3 Fiscaljahren 1874—77 $1_{,2}$, $2_{,6}$ resp. $1_{,3}$ Mill. Dollar, so dass auf Exporte einheimischen Getreides 1874—75: 1115 Mill. Doll. = $446_{,0}$ Mill. Mark, 1875—76: 1312 Mill. Doll. = $524_{,8}$ Mill. Mark, und 1876—77.: $117_{,9}$ Mill. Doll. = $471_{,5}$ Mill. Mark entfallen.

Die Absatzländer des amerikanischen Getreides sind für Weizen, Weizenmehl und Mais England (s. unten), wohin im J. 1876 circa 65,5 % aller Exporte gerichtet waren, dann Canada, Brasilien und Frankreich. Der gegenwärtige Umfang des Getreidehandels ist nur erreichbar durch die vorzüglichen Verkehrswege, welche von den Productionsgebieten zu den grossen Emporien des Landes selbst und von diesen zu den Hafenplätzen führen, sowie durch die vorzüglichen technischen und commerciellen Einrichtungen, welche der Unternehmungsgeist in's Leben gerufen hat. Die Getreidemassen werden verhältnissmässig rasch, meist in wenigen Monaten nach der Ernte, aus den oben genannten Staaten des Westens nach den Gestaden des atlantischen Oceans gebracht und folgen dabei entweder den ununterbrochenen Wasserlinien, welche von den Seen, dem Erie-Canal und dem Hudson gebildet werden, oder den ununterbrochenen Eisenbahnlinien, oder sie werden halb auf der Eisenbahn, halb auf der Wasserroute bewegt, indem das Getreide von Chicago und Milwaukee u. s. w. auf den Seen nach Erie oder Buffalo befördert wird, um von dort den Schienenweg nach New-York, Baltimore, Philadelphia u. s. w. zu nehmen. Die erste Bedingung für diese Transporte ist die Billigkeit der Frachtsätze; die Concurrenz hat in deren Erreichung das Aeusserste geleistet; von Chicago nach Baltimore (840 miles) kostet die Fracht von 1 Bushel Getreide 17,5 Cents, von Indianopolis nach Baltimore (716 miles) 17 Cents, von Toledo dahin (668 miles) 14 Cents. Im J. 1876 betrug überhaupt die Fracht per Bushel Getreide von Chicago via Baltimore, Philadelphia, New-York oder Montreal nach Liverpool 34,16 bis 36,30 Cents. Im J. 1872 waren diese Frachtsätze noch doppelt so hoch, als sie jetzt sind.[1] Aber auch damit noch nicht zufrieden, haben die amerikanischen Landwirthe der „Grange Association" im Congresse die Bewilligung von 2 Mill. Dollar für die Schiffbarmachung der Mississippi-Mündungen durch Baggerungen durchgesetzt

---

[1] Der Rückgang der Frachten von Chicago nach New-York per Bushel Weizen zeigt sich in folgender Reihe:

	Wasserfracht:	Wasser- und Bahnfracht:	Bahnfracht:
1872	24 Cents	27 Cents	33 Cents
1873	19 „	24 „	33 „
1874	13 „	17 „	23 „
1875	11 „	14 „	24 „
1876	10 „	12 „	17 „

und beabsichtigen durch Herstellung von Dampfern mit geringem
Tiefgange die Getreidemassen aus dem Innern des Landes, ohne
umzuladen, direct nach Europa zu befördern, so dass die Versendung von Amerika nach Europa dann weniger Kosten verursachen
soll, als jene von einem europäischen Staate in den andern.

An diese Communications-Anstalten schliesst sich die für zwischenzeitige Manipulationen, Aufspeicherungen, Belehnungen und alle Han-
delsoperationen wichtige Organisation der grossen Emporien im
Innern: Chicago, Milwaukee, Toledo, Detroit, Cleveland und Duluth,
welche in der guten Jahreszeit, so lange die Canäle offen sind,
grosse Zufuhren von Getreide empfangen, um dieses allmälig an
die atlantischen Häfen abzugeben. Um deren Grossartigkeit richtig
zu würdigen, sei nur erwähnt, dass in Chicago im J. 1876 19
Getreidespeicher (Elevators) mit der vollkommensten maschinellen
Einrichtung (Dampfmaschinen, Ventilatoren, Transport- und Hebe-
maschinen etc.) und dem Fassungsraume für $15^3/_4$ Mill. Bushel,
d. i. mehr als $5^1/_2$ Mill. Hectol. Getreide nebst einer grossen An-
zahl Lagerhäuser für Mehl,. Samen etc. bestanden. Der Getreide-
Umsatz von Chicago betrug in Empfang und Versendung im J. 1873
über 190 Mill. Bushel = 67 Mill. Hectol., im J. 1874 circa 180
Mill. B. = 63 Mill. Hectol., im J. 1875 fast 153 Mill. B. = 54
Mill. Hectol. Cerealien und Mehl (letzteres auf Getreide umgerechnet).
Im J. 1876 wurden $82_{,6}$ Mill. Bushel Getreide und 3 Mill. Barrel
Mehl eingeführt und $76_{,7}$ Mill. Bushel Getreide nebst $2_{,7}$ Mill. Barrel
Mehl ausgeführt, was einem Totalumsatze von 188 Mill. Bushel
= 66 Mill. Hectoliter Cerealien entspricht. Der Werth aller Einfuhren von Brodstoffen wird für die letzten Jahre mit 63—65 Mill.
Dollar, d. i. 250—260 Mill. Mark, das Gesammtresultat des Pro-
ductenhandels von Chicago mit circa 232—236 Mill. Dollar, d. i.
940 Mill. Mark angegeben. Ganz ähnliche Einrichtungen finden sich
in Milwaukee (Wiskonsin), wo 7 riesige Lagerhäuser mit einem
Fassungsraume für $4^1/_2$ Mill. Bushel Getreide bestehen, in denen
mittelst der besten und sinnreich construirten Maschinen die Ein-
und Ausladung des Getreides sehr rasch bewirkt und zugleich die
Creditgewährung und der effective Handel durch Ausstellung von
Lagerscheinen ungemein erleichtert wird. Die Elevatoren in Milwaukee sind im Stande, täglich 500.000 Bushel aufzunehmen und
800.000 Bushel auszuladen.

Was endlich die Exportthätigkeit der atlantischen Häfen be-

trißt. so steht New-York mit Zufuhren von 59.₃ resp. 68.₃ Mill.
Bushel Cerealien in den J. 1876 und 1877 und einem Netto-Exporte
von 52.₅ Mill. Bushel im J. 1877 obenan; dann folgen Baltimore
und Philadelphia (mit 17—22 Mill. Bushel), Montreal (mit 11.₁—13
Mill. Bushel), Boston (mit circa 9 Millionen Bushel), New-Orleans
(mit 3.₂—4.₆ Mill. Bushel) und Portland (mit 0.₅—1 Mill. Bushel
jährlichen Zufuhren). Auch hier sind die vorzüglichsten maschinellen
Einrichtungen getroffen; in den Elevatoren, deren sinnreichster in
New-York im J. 1877 aufgestellt wurde, wird das Entladen der
Eisenbahn-Waggons, das Beladen der Schiffe, die zwischenzeitige
Lagerung in den Speichern, das Abwägen und Umschaufeln des
Getreides u. s. w. fast ausschliesslich auf mechanischem Wege und
durch Dampfkraft besorgt. Die Thätigkeit der Menschen ist sozusagen auf die Controle beschränkt. Die grossartige Leistungsfähigkeit dieser Vorrichtungen bewährte sich neuestens im Spätherbste
1877, da es sich darum handelte, schnell grosse Quantitäten Weizen
zu hohen Preisen auf die europäischen Märkte zu werfen. Da
wurden an einem Tage im New-Yorker Hafen allein 29 Fahrzeuge
mit 905.100 Bushel, d. i. circa 310.000 Hectol. Weizen im Zollamte
klarirt: die grösste bisher in Amerika bekannte Tagesklarirung!

3. Oesterreich-Ungarn. Der natürliche Bodenreichthum
eines grossen Theiles der Monarchie und die relativ dünne Bevölkerung in der östlichen Reichshälfte weisen Oesterreich-Ungarn zu
einer regelmässigen Ueberproduction von Getreide an, und reihen es
in die Gruppe der Exportländer. Wenn trotzdem in den drei Jahren
1872. 1873 und 1874 die Ernten nicht ausreichten, um den eigenen
Bedarf zu decken, sondern Zufuhren vom Auslande nothwendig wurden, so sind dies ausnahmsweise Erscheinungen, welche aus dem
zufälligen Zusammentreffen eines besonders grossen Verbrauches,
geringer Sorgfalt für die Bodenwirthschaft und schlechter Ernte-
ergebnisse (Missernte 1873) zu erklären sind. Unter normalen Verhältnissen hat Oesterreich-Ungarn immer erhebliche Mengen von
Brodfrüchten in der rohen Form von Getreide oder (besonders seit
1871) als Mahlproduct an die übrigen europäischen Staaten (die
Schweiz, Grossbritannien, Deutschland, Frankreich, Belgien etc.) und
auch ausserhalb Europa (Brasilien) abgegeben. Die Jahre 1856 bis
incl. 1871 und 1875 bis 1877 zeigen die Regelmässigkeit der Mehrexporte.

Die Productionsmenge wird in den beiden Reichshälften selbstständig erhoben; in Oesterreich durch das Ackerbau-Ministerium seit dem J. 1869 mit grösster Sorgfalt und auf Grundlage einer rationell durchgeführten Eintheilung des ganzen Landes in 101 natürliche oder wirthschaftliche Gebiete mit typischer Gleichartigkeit der Bodenbeschaffenheit, des Klimas und der wesentlichsten Wirthschaftsverhältnisse; in Ungarn von Seite des statistischen Landes-Bureaus durch sehr zahlreiche (12.000 bis 13.000) Einzelerhebungen, welche von den politischen Behörden in ganz Ungarn (mit Siebenbürgen) gepflogen werden. Für Kroatien und Slavonien liegen keine neueren verlässlichen Daten vor, sondern erst im J. 1878 wird eine regelmässige Erntestatistik durchgeführt werden. Es können daher nur Durchschnitte aus den J. 1868 und 1869 beziffert werden. Die Angaben der Ernte Oesterreichs sind jedenfalls zuverlässiger und der Wahrheit näherstehend als jene von Ungarn, indessen dürften, wie neuere Untersuchungen wahrscheinlich gemacht haben, auch in Oesterreich die Erntemengen in Wirklichkeit höher sein, als sie angegeben werden, und in Ungarn ist wohl eine noch bedeutendere Erhöhung der officiellen Ziffern vorzunehmen, um die Wahrheit zu erreichen. Nach diesen Quellen und unseren eigenen Berechnungen stellt sich nun die

Durchschnitts-Ernte in Oesterreich-Ungarn
1869—1876:

(in Hectolitern, 000 ausgelassen, also 12.655 = 12.655.000)

	Oesterreich:	Ungarn:	Zusammen:
Weizen	12.655	19.419	32.074
Roggen	24.212	15.403	39.615
Gerste	16.487	10.363	26.850
Hafer	30.108	12.491	42.599
Mais	5.398	16.814	22.212
Halbfrucht[1]. . . .	—	3.483	3.483
Anderes Getreide[1]. .	3.256	0.783	4.039
Zusammen	92.116	78.756	170.872

Nach den oben erwähnten älteren Angaben (von Matkovic) beträgt die

---

[1] Nach dem Durchschnitte von 1868—1875.

Minimal-Ernte in Kroatien und Slavonien:

Weizen	601.700	Hectoliter,
Roggen	344.400 .	„
Gerste	307.500	„
Hafer	639.600	„
Mais	1.476.000	„
Zusammen	3.368.200	Hectoliter.

Wir versagen uns, die Ernten der einzelnen Jahre seit 1868 ausführlich mitzutheilen und erwähnen nur, dass der höchste Ertrag an Weizen in Oesterreich-Ungarn im J. 1868 mit $41,_6$ Mill. Hectol., der niedrigste im J. 1873 mit $26,_2$ Mill. Hectol. verzeichnet wurde; bei Roggen liegen die äussersten Grenzen zwischen $49,_1$ Mill. Hectol. im J. 1870 und $26,_7$ Mill. Hectol. im J. 1873; für Gerste zwischen $30,_2$ Mill. Hectol. im J. 1874 und $21,_5$ Mill. Hectol. im J. 1875; für Hafer zwischen $50,_3$ Mill. Hectol. im J. 1872 und $33,_6$ Mill. Hectol. im J. 1875; für Mais endlich zwischen $31,_1$ Mill. Hectol. im J. 1875 und $14,_9$ Mill. Hectol. im J. 1874. Von Interesse sind dagegen die mittleren relativen Bodenerträge; dieselben betragen nach dem achtjährigen Durchschnitte 1869—1876:

	in Oesterreich:				in Ungarn:			
Weizen	$12,_{72}$	Hectol. pr. Hectar,			$9,_{22}$	Hectol. pr. Hectar,		
Roggen	$12,_{11}$	„	„	„	$10,_{04}$	„	„	„
Gerste	$14,_{78}$	„	„	„	$11,_{88}$	„	„	„
Hafer	$16,_{60}$	„	„	„	$12,_{69}$	„	„	„
Mais	$16,_{91}$	„	„	„	$11,_{03}$	„	„	„

Endlich fügen wir für die österreichische Reichshälfte jene neuesten Daten bei, welche eben erst berechnet wurden und zur Bestimmung einer Durchschnitts-Ernte nach dem in Preussen eingeführten Verfahren dienen sollen:

Durchschnitts-Ernte der Periode 1869—1877:   Ernte des Jahres 1877:
in Oesterreich:

Weizen . .	12.310.970	Hectol.	= 100.	14.102.000	Hectol.	= 115.	
Roggen . .	24.831.908	„	= 100.	27.969.000	„	= 112.	
Gerste . .	15.938.709	„	= 100.	13.805.000	„	= 87.	
Hafer . .	29.929.681	„	= 100.	30.014.000	„	= 100.	
Mais . .	5.205.275	„	= 100.	5.063.000	„	= 97.	

Mit den schwankenden Jahresernten zusammenhängend nahm die Zufuhr, beziehungsweise der Absatz von Getreide und Mehl nachstehenden Verlauf, in welchem besonders die Mehrzufuhren von

Weizen und Mais in den J. 1872—1874 und solche von Roggen und Halbgetreide in den J. 1873—1874 für die Handelsbilanz ausschlaggebend waren:

Mehr-Export + oder Mehr-Import —

(in Zoll-Ctr., 000 ausgelassen, also 4.369 = 4.369.000).

	1871	1872	1873	1874	1875	1876	1877[1]
Weizen . . .	+4.396	—1.243	—3.386	—3.587	—0.052	+0.073	+4.524
Roggen . . .	+2.283	—0.109	—2.674	—4.032	+0.919	+0.695	—0.416
Gerste . . .	+2.965	+1.747	+2.575	+2.393	+4.041	+4.123	+5.386
Hafer . . .	+0.292	+0.841	+1.614	+1.772	+1.140	+1.699	+1.558
Mais	—1.144	—4.817	—3.555	—2.289	+1.678	+0.564	—3.464
Mahlproducte	+3.178	+0.829	—0.367	+0.111	+0.757	+1.344	+2.252

Wenn die vorangehenden Zahlen das Verhältniss der inländischen Getreide-Production von ganz Oesterreich-Ungarn zu dessen eigenem Consum zeigen, wobei die Ueberschüsse der agrikolen östlichen Reichshälfte gegenüber dem Mehrbedarf der industriellen westlichen Länder wegen der Gemeinsamkeit des Zoll- und Handelsgebietes natürlich nicht gesondert zum Ausdrucke kommen, so stellen die folgenden Uebersichten den gesammten auswärtigen Getreidehandel der Monarchie dar:

Mengen des auswärtigen Getreidehandels während der letzten fünf Jahre.[2]

(In Zoll-Centnern; 000 ausgelassen, also 4.156 = 4.156.000.)

	1873		1874		1875		1876		1877[1]	
	Einf.	Ausf.	Einf.	Ausf.	Einf.	Ausf.	Einf.	Ausf.	Einf.	Ausf.
Weizen .	4.156	0.770	4.963	1.377	2.062	2.010	2.324	2.397	2.868	7.392
Roggen[3]	3.405	0.578	5.321	1.082	0.602	1.607	0.787	1.565	1.471	1.040
Gerste .	0.799	3.374	1.013	3.406	0.273	4.314	0.336	4.459	1.103	6.489
Hafer . .	0.408	2.022	0.707	2.479	0.229	1.369	0.277	1.976	0.304	1.862
Mais . .	3.608	0.053	2.864	0.575	0.869	2.547	2.059	2.623	4.813	1.349
Mahlprod	1.223	0.856	1.150	1.261	0.916	1.673	0.912	2.256	0.918	3.170
Zus.	13.599	7.653	16.018	10.180	4.951	13.520	6.695	15.276	11.477	21.302

[1] Nach den vorläufigen officiellen Angaben der „Austria".

[2] In Betreff der früheren Jahre vergl. die Uebersichten im Geogr. Jahrb. IV. S. 457 u. VI. S. 580.

[3] Mit Einschluss von Halbgetreide, Hirse und Heide, so dass die Ziffern etwas höher sind, als oben bei den Ueberschüssen.

[4] Nach den vorläufigen officiellen Angaben der „Austria".

Werth des auswärtigen Getreidehandels. ¹)
(In Mark; 000 ausgelassen, also 70.030 = 70.030.000.)'

	1873		1874		1875		1876		1877	
	Einf.	Ausf.	Einf.	Ausf.	Einf.	Ausf.	Einf.	Ausf.	Einf.	Ausf.
Getreide und Hülsenfrüchte	70.030	33.438	141.640	91.051	34.151	122.271	50.946	137.702	86.014	205.693
Mahlprodukte .	19.866	13.848	25.291	32.687	16.551	36.727	16.514	49.546	16.579	69.688
Zusammen	89.896	47.286	166.931	123.738	50.702	158.998	67.460	187.248	102.593	275.381

Die Umsätze im auswärtigen Getreidehandel betrugen also nach der Menge und den bis 1873 officiellen (fixen), von 1874 angefangen alljährlich erhobenen (actuellen) Handelswerthen:

	Menge:	Werth:
im Jahre 1871 . .	20.392.000 Zoll-Ctr.	164.588.000 Mark
„ „ 1872 . .	16.805.000 „	112.768.000 „
„ „ 1873 . .	21.252.000 „	137.182.000 „
„ „ 1874 . .	26.198.000 „	290.669.000 „
„ „ 1875 . .	18.471.000 „	209.700.000 „
„ „ 1876 . .	21.971.000 „	254.708.000 „
„ „ 1877 . .	32.779.000 „	377.974.000 „

Der enorme Aufschwung des Jahres 1877 hängt mit der reichen Ernte dieses Jahres und mit der veränderten Verkehrsrichtung zusammen, welche eine Folge der Absperrung der Häfen des schwarzen und Azow'schen Meeres war. Nicht nur wurde dadurch das ungarische Getreide und Mehl auf den europäischen Märkten (in Grossbritannien, der Schweiz, Holland, Belgien und Deutschland) und in einigen überseeischen Ländern absatzfähiger, sondern es wurden auch grosse Quantitäten russischen Getreides auf dem Landwege über Oesterreich-Ungarn versendet und gewiss nicht immer als Transitogut, sondern auch als Posten der Ein- und Ausfuhr in den Handelslisten declarirt. Uebrigens hängt der namhaft steigende Werth des auswärtigen Handels auch damit zusammen, dass jetzt viel mehr hochwerthiges Mehl als früher exportirt wird; denn wie die oben angeführte Uebersicht zeigt, nahm der Werth der Ausfuhr von Mahlproducten von 13,₈ Mill. Mark im J. 1873 stetig bis auf 69,₇ Mill. Mark im J. 1877 zu. Der Hauptantheil dieses Exportes fällt auf

---

¹) Für das Jahr 1873 mussten die veralteten officiellen Werthe eingesetzt werden; von 1874 an gelten die jährlich erhobenen Handels-(actuellen) Werthe. 1 fl. ö. W. ist = 2 ℳ. gerechnet.

Ungarn; im Budapester Handelskammer-Bezirke allein bestanden im J. 1875 190 Dampfmühlen und 4608 Mühlen, welche durch Wasser, Wind oder Thiere betrieben werden. Von den Dampfmühlen verfügen 102, welche statistische Daten lieferten, angeblich über eine Leistungsfähigkeit von 13 Mill. Z.-Ctr. Mehl jährlich; auf den übrigen Mühlen sollen 3,₆ Mill. Z.-Ctr. Getreide vermahlen werden können; thatsächlich wurden in Pest und Umgebung im J. 1876 7,₁ Mill. Z.-Ctr. und im J. 1877 7,₈ Mill. Z.-Ctr. Mahlproducte erzeugt, wovon nachweisbar 5,₂ Mill. Z.-Ctr. nach West-Oesterreich versendet oder ˙ in's Ausland exportirt wurden.

4. Untere Donauländer. Der Mangel einer umfassenden Productions- und Handelsstatistik der Türkei und ihrer Vasallenstaaten an der unteren Donau macht es unmöglich, ein verlässliches oder übersichtliches Bild der Ernten und Exporte dieser für die europäische Getreideversorgung überaus wichtigen Gebiete zu entwerfen. Die Anhaltspunkte, welche uns zur folgenden Zusammenstellung dienten, sind theils den Durchschnitts-Angaben und Schätzungen der österreichischen und deutschen Consulatsberichte über die einzelnen Vilajets der europäischen Türkei, theils der officiellen Landwirthschafts-Statistik Rumäniens und einigen amtlichen Publicationen Serbiens entnommen, theils endlich aus den Aufschreibungen der europäischen Donauschifffahrts-Commission gezogen. Selbstverständlich reichen sie nur bis Ende 1876, weil nachher die Kriegssperre den normalen Zuständen ein Ende machte.

Was erstens die Türkei betrifft, so wird für die sieben Kreise, welche das Vilajet von Bosnien und der Herzegowina bilden, in einem aus der neuesten Zeit stammenden, uns handschriftlich vorliegenden österreichischen Consulatsberichte die beiläufige Bodenproduction veranschlagt, wie folgt:

Mittlere Ernte von Bosnien und der Herzegowina.

Weizen . .	26.588.859 Oka =	598.230 Z.-Ctr.	d. i. ca.	390.000 Hectol.	
Roggen . .	24.623.513 „ =	554.029 „	„	„	423.000 „
Gerste . . .	6.164.467 „ =	138.700 „	„	„	95.000 „
Hafer . . .	18.112.958 „ =	407.541 „	„	„	448.000 „
Mais . . .	65.319.042 „ = 1.469.680 „		„	„	1.030.000 „
And. Getreide	12.313.822 „ =	27.706 „	„	„	21.000 „

Von Nord-Albanien (Vilajet Prisrend) ist aus den letzten Jahren nur überhaupt bekannt, dass die Getreideproduction eben zur

Ernährung der eigenen Bewohner ausreichte, jedoch sehr minimale Ueberschüsse (1875 Werth 30.000 fl.) zur Ausfuhr brachte. Was das Donau-Vilajet betrifft, so liegen uns nachstehende Schätzungen vor:

Mittel-Ernte von Bulgarien.

Weizen	8,5 Mill.	Hectoliter
Roggen	0,4 "	"
Gerste	3,9 "	"
Hafer	0,8 "	"
Mais	2,1 "	"

Von den südöstlichen Verwaltungsgebieten, deren Getreidehandel nicht mehr gegen die Donaustrasse, sondern direct zur Küste des schwarzen oder des ägäischen Meeres gravitirt, sind nur vereinzelte Daten bekannt; so wird beispielsweise in letzter Zeit (1877) die Durchnitts-Ernte für das Vilajet Edrneh (Generalgouvernement Adrianopel) geschätzt auf: 7—8 Mill. Kilé, d. i. 2,6 bis 3 Mill. Hectol. Weizen, über 2 Mill. K., d. i. 740.000 Hectol. Roggen, circa 3 Mill. K., d. i. 1,1 Mill. Hectol. Gerste, 0,5 Mill. K., d. i. 185.000 Hectol. Hafer und 0,75 Mill. K., d. i. 277.000 Hectol. Mais. Ueberhaupt aber gibt Consul E. Sax für 1870—73 folgende Aufstellung über die

Mittel-Ernte der europäischen Vilajets (ohne Bosnien und Bulgarien):

Weizen	circa 8,0 Mill.	Hectoliter
Roggen	" 4,7 "	"
Gerste	" 4,1 "	"
Hafer	" 0,7 "	"
Mais	" 3,0 "	"

Eine Recapitulation dieser neueren Angaben und deren Vergleich mit den älteren Daten, welche die französische Enquête aus officiellen Publicationen entnimmt, ergibt folgende Uebersicht:

Approximative Getreide-Production der europäischen Türkei

	in Bosnien und der Herzegowina Hectol.	in Bulgarien Hectol.	in den übrigen Theilen Hectol.	I. Zusammen nach uns. Daten Hectol.	II. Nach d. Dat. der Statist.Int. (1868) Hectol.
Weizen	390.000	8.500·000	8.000.000	= 16.890.000	14.400.000
Roggen	95.000	400.000	4.700.000	= 5.195 000	3.600.000
Gerste	423.000	3.900.000	4.400.000	= 8.723.000	9.000.000
Hafer	448.000	800.000	700.000	= 1.948.000	1.080.000
Mais	1.030.000	2.400.000	3.000.000	= 6.430.000	10.800.000

Für Rumänien sucht die officielle Ernte-Statistik seit 1864 einen genaueren Einblick in die Productions-Verhältnisse zu geben, indessen wird eine Verbesserung der Erhebungsart als nothwendig anerkannt und in Aussicht gestellt. Nach diesen Quellen beträgt die

	Mittelernte		Im Erntejahre
	nach dem Durchschnitt von 1864—1872:	nach officiellen Angaben aus dem J. 1873:[1]	1874/75:
	Hectol.	Hectol.	Hectol.
Weizen . . .	10.379.652	11.905.272	11.694.594
Roggen . . .	1.065.256	2.074.420?	921.901
Gerste . . .	3.657.787	7.080.460?	3.297.883
Hafer . . .	924.880	2.977.260?	874.841
Mais . . .	15.417.129	38.342.760?	21.985.361
Anderes Getreide	976.112	2.617.738?	609.533
Zusammen	32.420.816	64.997.910?	39.384.113

In Serbien wird nach älteren Angaben (J. 1868) die Jahres-Ernte officiell angegeben wie folgt:

Weizen	1.440.000 Hectoliter
Roggen	180.000 „
Gerste	1.080.000 „
Hafer	180.000 „
Mais	1.800.000 „
Anderes Getreide	360.000 „
Zusammen	5.040.000 Hectoliter.

Die gesammte Bodenproduction der unteren Donauländer beträgt, wenn diesen Daten auch nur approximativer Werth beigelegt wird, wohl circa 80—90 Mill. Hectoliter im Minimum und erlangt dadurch eine so hervorragende Wichtigkeit, dass bei der relativ schütteren Bevölkerung jener Gebiete, ein so grosser Theil der ganzen Productionsmenge zur Ausfuhr gelangen kann. Der Cerealien-Export von Rumänien allein umfasst nahezu 3 Viertheile (73 %) aller Ausfuhrwerthe des Landes und wird seit dem J. 1873 nicht blos auf der Donau, sondern auch auf den Eisenbahnen bewerkstelligt. Ueber die Menge desselben liegen nur Schätzungen vor, welche für 1876 eine Exportziffer von 14 bis 15 Mill. Hectoliter annehmen. Die officiellen Handelslisten geben als Werth der Cerealien-Ausfuhr aus Rumänien für 1871: 106,5 Mill. Mark, für 1872: 93,7 Mill. M.,

---

[1] Wir geben beide Ziffern, obwohl sie bedeutend differiren; beide sind officiell; die erste ist bei Obédénaire, die letztere in der Statistique internationale aufgenommen, aber offenbar zu hoch gegriffen.

für 1873: 83 Mill. M., für 1874: 80,₈ Mill. M., und für 1875: 84,₁₂ Mill. M. an; für 1876 liegt eine private Angabe mit 104 Mill. M. vor. Da die Einfuhren regelmässig nur 300.000 bis 600.000 Mark betragen, so ist in obigen Zahlen wohl so ziemlich der Nettoertrag des rumänischen Getreideexportes zu erblicken. Die Absatzländer sind: die Türkei, England und Frankreich; nebenbei Oesterreich-Ungarn und andere Länder. Die Concurrenz des amerikanischen und russischen Weizens und des amerikanischen Mais macht sich in der letzten Zeit so fühlbar, dass in den J. 1875 und 1876 die unverkauft gebliebenen Getreidevorräthe Rumäniens in einem deutschen Consulatsberichte auf 144 bis 160 Mill. Mark (?) geschätzt wurden, da aus dem J. 1876 insbesondere die ganze Fechsung von Mais noch unverkauft geblieben war.

Die Angaben über die rumänischen Exporte werden durch die Aufschreibungen der europäischen Donauschifffahrts-Commission bestätigt; diese verzeichnen sämmtliche über die Sulina-Mündung ausgeführten Körnerfrüchte und Mahlproducte, enthalten also sowohl rumänische, als die aus dem türkischen Donau-Vilajet über Galatz und Braila kommenden Cerealien. Um dieselben mit den oben gegebenen Ziffern in Vergleich zu stellen, muss man einerseits die bedeutenden, vom rechten Donauufer kommenden Getreidemengen in Abschlag bringen, andererseits in Rechnung ziehen, dass Rumänien und Donau-Bulgarien auch Exporte donauaufwärts über das eiserne Thor (Turn-Severin), dann per Bahn nach der Bukowina, Galizien, Deutschland u. s. w. und per Achse nach Siebenbürgen vornehmen, sowie endlich, dass ein Theil der Ausfuhr über Czernawoda und Kustendsche direct an das schwarze Meer geht.

Ausfuhr über die Sulina.

(000 ausgelassen, also 3.004 = 3.004.000.)

	1873		1874		1875		1876[1])	
	Hectol.	Mark	Hectol.	Mark	Hectol.	Mark	Hectol.	Mark
Weizen . .	3.003	40.851	2.986	40.612	4.315	46.400	4.115	42.600
Roggen . .	0.171	1.338	0.285	2.226	0.369	2.430	0.925	6.000
Gerste . .	3.584	18.536	4.058	20.938	2.598	12.700	3.596	14.000
Hafer . . .	0.277	1.328	0.754	3.622	0.175	0.740	0.092	0.200
Mais . . .	3.098	25.031	2.148	17.353	2.930	24.240	6.827	45.120
Zusammen	10.134	87.084	10.231	84.751	10.387	86.510	15.555	107.920
Mehl i. mtr. Ctr.	0.031	0.743	0.061	1.464	0.076	2.192	0.065	1.500
Gesammtwerth	—	87.827	—	86.215	—	88.702	—	ca. 109.420

[1]) Die Werthe des J. 1876 haben wir nach den Durchschnittspreisen von Galatz berechnet.

5. Britisch - Ostindien. Bis vor Kurzem hatte man der
Cultur der eigentlichen Brodfrüchte in Indien nur geringe Aufmerksamkeit geschenkt; alles Interesse concentrirte sich auf den Anbau
von Reis, welcher nicht nur das hauptsächlichste Nahrungsmittel der
eingeborenen Bevölkerung bildet, sondern auch als Exportartikel in
einzelnen Jahren eine namhafte Bedeutung gewann, da von 1865 bis
1875 zwischen 10 und 23 Mill. Ctr. im Werthe von $2^{1}/_{2}$ bis $5_{,7}$
Mill. Pfd. Sterl. in den Aussenhandel gelangten. In den sechsziger
Jahren wurde indischer Weizen nur in den geringfügigen Mengen
von 50.000 bis 300.000 Quarters (zu $2_{,9}$ Hectol.) in die nahegele-
genen Absatzländer an den Küsten des persischen Golfes, nach den
Straits Settlements, Ceylon und Mauritius exportirt; seit dem Jahre
1871 aber wird derselbe in rasch steigenden Mengen auf bie britischen Märkte gebracht, und wenn nicht alle Anzeichen trügen, wird
Ostindien mit diesem Bodenproducte bald als mächtiger Concurrent
neben Amerika und Russland in London auftreten. Die im Jahre
1873 erfolgte Aufhebung des früher bestandenen Ausfuhrzolles auf
Getreide und die Aneiferung der Production haben das Wesentlichste
zu diesem raschen Aufschwunge beigetragen. Die neuerlichen Er-
lässe, welche das indische Gouvernement an die dortigen Landwirthe
gerichtet hat, um denselben die Vermehrung des Anbaues, die·Be-
obachtung usancemässiger Säuberung der Waare, sowie den billigsten
Transport zu den Verschiffungshäfen zu empfehlen, deutet darauf
hin, dass England selbst in nicht ferner Zukunft die Deckung eines
grossen Theiles seines Bedarfes von diesem Colonialreiche erwartet.
Durch ein Netz von Canälen hofft man den Weizen aus den fruchtbaren Gegenden der Nordwestprovinzen so billig an die Häfen zu
bringen, dass beispielsweise aus Ober-Mahanady 1 Bushel Weizen
für 2 Sh. 6 d. bis England zu verfrachten wäre. Aber selbst die
bisherigen Einrichtungen genügen, um den Handel wesentlich zu
heben und lassen an der künftigen Prosperität desselben und an
seiner Bedeutung für die europäische Brodversorgung nicht zweifeln.
Weizen ist im letzten Jahre für Indien als Exportgegenstand fast
so wichtig geworden wie Reis, denn die Zunahme der Ausfuhr ist
eine sehr rasche:

Weizen-Ausfuhr

im Fiscaljahre	engl. Ctr.	Werth in Mill.
1871—72[1)	637.099	2.356 Rup. = 4.712 Mark

[1) Das Fiscaljahr reicht bis Ende März.

im Fiscaljahre	engl. Ctr.	Werth in Millionen.
1872—73	394.010	1.677 Rup. = 3.354 Mark
1873—74	1.755.954	8.273 „ = 16.546 „
1874—75	1.069.076	4.904 „ = 9.808 „
1875—76	2.498.185	9.010 „ = 18.020 „
1876—77	5.583.336	19.563 „ = 39.126 „

In dem Halbjahr März bis September 1877 wurde fast so viel Weizen exportirt, als in dem ganzen Jahre 1876—77, und der Werth dieser Ausfuhren ist ein weitaus höherer, als der des Vorjahres; erst im Spätherbste 1877 machte sich die Concurrenz der Vereinigten Staaten und Russlands in Bombay fühlbar. Der grösste Theil der Exporte war nach England (nahezu 80 %), weniger nach Frankreich, Belgien und Italien, das übrige nach Malta, Mauritius und den Straits Settlements gerichtet. Dem Werthe nach stellt sich die Weizen-Ausfuhr nach England in den indischen Handelslisten mit 14.$_{77}$ Mill. Rupien, d. i. 29,$_5$ Mill. Mark, jene nach Frankreich mit 2,$_2$ Mill. Rup., d. i. 4.$_4$ Mill. Mark, nach Italien mit 308.000 Rup., d. i. 616.000 Mark. In England bewerthen sich diese Zufuhren schon mehr als doppelt so hoch, wie nachfolgende Zahlen zeigen:

Importe von indischem Weizen in England

im Jahre	Menge	Werth
1871	220.023 Ctr.	2.431.340 Mark
1872	156.665 „	1.786.760 „
1873	740.934 „	9.371.360 „
1874	1.073.940 „	12.923.500 „
1875	1.334.366 „	13.399.200 „
1876	3.279.887 „	32.862.320 „
1877	6.104.940 „	71.482.120 „

So hat Indien im Jahre 1876 nur 7½ Proc., im Jahre 1877 aber bereits nahezu 12 Proc. aller englischen Weizen-Zufuhren gedeckt.

Da der Reis in Indien nicht nur für die Ernährung der grossen Volksmassen die Stelle der in anderen Ländern dienlichen Brodfrüchte einnimmt, sondern auch als Gegenstand des Aussenhandels von hervorragender Wichtigkeit ist, so fügen wir einige Daten über dessen Production hier bei. Nach einem zur Zeit der Hungersnoth von 1873—74 aufgestellten und seither wiederholt bewährten Erfahrungssatze ist der mindeste tägliche Bedarf eines Einwohners an Reis ³/$_4$ Seers, d. i. circa 0,$_7$ Kilogr.; es muss daher die Reisgewinnung in Bengalen, Orissa und Behar allein nach dem eigenen Consum der Bevölkerung, nach dem Bedarfe an Saatgut und den normalen Exportmengen auf durchschnittlich 300 Mill. Ctr. veranschlagt werden; ganz Britisch-Indien aber müsste in denjenigen Jahren, in welchen seine Bevölkerung mit Inbegriff derjenigen der Vasallenstaaten sich selbst versorgen soll, mindestens 1200—1300 Mill. Ctr. liefern. Diese Ziffer ist allerdings zu hoch gegriffen, da auch die anderen Cerealien, insbesondere Hirse, Weizen, Roggen und Gerste, sowie Hülsenfrüchte und Kartoffeln immer ausgedehnter cultivirt werden und die Reisnahrung ersetzen; dennoch gibt sie einen ungefähren Anhaltspunkt zur Beurtheilung der grossen Ausdehnung des Reisbaues. In Bengalen allein wies man im Jahre 1873/74 durch directe, von District zu District gepflogene Erhebungen ein Deficit von 61—71 Mill. Ctr. in der Reisernte nach; da hiedurch nur 18 von den 62 Millionen Einwohnern in Nahrungssorgen kamen, lässt sich auf die Grösse des selbst in Missjahren geernteten Quantums von Reis schliessen. Der Aussenhandel bewegte sich in folgenden Grenzen:

Reis-Export[1])

im Finanzjahre	engl. Ctr.	Werth					
1871—72 . . .	17.311.285	44,$_{99}$ Mill. Rup. d. i.	89,$_{98}$ Mill. $\mathcal{M}$
1872—73 . . .	22.973.797	57,$_{01}$	„	„	=	114,$_{02}$ „ „
1873—74 . . .	19.805.184	54,$_{65}$	„	„	=	109,$_{30}$ „ „
1874—75 . . .	16.940.642	46,$_{73}$	„	„	=	93,$_{46}$ „ „
1875—76 . . .	20.090.348	52,$_{11}$	„	„	=	104,$_{82}$ „ „
1876—77 . . .	19.548.741	57,$_{12}$	„	„	=	114,$_{61}$ „ „

Die Importe nehmen nur in Missjahren grössere Dimensionen an; sie betrugen beispielsweise im Jahre 1876/77 282.000 Ctr. im Werthe von 1,$_3$ Mill. Rupien.

6. Canada. Der Getreidebau und die Exporte von Weizen und Mais sind noch immer bedeutend, lassen sich jedoch in Ermangelung neuerer verlässlicher Erhebungen nur annäherungsweise verfolgen und werden in den letzten Jahren durch die Concurrenz der Vereinigten Staaten zurückgedrängt. Was die Ernte betrifft, ist die letzte Aufstellung mit dem Census des Jahres 1871 gemacht worden, seither aber nur eine private Schätzung im Journal der Statistical Society vom Jahre 1875 darüber mitgetheilt; die beiden Quellen enthalten folgende Daten:

---

[1]) Reis enthülst und unenthülst (Rice and Paddy).

Bodenproduction:

	I. nach dem Census von 1871:	II. nach dem Journal der Statist. Society:
Weizen	6.185.450 Hectol.	13.200.000 Hectol.
Roggen	385.000 „	2.500.000 „
Gerste	4.243.700 „	? „
Hafer	16.592.000 „	18.700.000 „
Mais	1.383.800 „	1.200.000 „
Anderes Getreide .	1.380.500 „	? „
Zusammen	30.170.450 Hectol.	

Die letzteren Daten scheinen wenigstens in Bezug auf Weizen zu hoch. Die Grösse der zur Ausfuhr gelangenden Ueberschüsse lässt sich nur theilweise nach den englischen Importlisten beurtheilen, da Canada einen nicht unbeträchtlichen Zwischenhandel mit amerikanischem Weizen betreibt. Nach denselben beträgt die

Einfuhr von Weizen, Mais und Mehl aus Britisch-Nordamerika in Grossbritannien.

	Menge in Mill. engl. Ctr. in den Jahren					Werth in Mill. Mark in den Jahren				
	1873	1874	1875	1876	1877	1873	1874	1875	1876	1877
Weizen .	$3_{,762}$	$3_{,611}$	$3_{,622}$	$2_{,123}$	$2_{,912}$	$49_{,7}$	$44_{,8}$	$39_{,5}$	$25_{,5}$	$37_{,0}$
Mais . .	$1_{,761}$	$1_{,320}$	$0_{,571}$	$1_{,678}$	?	$12_{,3}$	$10_{,6}$	$6_{,6}$	12?	?
Mehl . .	$0_{,311}$	$0_{,369}$	$0_{,358}$	$0_{,283}$	$0_{,255}$	$7_{,9}$	$6_{,6}$	$5_{,6}$	$4_{,10}$	$4_{,5}$
			Zusammen Werth			$69_{,9}$	$62_{,0}$	$51_{,7}$	$41_{,5}$?	?

Nach den letzten, sehr summarischen Angaben der britischen Colonial-Statistik hat die Ausfuhr der gesammten Ackerbau-Producte Canada's betragen:

im Jahre 1871—72 . . .	$13_{,379}$ Mill. Doll.	$= 53_{,1}$ Mill. ℳ.
„ „ 1872—73 . . .	$14_{,995}$ „ „	$= 59_{,9}$ „ „
„ „ 1874	$19_{,590}$ „ „	$= 78_{,3}$ „ „
„ „ 1875	$17_{,235}$ „ „	$= 69_{,0}$ „ „

In dem Jahre 1875 ist also eine Abnahme um $2_{,3}$ Mill. Doll. in der Ausfuhr canadischer Bodenproducte nachgewiesen; dazu ist eine gleiche Abnahme bei fremdem Weizen von ebenfalls $2_{,7}$ Mill. Doll. und von fremdem Mais und Mehl per 172.430 Doll. zu rechnen; so dass die gesammte Ausfuhr von Ackerbauproducten aus Canada im Jahre 1875 $5_{,7}$ Mill. Doll. geringer war, als im Vorjahre.

7. **Dänemark.** Die Getreideproduction Dänemarks hat sowohl wegen der regelmässigen Mehrausfuhren von Gerste, Weizen und Mehl für den internationalen Kornhandel eine ansehnliche Bedeutung, als auch wegen des hervorragenden Antheiles der Ernten an dem Volkseinkommen eine nationale Wichtigkeit. Nach officiellen Angaben aus den Jahren 1863—1868, dann den Daten, welche im Jahr 1871 für die Statistique internationale geliefert wurden und jenen neuen Erhebungen, deren Kenntniss wir dem Chef des statistischen Bureaus in Kopenhagen, Marius Gad, danken, nimmt die Getreideproduction folgenden Umfang:

	Durchschnitts-Ernte von 1863—1868:	Mittel-Ernte um 1871:	Jahres-Ernte 1875	1876
	Hectol.	Hectol.	Hectol.	Hectol.
Weizen	1.404.969	966.722	1.631.592	1.424.288
Roggen	5.423.271	3.221.881	5.851.648	5.044.635
Gerste	8.023.615	6.087.560	8.076.844	6.583.318
Hafer	10.442.016	9.641.502	10.590.389	8.876.518
Anderes Getreide .	—	1.132.689 [1]	253.384 [2]	171.145 [2]
Zusammen	25.293.871	21.050.354	26.403.857	22.099.904

Den Werth der beiden letztjährigen Ernten an Feldfrüchten überhaupt berechnet die amtliche Statistik mit 305 resp. 293 Mill. Kronen d. i. 341 Mill. Mark (1875) und 328 Mill. Mark (1876). Davon entfällt auf die oben angeführten Cerealien im Jahr 1875 der Werth von 222.3 Mill. Kr. d. i. 249 Mill. Mark und im Jahr 1876 von 200 Mill. Kr. d. i. 224 Mill. Mark.

Die regelmässigen Ausfuhren der nach dem eigenen Consum noch erübrigenden Quantitäten können wir seit dem Jahr 1865 verfolgen; im Durchschnitte der Finanzjahre 1865—66 bis 1873—74 (1. April bis 31. März) betrugen die jährlichen Mehrexporte 370.887 Tonnen (zu $1_{,391}$ Hectoliter) Weizen, 310.650 Tonnen Roggen, 1.265.102 Tonnen Gerste, 620.512 Tonnen Hafer und 254.591 Tonnen Mahlproducte.

In den letzten drei Kalenderjahren, für welche die Handels-Ausweise bereits abgeschlossen vorliegen, betrugen die:

---

[1] Buchweizen und Hirse.
[2] Buchweizen allein.

Mehr-Ausfuhren von Getreide und Mehl

	1874 Menge Tonnen[1]	1874 Werth Kronen	1875 Menge Tonnen[1]	1875 Werth Kronen	1876 Menge Tonnen[1]	1876 Werth Kronen
Weizen .	95.489	2.100.758	284.848	5.730.940	111.859	2.803.250
Roggen[2]	—179.243	—2.867.888	—130.300	—1.501.807	3.644	835.630
Gerste .	1.008.508	16.136.128	972.564	14.635.221	872.884	13.611.374
Hafer ..	326.782	3.594.602	237.943	2.759.807	195.728	2.270.013
	Ctr.		Ctr.		Ctr.	
Mahlprd.	943.467	11.842.458	1.087.007	12.483.004	1.466.125	17.939.202
Zus.	—	30.806.058	—	34.107.165	—	37.464.469
Werth[3]	d. i. 34,₁₅ Mill. ℳ.		d. i. 38,₁₂ Mill. ℳ.		d. i. 41,₁₈ Mill. ℳ.	

Um einen Einblick in den gesammten auswärtigen Getreidehandel des letzten Jahres zu geben, fügen wir noch folgende Tabelle
bei:

Menge und Werth des auswärtigen Kornhandels im Jahr 1876.

	Einfuhr: Tonnen[1]	Einfuhr: Werth Kr.	Ausfuhr: Tonnen[1]	Ausfuhr: Werth Kr.
Weizen	173.676	3.473.520	285.535	6.281.770
Roggen	445.227	6.121.871	448.871	6.957.501
Gerste und Malz	59.184	833.312	933.854	14.471.476
Hafer	38.281	421.091	234.009	2.691.104
Mais	119.260	1.371.490	933	11.662
Buchweizen	11.703	175.545	516	7.740
Hülsenfrüchte	4.389	84.022	51.761	942.600
Zusammen	851.720	12.480.851	1.955.479	31.363.853
Mehl und Gries Pfd.	3.958.632	523.099	150.188.289	18.283.398
Andere Mahlproducte Pfd.	408.667	148.755	1.391.485	382.658
Zusammen Werth	—	13.252.705	—	50.029.709
		d. i. 14,₁₇ Mill. ℳ.		d. i. 56,₁₀ Mill. ℳ.

Der Gesammt-Einfuhr von

851.720 Tonnen Getreide = 1.184.742 Hectol.

steht die Ausfuhr von

1.955.479   „   „ = 2.720.057   „

gegenüber, so dass der Ueberschuss von . . . 1.535.315 Hectol.

---

[1] 1 Tonne (Tonder) = 1,₃₉₁ Hectoliter.

[2] Nur Roggen zeigt im J. 1874 und 1875 eine Mehreinfuhr, wie
oben durch das —Zeichen angegeben.

[3] Nach Abzug der Mehreinfuhren von Roggen aber ohne Berücksichtigung der auf Hülsenfrüchte und Buchweizen entfallenden kleineren
Beträge, welche in den officiellen Handelsausweisen enthalten sind.

Cerealien nebst den oben nachgewiesenen 1,466,125 Ctr. Mahlproducten ins Ausland gelangte. Sowohl die Abnahme dieser Gesammt-Umsätze, als des Mehrwerthes der Ausfuhr (von 56 Mill. ℳ
im Jahr 1872—73, auf 34—42 Mill. ℳ wie oben) zeigt auch bei
Dänemark die erdrückend mächtige Concurrenz der überseeischen,
besonders amerikanischen Zufuhren auf den europäischen Märkten.

8. Australien. Die Zunahme der Bodenproduction ist auch
in diesem überseeischem Gebiete eine ziemlich rasche, allein sie
eilt dem Anwachsen der Bevölkerung nicht genügend voraus, um
grosse Exportmengen in den Aussenhandel zu bringen. Speciell der
für die Ausfuhr wichtige Weizenbau erreichte in den letzten Jahren
folgende Höhe:

Weizen-Ernten (in Bushel zu $36_{,3}$ Liter)

in den Jahren[1]	Victoria:	Süd-Australien:	Neu-Seeland:	Neu-Südwales:	Tasmanien:
1873—74	4.752.000	6.178.000	3.188.000	2.238.000	947.000
1874—75	4.850.000	9.862.693	2.974.339	2.148.394	1.066.861
1875—76	4.978.914	10.739.834	2.863.619	1.958.640	700.000
1876—77	5.279.730	—?	—	—	—

Der Ertrag von Weizen stieg also in 3 Jahren von circa $17_{,2}$
auf $19_{,2}$ Mill. Bush., d. i. um 726.000 Hectol., jener von Hafer,
Mais u. Gerste, den nächstwichtigen Bodenfrüchten, hat aber keine
Zunahme erfahren.

Nach den letzten officiellen Daten beziffert sich die

Ernte aller Körnerfrüchte

	Weizen	Roggen	Gerste	Hafer	Mais
			(in Bushel zu $36_{,3}$ Liter)		
Victoria . . (1876-77)	5.279.730	15.620	530.323	2.294.225	37.177 [2]
Süd-Australien (1875-76)	10.739.834	—	197.315	60.749	—
Neu-Seeland . (1875-76)	2.863.619	—	993.219	6.357.431	—
Neu-Südwales (1875-76)	1.958.640	?	98.576	352.966	3.410.517
Tasmanien . (1875-76)	700.092	881	165.357	827.043	—
Zusammen	21.541.915	16.501	1.984.790	9.892.414	3.447.694

Das gesammte Bodenerträgniss dieser fünf wichtigsten Colonien
von Australien beläuft sich also auf:

---

[1] Fiscaljahre bis Ende März.
[2] Erhebungen vom Jahr 1875—76.

```
Weizen  . . . . . .   7.319.383 Hectoliter,
Roggen  . . . . . .      5.989      „
Gerste  . . . . . .    720.482      „
Hafer   . . . . . .   3.590.941     „
Mais    . . . . . .   1.251.515     „
```
Getreide aller Art zusammen 13.388.310 Hectoliter.

Der Vergleich dieser Totalziffer mit denjenigen aus den Jahren
1870—72, wo die Cerealien-Production der australischen Colonien
auf 9,₂ Mill. Hectol. angegeben war, zeigt die Zunahme von mehr
als 4 Mill. Hectol.; gegenüber den Daten von 1873—74 beträgt die
Productions-Steigerung nahezu 2 Mill. Hectoliter.

Die Ausfuhren aus diesen Colonien sind nicht bedeutend; nach
den neuesten Daten betragen dieselben:

Export von australischem Getreide.

			Menge	Werth
Victoria . .	(1874)	Getreide aller Art	—	70.050 Pfd. St.
Süd-Australien[1])	(1875)	Weizen	—	480.463 „
		Weizenmehl etc.	—	28.676 „
Neu-Seeland .	(1876)	Hafer	1.235.321 Bush.	138.288 „
		Weizen	686.059 „	153.167 „
		Gerste	218.585 „	42.592 „
Tasmanien .	(1876)	Weizen	46.104 „	11.600 „
		Hafer	271.496 „	32.924 „
		Gerste	4.621 „	920 „
		Mehl	671 Tons	11.748 „
			Zusammen	970.428 Pfd. St.
				= 19,₄ Mill. ℳ

Die britischen Einfuhr-Listen weisen für das Jahr 1875 Weizen
und Weizenmehl australischer Provenienz im Werthe von 739.164
Pfd. St., im Jahr 1876 Weizen in der Menge von 2.₆ Mill. Ctr. im
Werthe von 1.474.949 Pfd. St., endlich im Jahr 1877 nur 425.697
Ctr. im Werthe von 266.967 Pfd. St. aus, so dass auch hier die
amerikanische und russische Concurrenz klar zu Tage tritt.

9. Chile. Die Wichtigkeit, welche chilenischer Weizen für
unsere Brodversorgung hat, ist mehr historischer, als actueller Art.
Zwar wird noch ein Theil der englischen Zufuhren von dort gedeckt,

---

[1]) Exporte nach Grossbritannien allein.

aber Chile tritt heute weit hinter die übrigen Länder zurück. Stets bildet indessen die Cultur von Weizen, Gerste und Mais eine der wesentlichsten Einnahmequellen dieser südamerikanischen Republik, welche so dünn bevölkert ist, dass sie den Absatz der überschüssigen Bodenproducte in andern Ländern: an den Küsten des pacifischen Oceans und in Europa bewerkstelligen muss. Da nun Uruguay und die Argentinische Republik nicht nur sich selbst zu versorgen beginnen, sondern speciell in dem letteren Staate die Anstrengungen, den Getreidebau zu heben, schon zu regelmässigen Exporten nach Brasilien führten, und da die Concurrenz in Europa von Seite anderer Productionsgebiete immer grösser wird, geht Chile in dieser Beziehung rasch zurück. Im Jahr 1870—71 wurde der Ertrag von Getreide aller Art auf etwa 6 Mill. Hectol. geschätzt. Die Ausfuhr der Ackerbau-Producte überhaupt (Cerealien u. thierische Producte) betrug im Jahr 1874 15.859.200 Pesos (zu 4 $\mathscr{M}$), im Jahr 1875 nur 11.337.236 Pesos.

Getreide- und Mehl-Export

	1872	1873
Weizen	21,$_{232}$ Mill. Mark	22,$_{294}$ Mill. Mark
Gerste	4,$_{929}$ „ „	5,$_{361}$ „ „
Mehl	7,$_{807}$ „ „	8,$_{433}$ „ „
Zusammen	33,$_{968}$ Mill. Mark	36,$_{108}$ Mill. Mark.

Die hauptsächlichsten Absatzmärkte waren jene in England; dorthin gelangte:

Weizen, Gerste und Mehl

im J. 1873		1874		1875		1876	
Ctr.	Mill. Mark	Ctr.	Mill. Mark	Ctr.	Mill. Mark	Ctr.	Mill. Mark
1.785.800	= 23,$_1$	2.157.427	= 27,$_6$	1.144.659	= 11,$_9$	1.012.642	= 12(?)

　　10. Aegypten. Eine Ernte - Statistik ist in Aegypten nicht organisirt; die Kenntniss der Bodenerträge hängt aber mit den Finanzen des Landes so innig zusammen, dass amtliche Schätzungen vorgenommen werden; allerdings sind diese, wie Einige annehmen, hoch gegriffen, so dass die wirklichen Ergebnisse in einzelnen Jahren hinter denselben zurückbleiben. Nach den officiellen Angaben veranschlagt man eine gute Ernte:

Weizen   . . 3.076.430 Ardebs[1]) = circa 5.550.000 Hectoliter
Gerste   . . . 2.156.000   „   =   „   3.945.000   „
Mais . . . .   2.646.207   „   =   „   4.842.500   „
    Zusammen 7.878.637 Ardebs =   „ 14.337.500 Hectoliter.

Die bedeutendsten Weizenerträge entfallen auf die Moudirieh
(Provinzen) von Garbieh, Charkieh und Menoufieh; in denselben wird
auch Mais zumeist cultivirt. Die Ernte des Jahres 1875 gibt Mac Coan
als eine der günstigsten, jedoch offenbar übertrieben mit 6.662.000
Ardebs Weizen, 3.103.000 Ardebs Gerste und 10.502.000 Ardebs
Mais, an; jene des Jahres 1876 (Januar u. Februar) war eine minder
günstige, und die letztverflossene des J. 1877 eine noch geringere.
Nebst den eigentlichen Cerealien sind die Hülsenfrüchte (bes. Erbsen
mit 1.849.210 Ardebs à 197,, Liter und Linsen mit 208.000 Ardebs
à 151,, Kil.) sowohl für die Volksnahrung als für den Export von
Bedeutung. Nach der normalen Bewerthung eines Ardeb Weizen
zu 24 $\mathscr{M}$. und eines Ardeb Hülsenfrüchte zu 16 $\mathscr{M}$, würde sich der
Werth einer Jahresernte beil. mit 160 bis 170 Mill. Mark
schätzen lassen. Der grössere Theil dieser Bodenerträge bleibt im
Lande selbst.

Was die Ausfuhr der Ueberschüsse betrifft, so erreichte sie im
Jahr 1862 für Weizen den Höhepunkt und schwankte seither sehr
bedeutend, je nachdem die Ernte (zusammenhängend mit den Nil-
Ueberschwemmungen) mehr oder weniger günstig war. Von einer
regelmässigen Versorgung europäischer Märkte mit grossen Mengen
ägyptischen Getreides kann vorläufig noch nicht die Rede sein; es
betrug nämlich der

Weizen-Export

im J.	1862	1.328.850 Ardebs	im J.	1870	14.990 Ardebs
„	1863	779.320 „	„	1871	464.630 „
„	1864	88.110 „	„	1872	867.720 „
„	1865	1.200 „	„	1873	511.360 „
„	1866	12.530 „	„	1874	429.720 „
„	1867	798.200 „	„	1875	320.800 „
„	1868	1.147.140 „	„	1876	517.470 „
„	1869	368.890 „			

Für drei Jahre, deren eines (1872—73) sehr gut, deren zweites
(1873—74) sehr schlecht und deren drittes ein Mitteljahr war,

---

[1]) 1 Ardeb Weizen = 133,₆ Kilogr., d. i. ungefähr 1,₇₆ bis 1,₈₃ Hectoliter; gewöhnlich
wird 1 Ardeb Getreide = 183,₁₇₆ Liter gerechnet.

liegen Daten von der Handelsbewegung desjenigen Hafens vor, welcher circa 98 % aller Exporte vermittelt:

Getreide-Export über Alexandrien.

	1872—73[1]		1873—74[1]		1874—75[1]	
	Menge Hectol.	Werth Mark	Menge Hectol.	Werth Mark	Menge Hectol.	Werth Mark
Weizen .	1.121.283	12.867.000	341.703	4.518.100	616.710	6.470.000
Gerste .	17.806	103.100	11.694	89.800	58.285	378.900
Mais .	50.636	351.400	1.592	15.100	50.985	429.000
Zusamm.	1.189.725	13.321.500	354.989	4.623.000	725.980	7.277.900

Rechnet man dazu die Ausfuhr von Hülsenfrüchten (ca. 500.000 Ardebs) u. Mehl, so bewerthet sich der gesammte Export in Mitteljahren mit rund 26 Mill. Mark.

Das bedeutendste Absatzgebiet für ägyptischen Weizen bildet England, welches im Jahr 1876 2.249.252 Ctr. im Werthe von 953,196 Pfd. St. und im Jahr 1877 2.447.709 Ctr. im Werthe von 1.322.917 Pfd. St. (also für 19 resp. 26 Mill. Mark) importirte.

11. Algier. Wenn wir schliesslich die übrigen aussereuropäischen Productionsländer anführen, welche Ueberschüsse ihrer eigenen Cerealien-Ernten in den internationalen Handel bringen, so ist vor Allem Algier zu nennen, wo besonders in den letztverflossenen Jahren ein rascher Aufschwung zu constatiren war. Nach dem officiellen „Exposé de la situation de l'Algérie" betrug die dem Körnerbau gewidmete Ackerfläche:

im Jahr 1869 1.684.000 Hectaren, der Ertrag 10.676.500 Ctr. Getreide
  „   „   1874 2.730.000   „   „   „   16.000.000 „   „
  „   „   1875 2.950.000   „   ::   „   16.676.290 „   „

Durch diese Fortschritte der Cultur wurde es ermöglicht, die Ausfuhr von Getreide von 1 Mill. Ctr. im Jahr 1869 auf mehr als 2 Mill. Ctr. im Jahr 1875 zu heben.

Der Werth des Exportes von Weizen, Gerste u. Hafer belief sich

im Jahr 1875 auf 32.890.704 Frcs. = 26,₃ Mill. ℳ.
  „   „   1876 „ 49.177.539   „   = 32,₉ „   „

---

[1] Fiscaljahre vom 1. September bis 31. August.

12. Ferner ist Tunis zu erwähnen, wo nach englischen und deutschen Consulatsberichten Getreide und landwirthschaftliche Producte in den Jahren 1874 und 1875 die Haupt-Ausfuhrartikel der Regentschaft bildeten, wogegen allerdings im Jahr 1876 ein bedeutender Rückgang folgte; denn es betrug der Export von:

	im J. 1874	im J. 1875	im J. 1876
Weizen	7.993.640 $\mathcal{M}$.	2.201.799 $\mathcal{M}$	455.293 $\mathcal{M}$.
Gerste	4.111.200 „	767.656 „	81.216 „
Mais und and. Getreide	1.140.000 „	—	41.215 „
Zusammen	13.244.840 $\mathcal{M}$	2.969.455 $\mathcal{M}$	577.724 $\mathcal{M}$.

13. Endlich reihen wir noch Japan in die Gruppe der Exportländer, weil es in den verflossenen 3 Jahren sehr bedeutende Quantitäten Reis in den Aussenhandel brachte, obgleich allerdings regelmässige Zufuhren von Mehl erfolgen. Nach Erhebungen, welche officiell in Japan angestellt wurden, betrug die landwirthschaftliche Production

im Jahre 1874:

Reis	51 Mill. Hectol. im Werthe von 137,6 Mill. Doll.
Gerste	18 „ „ „ „ „ 19,8 „ „
Weizen	4 „ „ „ „ „ 5 „ „
Sonstige Cerealien und Hülsenfrüchte	— — — 16 „ „
	Zusammen Werth 178,4 Mill. Doll.
	d. i. 713,6 Mill. Mark.

Ueber die Handelsbewegung liegen aus den letzten Jahren folgende Aufstellungen der Zollbehörde zu Tokio vor:

Einfuhr.

	1872	1873	1874	1875-76
Reis Catties à 0,59 Kilogr.	—	1.909.303	1.175.343	935.189
Gerste „ „ „	117.467	51.467	102.378	—
Mehl „ „ „	1.310.642	1.081.875	975.691	1.236.385
Hafer „ „ „	—	—	—	922.189

Ausfuhr.

	1872	1873	1874	1875-76
Reis Catties	—	16.451.334	13.960.639	20.796.504
Weizen und Mehl Werth Yen	—	54.380	96.693	159?

Gegenüber den nicht bedeutenden Importen von 14.700 Z.-Ctr. Mehl im deklarirten Werthe von circa 210.000 Mark war der Export von circa 244.000 Z.-Ctr. Reis im deklarirten Werthe von 1.464.000 Mark ein Beweis der Leistungsfähigkeit dieses Landes.

2. Länder mit regelmässigem Import von Cerealien.

1. Grossbritannien und Irland. Den besten Erfahrungs-
beweis für die Möglichkeit der regelmässigen und billigen Brodversorgung eines Landes, dessen Territorial- und Bevölkerungs-Ver-
hältnisse den eigenen Getreidebau einschränken, liefert England.
Die Volksdichte, das industrielle und commercielle Leben und der
relative Consum nehmen seit Jahren fast in eben demselben Maasse
zu, in welchem die Production von Weizen abnimmt; das wachsende
Deficit an selbsterzeugten Nahrungsmitteln wird aber durch die
heutige Organisation des internationalen Kornhandels vollständig
gedeckt. Das von auswärts zugeführte Getreide kostet jetzt auf
den englischen Märkten weniger, als ehedem der einheimische Weizen
kostete und man konstatirte kürzlich, dass England, seitdem es auf
dem Standpunkte der kosmopolitischen Brodversorgung steht, besser
gegen Theuerungen gesichert ist, als es in irgend einem vorhergehenden
Zeitpunkte durch die eigenen Ernten war. Die einzige Sorge liegt heute
darin, durch Manufacturen und Handel die Gegenwerthe zu schaffen,
mit welchen das Nahrungsbudget der Bevölkerung bezahlt werden kann;
denn von dem gesammten Aufwande für Importe entfallen in Grossbritannien während des letzten Dezenniums 44 bis 50 Procente auf
Nahrungsmittel; im Jahr 1857 wurde für diese nur der Betrag von
64 Mill. Pfd. St. ausgegeben; im J. 1867 schon 101 Mill. Pfd. St.,
im J. 1876 aber 159 Mill. Pfd. St.; überhaupt entrichtete das Vereinigte Königreich in den zwanzig Jahren 1857—1876 für Genussmittel aller Art (Thiere, Brodstoffe, Mehl, Zucker, Früchte, gei-
stige Getränke etc.) an das Ausland den Tribut von 2027 Mill.
Pfd. St., wovon auf Cerealien und Mehl allein 733,$_1$ Mill. Pfd. St.
entfallen. Der Verlauf dieser Erscheinung ist ein so stetiger, dass
Grossbritannien von Jahr zu Jahr mehr Nahrungs-Zufuhren von
Aussen erfordert, und beispielsweise, wie St. Bourne jüngst berechnet
hat, in den ersten drei Jahren jener ganzen Periode nur durchschnittlich je 59 Mill. Pfd. St., in den letzten drei Jahren derselben
durchschnittlich je 153 Mill. Pfd. St. für Genussmittel, darunter am
Anfange dieser Periode 20,$_{08}$ Mill. Pfd. St. und am Schlusse derselben schon 53,$_{07}$ Mill. Pfd. St. für Cerealien und Mehl-Zufuhren
bezahlen musste. Die Ursachen dieser raschen Steigerung sind,
kurz gesagt, folgende.

Vor dem Jahr 1860 betrug die Bevölkerung des Vereinigten
Königreiches ungefähr 28 Mill. Einw., man rechnete (von 1852
bis 1860) den jährlichen Verbrauch jedes Einwohners auf 311 Pfd.
(engl.) Weizen und das für Weizenbau bestimmte Ackerland be-
deckte mehr als 4 Mill. Acres. Seither änderten sich sämmtliche
Factoren zu Ungunsten der einheimischen Brodversorgung; denn
die Bevölkerung stieg auf mehr als 33 Mill. Menschen, der Verbrauch jedes Einwohners wird auf 335 Pfd. Weizen geschätzt und
das Weizenland nahm bis auf nahezu 3 Mill. Acres ab. Bis zum
Jahr 1870 genügte beiläufig das Erträgniss von 3 Mill. Acres ausländischen Weizenbodens zur Ergänzung der britischen Consumtion,
seither aber wird regelmässig der Ertrag von $4^1/_2$ Mill. Acres
fremden nebst demjenigen des eigenen Weizenbodens in England
verzehrt. Das Verhältniss des vom Auslande zugeführten und des
selbsterzeugten Weizens stellt sich für die letzte Zeit nach den
Berechnungen des als Fachmann bekannten Mr. Caird ungefähr so
heraus:

Weizen-Verbrauch

im Jahr	eigener Erzeug.	fremder Zufuhr[1]	im Jahr	eigener Erzeug.	fremder Zufuhr[1]
1867	40,65 Mill. Ctr.	38,88 Mill. Ctr.	1872	54,53 Mill. Ctr.	47,39 Mill. Ctr.
1868	74,26 „ „	36,19 „ „	1873	44,77 „ „	50,53 „ „
1869	62,27 „ „	44,36 „ „	1874	62,13 „ „	48,71 „ „
1870	63,22 „ „	35,31 „ „	1875	42,12 „ „	59,13 „ „
1871	53,62 „ „	43,31 „ „	1876	43,99 „ „	50,07 „ „

Nach dem Durchschnitte dieser zehnjährigen Reihe lässt sich
also der einheimische Beitrag zur Consumtion auf 54,4 Mill. Ctr.,
d. i. etwa 36 Mill. Hectoliter, die Ergänzung durch den fremdländischen Import auf 45,5 Mill. Ctr., d. i. etwa 30 Mill. Hectol.
angeben. In den letzten zwei Jahren speciell hat sich das Verhältniss so ergeben, dass im Jahr 1876 die britische Weizenernte
circa 29,5 Mill. Hectol. und die Weizen- und Mehl-Zufuhr circa 34
Mill. Hectol., im Jahr 1877 die Weizenernte circa 28 bis 29 Mill.
Hectol. und die Weizen- und Mehl-Zufuhr circa 43 Mill. Hectoliter
ausmachte. [2])
Am anschaulichsten werden diese Zahlen, wenn man sie im

---

[1]) Mit Inbegriff von Weizenmehl.
[2]) Die Zufuhren hängen natürlich mehr mit der Ernte des vorhergehenden, als des nämlichen Jahres zusammen, sind daher im J. 1877
in Folge der Missernte von 1876 besonders hoch.

Grossen und Ganzen nimmt; Grossbritannien verbraucht Jahr für Jahr 68 bis 70 Mill. Hectol. Weizen. Davon liefert das eigene Land in der letzten Zeit weniger als die Hälfte, so dass von den 33,₄ Mill. Einwohnern Grossbritanniens etwa 16 Mill. von dem eigenen, dagegen 17,₄ Mill. Menschen von dem fremdländischen Brode leben.

Ueber die Ernten der einzelnen Jahre sind keine officiellen Daten vorhanden, sondern es wird nur jährlich in den „Agricultural Returns" die Ausdehnung der jeder Culturart gewidmeten Bodenfläche erhoben; die wirklichen Erträge werden auf Grund dieser Zahlen nach privaten Schätzungen der Einheits-Erträge ungefähr beziffert. Mit Ausserachtlassung von Irland, dessen Anbauflächen ziemlich constant zwischen 160 bis 190.000 Acres Weizen-, 212 bis 240.000 Acres Gersten- und 1.500.000 Acres Haferland zeigen, betragen die

Anbauflächen in Grossbritannien
(England mit Wales u. Schottland)

	Weizenland	Gerstenland	Haferland
1871 . . .	3.575.996 Acres	2.251.489 Acres	2.782.720 Acres
1872 . . .	3.599.158 „	2.316.235 „	2.705.645 „
1873 . . .	3.490.392 „	2.336.620 „	2.676.234 „
1874 . . .	3.630.300 „	2.287.987 „	2.596.384 „
1875 . . .	3.342.481 „	2.509.701 „	2.664.009 „
1876 . . .	2.996.958 „	2.533.106 „	2.798.430 „
1877 . . .	3.168.540 „	2.417.588 „	2.754.179 „

Die Ernte-Erträge von Grossbritannien werden geschätzt:

	Weizen Hectol.	Roggen Hectol.	Gerste Hectol.	Hafer Hectol.
nach Angaben vom J. 1873	36.847.200	627.000	32.245.000	43.520.000
als jetzige Mittelernte . .	29.500.000	600.000	30.000.000	42.000.000
Für Irland liegen Schätzungen vor mit . .	1.364.000	63.000	2.955.000	20.000.000

Gegenüber diesen ziemlich unzuverlässigen Angaben sind desto genauere statistische Aufschreibungen über den auswärtigen Getreidehandel vorhanden, welcher bis in's kleinste Detail beobachtet und verfolgt wird.

Menge und Werth des Getreidehandels.

I. Einfuhr.

(000 ausgelassen, also 41.528 = 41.528.000)

	1874		1875		1876		1877[1]	
	engl.Ctr.	Pfd. St.	engl.Ctr.	Pfd.St.	engl.Ctr.	Pfd.St.	engl.Ctr.	Pfd.St.
Weizen . .	41.528	25.237	51.877	27.510	44.455	23.178	54.162	33.820
Gerste . . .	11.335	5.291	11.049	4.636	9.773	3.748	12.970	5.396
Hafer . . .	11.388	5.117	12.436	5.407	11.211	4.620	12.926	4.999
Mais . . .	17.694	7.483	20.438	8.120	39.963	12.762	30.496	9.851
And. Getreide	4.724	2.189	5.502	2.483	6.389	2.620	6.085	2.322
Mehl . . .	6.329	5.753	6.219	4.931	6.184	4.884	7.369	6.803
Zusammen	92.998	51.070	107.521	58.087	117.975	51.812	124.008	63.191

II. Ausfuhr von britischem und irischem, sowie ausländischem Weizen und Mehl.

(000 ausgelassen, also 1.065 = 1.065.000.)

	1874		1875		1876		1877[2]	
	engl.Ctr.	Pfd.St.	engl.Ctr.	Pfd.St.	engl.Ctr.	Pfd.St.	engl.Ctr.	Pfd.St.
Weizen . . .	1.065	1.457	0.171	0.129	1.283	0.657	0.922	0.550
Weizen- u. anderes Mehl .	0.206	0.528	0.040	0.355	0.042	0.389	0.025	0.015
Zusammen	1.271	1.240	0.211	0.484	1.325	1.046	0.947	0.565

Nach Abzug der Exporte hat also Grossbritannien im Jahr 1877 nahezu 123 Mill. engl. Ctr. Getreide und Mehl im Werthe von circa 62 Mill. Pfd. Sterl. importirt, d. i. für seine Brodversorgung 1240 Mill. Mark — die höchste bisher verzeichnete Summe — an das Ausland bezahlt, ohne dass die Getreidepreise in England relativ höher gestiegen wären, als auf den Märkten der grossen Productions- und Export-Länder selbst, wo sie eben Mitte 1877 in Folge der schlechten Ernten des Vorjahrs fast allgemein um 40

---

[1]) Nach den vorläufigen Ausweisen.

[2]) Nur fremder und Colonial-Weizen, ohne Nachweis für den einheimischen, welcher im verflossenen Jahre 460.839 Ctr. im Werthe von 242.840 Pfd. St. betrug, und ohne die geringfügige Quantität des exportirten britischen Mehles.

bis 50 % hinaufschnellten. An den Zufuhren von Getreide und
Mehl zu den englischen Märkten nehmen alle agrikolen Länder der
Erde Antheil; die hervorragendste Stelle nimmt seit dem Jahr 1869
Amerika ein, welches zwischenzeitig nur einmal (im Jahr 1872) von
Russland überflügelt wurde, seit dem Jahr 1870 aber mit entschie-
denem Uebergewichte auftritt und (wenn man die Vereinigten Staaten,
Canada und Chile zusammenrechnet) mehr als die Hülfte des ganzen
britischen Bedarfes deckt. Einen Ueberblick dieses Antheiles in
den letzten 3 Jahren mag nachstehende (für 1877 nocht nicht genau
auszufüllende) Tabelle geben:

Getreide-Versorgung Grossbritanniens.

(000 ausgelassen, also 27.206 = 27.206.000 Ctr.)

Bezugsländer.	Weizen und Weizen- mehl [1]			Mais			Gerste		
	1874	1875	1876	1874	1875	1876	1874	1875	1876
Verein. Staat. v. N.-Amerika	27.206	26.872	22.223	13.455	12.059	27.065	0.032	0.008	0.129
Russland	5.799	10.158	8.912	0.509	0.504	0.830	2.019	2.585	1.547
Deutschland	4.012	6.613	3.488	—	—	—	0.728	1.119	0.431
Britisch Nord-Amerika . .	4.298	4.069	2.777	1.320	0.874	1.878	—	—	—
Aegypten	0.298	2.112	2.249	0.013	0.063	0.132	0.048	0.128	0.273
Frankreich	1.125	3.574	1.654	0.090	0.268	0.001	2.136	2.082	1.642
Chile . . ,.	2.207	0.903	1.013	—	—	—	—	—	—
Türkei u. Donaufürstenthüm.	0.623	1.312	1.261	1.530	4.448	9.230	4.286	2.993	4 200
Dänemark.	0.455	0.832	0.852	—	—	—	1.333	1.188	0.994
Oesterreich-Ungarn [2]) . . .	0.285	0.420	0.562	0.097	1.189	0.066	—	—	—
Spanien	0.418	0.157	0.270	—	—	—	—	—	—
Schweden	0.024	0.100	0.058	—	—	—	—	—	—
Andere Länder	2.571	2.923	6.585	0.680	1.033	0.701	0.751	0.946	0.557
Zusammen	49.323	59.547	51.904	17.694	20.438	39.963	11.333	11.049	9.773

Wir übergehen die Details der Versorgung mit den übrigen
Cerealien und fügen schliesslich nur bei, dass im Jahr 1877 die
Ver. Staaten von N.-Amerika 21,13 Mill. Ctr. Weizen (im Werthe von
13,15 Mill. Pfd. St.), Russland 10,8 Mill. Ctr. (im Werthe von 6,77
Mill. Pfd. St.), Britisch Indien 6,41 Mill. Ctr. (im Werthe von 3,16

---

[1]) Weizenmehl ist nach dem Maassstabe von 1 Ctr. = 1¼ Ctr. von
Weizenkorn reducirt.
[2]) Selbstverständlich nur die directen Provenienzen per mare, während das Uebrige wohl grösstentheils unter Deutschland angegeben erscheint. Wo in der Tab. Striche sind, ist kein besond. Nachweis zu finden.

Mill. Pfd. St.) und Deutschland 5,$_3$ Mill. Ctr. Weizen (im Werthe von 3,$_{16}$ Mill. Pfd. St.) auf die britischen Märkte lieferten. Man wird zugeben. dass eine geographisch besser vertheilte Organisation der Brodversorgung als diejenige, von welcher die vorstehenden Zahlen Zeugniss geben, kaum gedacht werden kann. England zieht seine Nahrung aus Amerika, Russland, Indien, Australien, Mittel-Europa, Aegypten und allen Theilen der Welt und kann nimmer in die Gefahr einer Hungersnoth gerathen.

2. **Frankreich.** Die amtliche Statistik hat in der letzten Zeit durch eine Reihe werthvoller Publicationen eine so vortreffliche Uebersicht der Zustände der Bodencultur und des Getreidehandels ermöglicht, dass wir auf Grund dieser und mehrerer uns zur Benutzung überlassenen, handschriftlichen Darstellungen im Stande sind, auch auf gedrängtem Raum ein klares Bild zu entwerfen.

Der Ackerbau hat seit dem Jahr 1815 sowohl an Umfang wie an Intensität regelmässig zugenommen; dies ergibt sich aus den drei Grunddaten: a) aus der überhaupt der Körnerproduction gewidmeten Fläche, b) aus dem relativen Einheitsertrage des Bodens und c) aus der absoluten Höhe der Cerealien-Ernten.

a) **Bodenfläche für Production von Cerealien und Hülsenfrüchten**

im J. 1815 . 13.279.301 Hectaren   im J. 1855 . 15.405.638 Hectaren
„ „ 1835 . 1.488.638   „   „ „ 1875 . 15.389.647   „

Besonders die letzte Zahl ist im Hinblicke auf den im Jahr 1871 erfolgten Verlust von Elsass-Lothringen (mit 1,$_1$ Mill. Hectar. Gebietsausdehnung) eine sehr beachtenswerthe. Von der gesammten hier ausgewiesenen Fläche wurde während dieser 6 Jahrzehnte stets das meiste dem Weizen (im Jahr 1815 schon 4,$_{16}$ Mill., im J. 1835 5,$_3$ Mill. und 1855 6,$_1$ Mill. Hectaren) und dem Hafer-Anbau bestimmt. In den letzten Jahren waren bestellt:

	1872	1873	1874	1875	1876
Hectaren (000 ausgelassen, also 6.933 = 6.933.000).					
mit Weizen	6.933	6.826	6.874	6.947	6.859
„ Hafer	3.209	3.231	3.159	3.187	3.487
„ Gerste	1.081	1.096	1.098	1.044	1.079
„ Roggen	1.915	1.898	1.871	1.894	1.838
„ Hirse und Mais .	702	674	650	665	661
„ Buchweizen . . .	679	691	678	659	360
„ Halbfrucht . . .	500	505	512	481	473

Der durchschnittliche Ertrag per Hectare hat sich in der sechszigjährigen Periode bei jeder Getreidegattung namhaft gehoben; er betrug nämlich in Hectoliter:

		Weizen	Hafer	Gerste	Roggen
im Jahre	1815	8,59	14,58	12,12	7,65
„ „	1835	13,13	17,11	13,99	12,50
„ „	1855	11,36	23,77	18,75	10,08
„ „	1875	14,18	21,60	17,38	14,21
„ „	1876	13,90	21,15	17,19	14,11

Zusammenhängend damit stieg die Höhe der Gesammterträge aller Cerealien ebenfalls sehr bedeutend und zwar von 132,₁ Mill. Hectol. im J. 1815 auf 191,₈ Mill. Hectol. im J. 1835, 227,₁₅ Mill. Hectol. im J. 1855 und 289,₇ Mill. Hectol. im J. 1874; die Ernte des Jahres 1875 war wegen Ungunst der Witterung viel geringer. Wir geben über die letzten vier Jahre nachstehende genaue Daten:

Cerealien-Mittel-Ernte und Jahres-Ernte[1]

in Hectoliter, (000 ausgelassen, also 104.177 = 104.177.000).

	Mittel-Ernte	1873	1874	1875	1876
Weizen . . .	104.177	81.893	133.130	100.635	95.438
Roggen . . .	26.310	20.320	28.370	26.919	26.486
Gerste . . .	20.254	18.965	19.676	18.144	18.561
Hafer	70.328	76.772	68.337	69.501	73.754
Hirse und Mais	10.364	9.522	10.779	10.423	7.095
Buchweizen . .	11.448	9.222	12.018	9.161	5.904
Halbfrucht . .	7.751	6.355	9.894	7.382	7.124
Zusammen	250.632	223.049	282.204	242.165	234.362

Im J. 1877 betrug die Weizenernte nach den vorläufigen, sehr emsig gearbeiteten Uebersichten von J. Laverrière (im Supplement des Echo agricole 1878) das bedeutende Quantum von 98.908.000 Hectol.; für die übrigen Fruchtgattungen liegt noch keine Schätzung vor.

Trotz der hohen Ernteerträge der letzten Zeit genügt die eigene Production an Brodfrüchten nicht mehr dem noch rascher wachsenden Bedürfnisse der Bevölkerung. Der Consum von Weizen und Mehl betrug im J. 1820 54 Mill. Hectol., stieg bis zum J. 1873 auf 64 Mill., bis 1847 auf 76 Mill. Hectol., erreichte im J. 1858

---

[1] Mit Hinweglassung des Ertrages an Hülsenfrüchten und Nebenfrucht.

84.₃ Mill. und im J. 1874 94.₆ Mill. Hectol. Nur in günstigen Jahren wird also ein Ueberschuss der Ernten zur Ausfuhr gebracht; in schlechten Jahren dagegen muss der Ausfall durch Zufuhren gedeckt werden. Während des letzten Decenniums (1867—1876) ergab nur ein Jahr einen kleinen Mehrexport. dagegen machten 9 Jahre einen Mehrimport dieser Brodfrüchte nöthig. Die Handelsbewegung in dieser Periode war folgende:

Handel mit Weizen und Weizenmehl[1] von 1867—1876.

	Einfuhr:	Ausfuhr:	Mehr-Einfuhr:	Mehr-Ausfuhr:
	Hectol.	Hectol.	Hectol.	Hectol.
1867	9.249.720	573.920	8.675.800	—
1868	11.073.245	680.681	10.392.564	—
1869	1.849.905	885.062	964.843	—
1870	5.656.374	412.682	5.243.692	—
1871	13.925.446	154.513	13.770.933	—
1872	5.659.326	4.157.204	1.502.122	—
1873	6.923.958	2.972.090	3.951.868	—
1874	10.943.520	2.279.480	8.664.040	—
1875	4.533.000	6.502.000	—	1.969.000
1876	6.845.000	3.635.000	3.210.000	—

Einen Einblick in die grosse Antheilnahme Frankreichs an dem internationalen Getreidehandel gibt die nachfolgende den officiellen Aufschreibungen der „Documents statistiques" entnommene Tabelle:

Special-Handel mit Cerealien und Mehl.

(000 ausgelassen, also 3.494 = 3.494.000.)

I. Einfuhr zum Verbrauch:	1875		1876		1877	
	Menge mtr.Ctr.	Werth Francs	Menge mtr.Ctr.	Werth Francs	Menge mtr.Ctr.	Werth Francs
Weizen und Spelz	3.494	87.343	5.281	142.599	3.380	91.253
Roggen	0.013	0.227	0.019	0.343	0.068	1.225
Gerste	0.743	13.739	0.864	16.858	0.897	17.498
Mais	1.428	31.059	2.476	58.181	2.580	60.643
Hafer	0.252	4.660	1.271	19.694	1.403	21.747
Mehl	0.029	1.081	0.041	1.584	0.063	2.473
Zusammen	5.959	138.109	9.952	239.259	8.391	194.839

---

[1] Nach officiellen Aufstellungen von 1867 bis 1874; für 1875 und 1876 von uns nach dem Ausweise des Special-Handels und nach dem in Frankreich gebräuchlichen Maassstabe von 1 Hectol. Weizen = 78 Kilogr. und 70 Mehl = 100 Weizen berechnet.

II. Ausfuhr aus d. freien Verkehr:	1875		1876		1877	
	Menge mtr.Ctr.	Werth Francs	Menge mtr.Ctr.	Werth Francs	Menge mtr.Ctr.	Werth Francs
Weizen und Spelz	1.835	48.188	0.661	17.854	1.472	39.742
Roggen	1.208	21.442	1.697	31.388	1.200	22.203
Gerste	1.752	33.729	1.603	32.869	1.597	32.741
Hafer	0.232	5.230	0.170	4.085	0.227	5.456
Mais	0.174	3.315	0.068	1.092	0.116	1.859
Buchweizen ...	0.206	3.923	0.063	1.397	0.016	0.352
Mehl	2.264	86.908	1.521	58.231	1.857	72.191
Zusammen	7.671	202.735	5.783	146.916	6.485	174.544

Nur im Jahr 1875 also war es in Folge der aussergewöhnlich reichen Weizen-Ernte des Vorjahres (S. 48) möglich, einen Mehr-Export im Betrage von 64,₆ Mill. Frcs. = 51,₇ Mill. Mark und zwar in der Form von Mehl zu bewerkstelligen; die beiden Jahre 1876 und 1877 zeigen aber die Passivität des französischen Kornhandels mit 92,₃ Mill. Frcs. = 73,₈ Mill. Mark, respective 20,₃ Mill. Frcs. = 16,₂ Mill. Mark.

3. Deutsches Reich. Obgleich schon im Jahr 1871 commissionelle Verhandlungen über die Organisation einer übereinstimmenden Ermittelung der landwirthschaftlichen Bodenbenutzung und der Ernte-Erträge eingeleitet wurden, hat der Bundesrath dennoch diesen Theil bisher nicht in die Reichs- oder föderirte Statistik einbezogen. Es wird daher in den einzelnen Staaten die Ernte-Statistik nach ganz verschiedenen Gesichtspunkten mehr oder weniger gepflegt, in einigen aber ganz und gar vernachlässigt. So liegen die Daten von jedem Staate aus einem anderen Zeitpunkte (von Preussen z. B. direct nur für 1867) vor, und eine Vergleichbarkeit oder Zusammenfassung derselben ist kaum möglich. Wir müssen uns daher mit den alten Angaben genügen lassen, nach welchen die durchschnittlichen Ernten ergaben:

Weizen . . . . 34 Mill. Hectoliter
Spelz . . . . 15 „ „
Roggen . . . . . . 94 „ „
Gerste . . . . . . 30 „ „
Hafer . . . . . . 87 „ „
Zusammen 260 Mill. Hectoliter.

Nach der Handelsbewegung muss man auf die Nothwendigkeit der regelmässigen Zufuhr von Brodfrüchten aus dem Auslande schliessen, denn auch in den letzten fünf Jahren waren, wie seit dem Jahre 1870 die Importe stets namhaft höher als die Exporte; indessen fügt die officielle Reichsstatistik diesen Daten die Bemerkung bei, dass sich auch nicht annähernd schätzen lässt, wie viel von dem jährlichen Importquantum im Lande bleibt und wie viel wieder im Wege der Durchfuhr hinausgeht.

Handel mit Cerealien und Mehl

(in Zoll-Ctr., 000 ausgelassen, also 7.510 = 7.510.000.)

I. Einfuhr in den freien Verkehr:	1873	1874	1875	1876	1877 [1])
Weizen	7.510	8.230	10.084	13.852	19.154
Roggen	15.751	19.210	14.147	22.273	23.948
Gerste	6.521 [2])	5.945	5.019	5.493	10.111
Hafer	3.712	6.208	4.750	6.533	7.269
Mais	} 1.151	1.174	2.299	4.008	3.627
Anderes Getreide . .		135	195	302	313
Zusammen	34.645	40.902	36.494	52.461	64.422
Mehl	1.939	2.015	2.677	3.794	3.652
II. Ausfuhr aus dem freien Verkehr:					
Weizen	6.569	8.016	11.400	7.760	14.311
Roggen	3.197	3.460	3.110	2.000	3.455
Gerste	2.898 [2])	1.955	2.470	1.680	3.670
Hafer	2.329	2.173	2.510	1.930	2.972
Mais	} 415	42	428	388	441
Anderes Getreide . .		444	405	375	672
Zusammen	15.408	16.090	20.318	14.133	25.521
Mehl	2.431	2.422	2.370	2.580	3.235

Nach den für 1872—1874 officiell bekannt gegebenen Bewerthungen des Gesammthandels und der für die späteren Jahre vorliegenden Werthangabe der Einfuhr, sowie den darauf basirten privaten Berechnungen betrug der:

---

[1]) Die Daten für 1877 sind vorläufige, nach den bisher veröffentlichten Verkehrs-Nachweisen des deutschen Reichsamtes; die vorhergehenden sind den definitiven Ausweisen der deutschen Reichs-Statistik entnommen.

[2]) Für 1873 Gerste und Malz zusammen.

Getreide- und Mehlhandel im Ganzen[1])

		Gesammt-Einfuhr:		Gesammt-Ausfuhr:	
		Menge	Werth	Menge	Werth
		Zoll-Ctr.	Mill.Mark	Zoll-Ctr.	Mill.Mark
im Jahre	1872	28.880.000	280,0	21.860.000	215,1
„ „	1873	39.900.000	414,0	23.980.000	249,0
„ „	1874	47.100.000	482,1	22.200.000	229,0
„ „	1875	43.100.000	418,0	26.900.000	267,1
„ „	1876	60.500.000	595,0	22.650.000	222,1

Für das Jahr 1877 liegen noch keine Werthsberechnungen vor; allein die Mehreinfuhren von Getreide waren, wie unsere Tabelle (S. 51) zeigt, ebenso gewaltig, als im Jahr 1876, so dass der Aufwand für dieselben bei höheren Preisen jene der Vorjahre übersteigen wird. Im Quinquennium 1872—76 bezahlte das Deutsche Reich mehr als 1 Milliarde Mark, d. h. jährlich 200 Mill. M. für importirte Brodfrüchte; im Jahr 1876 allein stieg diese Ausgabe auf Netto 373 Mill. Mark.

Was die Bezugsländer betrifft, so stand in den Jahren 1872 bis 1874 Russland in erster Reihe, indem es zwischen 6,3 und 17,6 Mill. Ctr., d. i. 26—43 % des gesammten Importes lieferte; nach den Ausweisen für 1876 haben jedoch die Einfuhren über Oesterreich (4,3 Mill. Ctr. Weizen, 3,7 Mill. Ctr. Roggen, 3,8 Mill. Ctr. Gerste, 2,1 Mill. Ctr. Hafer, 2,8 Mill. Ctr. Mais nebst 1,6 Mill. Ctr. Mehl) den grössten Antheil, denn sie betragen nahezu 32 Procente aller Getreide- und 47 Proc. der Mehl-Importe; erst in zweiter und dritter Reihe folgen die Getreide-Zufuhren aus Russland, den Niederlanden und über die Ostsee-Häfen, sowie die Mehl-Importe von Frankreich.

4. Belgien. Seit dem Jahre 1866 ist keine neue Erhebung der Anbauflächen gemacht worden, sondern es werden nur jährlich die Einheits-Erträge per Hectare constatirt. Die Totalsummen dürften also, mit Rücksicht auf die, während der letzten 8 Jahre erfolgte Ausbreitung des industriellen gegenüber dem agricolen Elemente und die damit ohne Zweifel zusammenhängende Verminderung des landwirthschaftlich benutzten Bodens eher zu hoch

---

[1]) Mit Einschluss von Brodstoffen aller Art, Hülsenfrüchten, dann Mehl und Mahlfabrikaten und auf Grund der kritischen Zerlegungen der amtlichen Handels-Ausweise von E. Laspeyres.

gegriffen sein. Nach den Angaben des Conseil supérieur d'agriculture stellen sich die Einheits-Erträge wie folgt:

Anbauflächen	Mittelernte	1873	1874	1875	1876
		Hectoliter per Hectare			
Weizen . .	283.542	21,98	16,60	24,73	19,66	19,06
Spelz . .	64.342	31,12	33,36	40,11	32,13	32,03
Roggen . .	288.966	20,77	16,27	23,73	19,55	21,19
Gerste . .	43.618	35,01	28,76	33,20	32,10	28,08
Hafer . .	229.744	33,82	33,10	35,52	34,15	35,56

Ernte-Ergebnisse.

	Mittelernte[1]	1873[1]	1874[1]	1875[1]	1876[1]
	Hectol.	Hectol.	Hectol.	Hectol.	Hectol.
Weizen .	6.238.000	4.706.797	7.040.348	5.574.436	5.404.310
Spelz	2.002.000	2.116.382	2.580.677	2.087.898	2.064.091
Roggen .	6.002.000	4.701.477	6.906.287	5.735.975	6.180.083
Gerste .	1.526.000	1.254.454	1.448.118	1.400.138	1.224.793
Hafer .	7.770.000	7.673.316	8.229.287	7.916.979	8.169.697
Zusamm.	23.538.000	20.452.426	26.204.717	22.715.426	23.043.874

Diese Production genügt in keinem Jahre dem Bedarfe der Bevölkerung, sondern bedeutende Zufuhren von Körnerfrüchten jeder Gattung und von Mehl müssen das Fehlende ersetzen. Der auswärtige Special-Handel nahm in den letzten 4 Jahren folgenden Umfang:

Menge und Werth des Getreidehandels.

(000 ausgelassen, also 310.494 = 310.494.000.)

I. Einfuhr.	1873		1874		1875		1876	
	Kilogr.	Francs	Kilogr.	Francs	Kilogr.	Francs	Kilogr.	Francs
Weizen . . .	310.494	108.673	365.955	120.765	299.211	77.795	453.809	127.066
Roggen . . .	101.263	23.291	90.519	22.630	92.471	18.494	111.818	22.364
Gerste . . .	154.241	37.018	136.995	34.249	144.917	33.331	151.115	33.245
Hafer, Mais etc.	57.547	12.085	96.078	24.019	61.219	14.080	114.249	26.277
Hülsenfrüchte	10.160	2.337	9.503	2.376	8.262	2.065	15.604	4.213
Mehl, Mahlprd. u. Teigwaaren	63.409	38.175	58.262	32.474	80.628	36.901	78.975	40.299
Zusammen	697.114	221.579	757.312	236.513	686.708	182.666	925.570	253.464

---

[1] Nach obigen Grunddaten von uns berechnet; nach den Angaben der „Statistique internationale de l'agriculture" wäre die Mittelernte von Weizen und Spelz 8.453.581 Hectol., jene von Roggen 6.336.148 Hectol., Gerste 1.334.711 und Hafer 8.500.528 Hectol. Wir kennen nicht die Quellen dieser Berechnung, während unsere direct auf den offic. Angaben ruhen.

II. Ausfuhr.	1873		1874		1875		1876	
	Kilogr.	Francs	Kilogr.	Francs	Kilogr.	Francs	Kilogr.	Francs
Weizen . .	89.886	31.460	129.708	42.804	71.072	18.479	164.029	45.928
Alles and.Getreide u.Mehl	112.968	29.527	117.207	31.691	114.120	26.685	155.993	35.600
Zusammen	202.854	60.987	246.915	74.495	185.192	45.164	320.022	81.528

In dieser Zeit steht also einem durchschnittlichen Jahres-
Import von . . . . $223_{,5}$ Mill. Frcs. $= 198_{,8}$ Mill. Mark,
der Export von nur . $65_{,5}$ „ „ $= 52_{,4}$ „ „
entgegen, so dass der jährliche Mehr-Aufwand
für Brodfrüchte . . . . $146_{,4}$ Mill. Mark beträgt, während derselbe in früheren Jahren (1869, 1870 und 1872)
nur 67 bis 70 Mill. Mark und ausnahmsweise im Jahr 1871 nach
einer Missernte 180 Mill. Mark betragen hatte.

5. Die Schweiz. Wie die meisten übrigen Zweige der Statistik ist auch jener der Bodenproduction vernachlässigt; die Schweiz
besitzt keine diesbezüglichen Erhebungen, und da in einigen
Cantonen noch nicht einmal ein Kataster angelegt ist, scheitern
alle Versuche, solche durchzuführen. Die Berechnung der Jahres-
Ernten ist noch niemals unternommen worden und nur auf dem
Wege des etwas gewagten Schlusses, welcher aus der Ernährungs-
bilanz der Bevölkerung im Zusammenhange mit dem Umfange des
auswärtigen Kornhandels der Schweiz auf die Productionsgrössen
gezogen werden kann, ist es versucht worden, den Ertrag der
Durchschnitts-Ernte auf circa 5 Mill. Z.-Ctr. Cerealien aller Art
zu schätzen. Die „Statistique internationale" enthält ohne Bezeichnung der Quelle, ziffermässige, angeblich aus dem Jahr 1868 stammende Daten (756.000 Hectol. Weizen, 3.060.000 Hectol. Roggen,
504.000 Hectol. Gerste, 1.872.000 Hectol. Hafer, d. i. zusammen
6.192.000 Hectol. Cerealien), welche jedoch gewiss nicht anders
als auf dem Wege von Conjectural-Schätzungen gewonnen sind,
wenig Vertrauen verdienen und zu einem Gesammtertrage von circa
7 Mill. Z.-Ctr. Getreide aller Art gelangen würden.
Die Zufuhren vom Auslande sind seit Jahrzehnten sehr bedeutend und haben in den letzten zwanzig Jahren namhaft zugenommen.

Der durchschnittliche Ueberschuss der Einfuhr über die Ausfuhr
stieg nämlich
von 1851/55 mit 2.388.560 Z.-Ctr. od. 103 Pfd. per Kopf der Bev.
auf 1867/71 „ 3.539.099 „ „ 133 „ „ „ „ „

Die Handelsbewegung betrug überhaupt:

Getreide, Hülsenfrüchte und Mehl.

	Einfuhr:		Ausfuhr:	
	Getreide	Mehl	Getreide	Mehl
	Zoll-Ctr.		Zoll-Ctr.	
1870	3.541.559	236.392	70.270	37.687
1871	3.734.135	177.437	82.414	82.443
1872	4.733.938	259.073	37.915	30.834
1873	5.290.199	519.543	44.794	38.763
1874	4.845.540	444.781	24.667	46.786
1875	5.407.690	436.347	24.503	33.747
1876	6.491.998	522.324	27.662	53.444

Für die Einfuhren der beiden letzten Jahre liegen nachstehende Details vor, welche wir anführen, weil die schweizerische
Handelsstatistik bekanntlich nur die Mengen und nicht die Werthe
des Waarenverkehrs angibt, wir also darauf angewiesen sind, nach
den Durchschnittspreisen der Landes-Märkte selbst approximative
Berechnungen vorzunehmen. Die Gesammteinfuhr zerfiel:

	im J. 1875		im J. 1876	
Weizen	4.142.058	Z.-Ctr.	5.007.063	Z.-Ctr.
Roggen	73.016	„	105.783	„
Gerste	291.832	„	325.974	„
Hafer	526.730	„	569.601	„
Mais	332.407	„	440.634	„
Hülsenfrüchte und and. Getreide	41.647	„	42.943	„
Zusammen wie oben	5.407.690	Z.-Ctr.	6.491.998	Z.-Ctr.

Nach den Marktpreisen von Zürich (loco Romanshorn und
Rorschach) repräsentiren die Netto-Einfuhren von Cerealien und
Mehl im Jahr 1876 einen beiläufigen Werth von 83,5 Mill. Mark.
Im Jahr 1871 entfiel der grösste Antheil der Zufuhren auf Deutsch-
land und Oesterreich, in den Jahren 1872 bis 1876 aber kam die
Hälfte und mehr auf Frankreich, nächst welchem Deutschland den
bedeutendsten Rang einnimmt.

6. Niederlande. Die officiellen Uebersichten der Jahres-
Ernten in dem „Verslag van den Landbouw‟ lassen folgende Daten
entnehmen:

Boden-Erträge der letzten 25 Jahre.

	1851—1860		1861—1872		1875		Gesammt-Ernte im J. 1875 Hectoliter
	Hectaren Land	Ertrag p. Hectar in Hectol.	Hectaren Land	Ertrag p. Hectar in Hectol.	Hectaren Land	Ertrag p. Hectar in Hectol.	
Weizen . . .	81.330	19,3	81.858	21,1	95.112	23,6	2.250.744
Spelz	—	—	359	39,6	394	51,9	20.468
Roggen . . .	188.720	18	195.046	17,2	202.022	17,6	3.567.312
Gerste . . .	43.551	32,1	44.999	36,1	49.480	39,2	1.939.214
Hafer . . .	84.035	33,7	103.027	38,1	112.376	40,9	4.599.168
Buchweizen. .	64.485	18,6	67.658	17,1	65.697	18,9	1.235.807

Die Gesammt-Ernte des aussergewöhnlich reichen Jahres 1875 beläuft sich daher auf 13.612.713

Die grosse Consumtionskraft der Bevölkerung erfordert natürlich regelmässige Mehreinfuhren zur Ergänzung des eigenen Bedarfes. Deren Höhe geht aus den Handels-Ausweisen hervor wie folgt:

Getreide- und Mehlhandel nach Mengen und Werth.

I. Einfuhr zum Verbrauch:	1874		1875		1876	
	Menge	Werth	Menge	Werth	Menge	Werth
	Hectol.	Mill. fl. holl.	Hectol.	Mill. fl. holl.	Hectol.	Mill. fl. holl.
Weizen . .	1.931.759	19,32	1.727.756	17,28	2.100.124	21,00
Roggen . .	2.533.099	16,89	2.418.365	16,12	2.600.871	17,31
Gerste . . .	1.368.902	7,30	1.246.932	6,65	1.590.235	8,18
Hafer . . .	79.383	0,29	79.440	0,29	175.728	0,61
Buchweizen .	88.803	0,65	189.509	1,39	105.816	0,77
Mehl (Kilogr.)	15.910.000	4,77	13.578.712	4,07	9.071.393	2,72
Zusammen Werth	—	49,22	—	45,80	—	50,95
II. Ausfuhr aus dem freien Verkehr:[1)						
Weizen . .	328.000	3,33	343.400	3,18	474.800	4,60
Roggen . .	95.200	0,62	73.500	0,35	78.200	0,51
Gerste . . .	338.000	1,77	378.000	1,96	450.000	2,33
Hafer . . .	670.000	2,13	748.000	2,72	842.000	3,06
Buchweizen .	4.218	0,03	5.000	0,01	7.000	0,05
Mehl (Kilogr.)	7.735.000	2,17	7.882.501	2,36	11.340.000	3,10
Zusammen Werth	—	10,35	—	10,93	—	14,17

1) Die Handels-Ausweise geben für die Ausfuhr nur das Gewicht in Kilogramm, wir haben die Umrechnung in Hectoliter nach der Usance

Der Mehrimport von Getreide und Mehl veranlasste dem Lande in diesen drei Jahren einen ziemlich constant bleibenden Aufwand von 35—39 Mill. fl. holl., oder 60 bis 66 Mill. Mark.

7. Italien. Seit dem im Jahre 1876 erschienenen Berichte Miraglia's an den Agrikultur-Rath des Königreichs sind keine neuen Erhebungen gepflogen worden. Wir kennen daher nur die durchschnittlichen Erträge aus der Zeit von 1870—74; diese sind:

Mittel-Ernte an Körnerfrüchten. [1])

	Kulturflächen in Hectaren	Ertrag per Hectare	Total-Ertrag per Hectare
Weizen. . . .	4.676.485	$11_{,07}$ Hectol.	51.790.005 Hectol.
Roggen u. Gerste	464.780	$14_{,40}$ „	6.697.288 „
Hafer	398.631	$18_{,67}$ „	7.443.600 „
Mais	1.696.513	$18_{,33}$ „	31.098.331 „
Anderes Getreide	613.506	$18_{,27}$ „	5.593.000 „
Reis	232.669	$42_{,20}$ Ctr.	9.818.151 Ctr.

Diese relativ bedeutenden Ernten reichten aber für die Ernährung der Bevölkerung nicht aus, sondern Italien musste auch in den letzten 5 Jahren wie vorher regelmässig mehr Brodfrüchte einführen, als es auf die ausländischen Märkte brachte.

Menge des auswärtigen Getreidehandels.

	Einfuhr: in Zoll-Centnern			Ausfuhr: in Zoll-Centnern		
	Getreide	Reis	Mehl	Getreide	Reis	Mehl
im J. 1873	6.133.000	—	41.000	4.791.000	—	45.500
„ 1874	10.184.000	—	38.500	2.096.700	—	48.600
„ 1875	6.662.500	—	52.278	3.967.040	—	52.150
„ 1876	6.859.160	374.420	2.064	4.053.900	1.088.360	95.366
„ 1877	5.371.980	325.900	1.908	3.034.600	876.000	113.110

des französischen Getreidehandels vorgenommen, wonach

$$1 \text{ Hectol. Weizen} = 78 \text{ Kg.}$$
$$1 \text{ „ Gerste} = 65_{,5} \text{ „}$$
$$1 \text{ „ Hafer} = 45_{,5} \text{ „}$$
$$1 \text{ „ Roggen} = 73 \text{ „}$$
$$1 \text{ „ Buchweizen} = 71 \text{ „}$$

[1]) Die Daten wurden uns von Seite des kgl. statist. Bureaus jüngst wieder bestätiget und sind jedenfalls richtiger, als die veralteten Angaben der „Statistique internationale de l'agriculture."

Werth des auswärtigen Getreidehandels. [1])

	Einfuhr:	Ausfuhr:	Daher Mehr-Einfuhr:
im J. 1873	99.856.000 ℳ.	72.567.000 ℳ.	27.289.000 ℳ.
„ 1874	125.508.000 „	39.909.000 „	85.599.000 „
„ 1875	72.408.000 „	60.659.000 „	11.749.000 „
„ 1876	86.380.000 „	59.697.000 „	26.683.000 „
„ 1877	68.702.088 „	51.802.108 „	16.899.980 „

8. **Schweden und Norwegen.** Seit dem Jahr 1874 lässt sich der Bodenertrag Schwedens, in Folge der Organisation einer neuen und verlässlicheren Erhebungs-Methode, genau verfolgen; unsere nachstehenden Daten sind dieser officiellen Ernte-Statistik entnommen. Für Norwegen liegen nur Angaben aus dem Jahr 1865 und Schätzungen einer Mittelernte aus dem Jahr 1873 vor; die Ernte des Jahres 1876 war eine besonders ungünstige.

Ernte von Körnerfrüchten.

(in Hectol.; 000 ausgelassen, also 1.213 = 1.213.000.)

	I. Schweden:				II. Norwegen:	
	1874	1875	1876	1877	1865	1873
Weizen . .	1.213	1.182	1.189	1.031	0.099	0.097
Roggen . .	7.014	7.202	6.816	5.781	0.237	0.291
Gerste . . .	4.395	5.707	5.016	4.670	1.243	1.315
Hafer . . .	10.965	17.292	14.427	16.815	2.867	3.042
Mengkorn .	1.524	2.048	1.858	1.864	0.633	0.650
Zusammen	25.111	33.431	29.306	30.161	5.079	5.395

Die **schwedische** Erntestatistik gibt auch die Gewichtsmengen und den beiläufigen Werth der Boden-Erträge an; nach diesen Daten hatte

	im Durchschnitte von 1874—76:	im Jahre 1877:
	per Hectoliter	
Weizen	78,4 Kg.	75,5 Kg.
Roggen	72,2 „	67,3 „
Gerste	63,0 „	57,5 „
Hafer	46,8 „	43,9 „
Mengkorn . . .	55,2 „	50,8 „

---

[1]) Getreide incl. Reis, Mehl und Teigwaaren; nur im Jahre 1877 ohne letztere.

Der Werth der Gesammternte Schwedens von Getreide und Hülsenfrüchten aller Art betrug im Jahr 1874: 196,₈ Mill. Mark, im Jahr 1875: 264 Mill. M., im Jahr 1876: 229,₆ Mill. M. und im Jahr 1877: 213,₆ Mill. Mark.

Was den Aussenhandel betrifft, so exportirt Schweden regelmässig namhafte Mengen von Hafer (bes. nach England) und kleinere Quantitäten Gerste (nach England, Holland und Norwegen); es muss dagegen Roggen und Mehl (von Russland und Dänemark) einführen. Norwegen hat nur geringfügige — im Durchschnitte der Jahre 1866—74 je 40.000 Hectol. betragende — Exporte von Hafer, während es alle anderen Getreidegattungen in nicht unbeträchtlichen Mengen (von Russland, Deutschland und Dänemark) importirt. Nach Broch versorgte sich Norwegen im Durchschnitte der Jahre 1840—1870 nur zu 56 % mit einheimischen, dagegen zu 44 % mit fremdländischen Brodfrüchten, für das letzte Quinquennium stellt sich diese Handelsbewegung wie folgt:

Getreide- und Mehlhandel nach Mengen.

I. Schweden.[1]

(in Hectol.; 000 ausgelassen, also 6 = 6.000.)

	Einfuhr					Ausfuhr				
	1872	1873	1874	1875	1876	1872	1873	1874	1875	1876
Weizen .	0.006	0·017	0.022	0.017	0.054	0.081	0.104	0.059	0.163	0.164
Roggen .	0.526	0.589	1.663	1.045	0.840	0.028	0.049	0.005	0.014	0.038
Gerste u. Malz	0.035	0.059	0.185	0.064	0.102	0.579	0.440	0.408	0.537	0.451
Hafer . .	0.005	0.011	—	—	0.027	4.384	4.324	4.500	3.986	5.474
Mehl (Kilogr.)	30.854	46.173	72.462	49.555	55.802	2.905	2.794	3.740	2.932	2.102

II. Norwegen.

	Einfuhr					Ausfuhr				
	1872	1873	1874	1875	1876	1872	1873	1874	1875	1876
Weizen . .	0.046	0.049	0.082	—	—	—	—	—	—	—
Roggen . .	1.522	1.637	1.893	1.954	1.984	—	—	—	—	—
Gerste . .	0.633	0.548	0.647	0.610	0.709	—	—	—	—	—
Hafer . . .	0.034	0.003	0.007	—	—	0.202	0.136	0.128	0.093	0.158
Mehl (Kilogr.)	16.047	15.706	18.023	—	—	—	—	—	—	—

[1] Die Umrechnungen nach dem Massstabe von 1 Kubikf. = 0,26173 Hectol.; 1 Ctr. = 42,₅ Kilogr.; 1 Krone = 1,₁₂₅ Mark.

Werth des Getreide- und Mehlhandels.

(000 ausgelassen, also 14.071 = 14.071.000.)

		I. Schweden.		II. Norwegen.	
		Einfuhr:	Ausfuhr:	Einfuhr:	Ausfuhr:
im J.	1871	14.071 *M.*	36.518 *M.*	27.743 *M.*	1.183 *M.*
„	1872	—	—	32.391	1.165
„	1873	21.076	36.103	38.285	0.877
„	1874	—	—	43.485	0.830
„	1875	25.436	40.346	—	—
„	1876	22.593	50.739	—	—

Während Schweden regelmässig um circa 20 Mill. Mark im Getreidehandel activ ist, ist umgekehrt Norwegen stets um 30 bis 40 Mill. Mark passiv, so dass die beiden scandinavischen Reiche zusammen für Zufuhren von Brodfrüchten stets dem Auslande mehr entrichten, als sie von demselben bekommen.

9. Spanien. Nach Angaben, welche aus den letzten fünfziger Jahren stammen, wird die Getreideproduction im Ganzen auf 90 bis 100 Mill. Hectol. geschätzt, davon sollen entfallen:

	im Durchschnitt:	im J. 1857:
Weizen	40—66 Mill. Hectol.	41.424.726 Hectol.
Roggen und Hafer .	9—23 „ „	8.989.350 „
Gerste	circa 27 „ „	20.603.232 „
Mais	—	8.677.606 „

Die beabsichtigten neuen Ernte-Erhebungen sind noch nicht durchgeführt und auch die Handelsbilanz lässt nur unzuverlässige Schlüsse auf die Brodversorgung des Landes zu; denn auffallender Weise zeigte dieselbe nach officiellen Angaben aus den Jahren 1862—1871, welche uns handschriftlich von der General-Zolldirection zukamen, eine namhafte Mehreinfuhr von Weizen, Mais und Reis, bei relativ unbedeutenden Mehrausfuhren von Weizenmehl, wie die nachstehenden Auszüge für die Jahre 1869—1871 ergeben:

Handelsbewegung.

	Einfuhr: (in Zoll-Ctr.)			Ausfuhr: (in Zoll-Ctr.)		
	1869	1870	1871	1869	1870	1871
Weizen . .	2.763.751	1.250.037	1.202.010	137.022	168.872	175.365
Roggen . .	—	—	—	72.144	23.406	52.388
Gerste . .	—	• —	—	46.720	500.576	131.205
Hafer . . .	—	—	—	86.270	476.898	113.708
Weizenmehl	166.426	275.005	197.512	535.174	846.682	736.738

Wesentlich verschieden von den vorhergehenden sind die neuesten officiellen Daten,[1] denn sie ergeben eine sehr beträchtliche Mehrausfuhr:

Menge und Werth des Cerealienhandels im J. 1873.

	Einfuhr:		Ausfuhr:	
	Menge in Z.-Ctr.	Werth in Pesetas	Menge in Z.-Ctr.	Werth in Pesetas
Weizen . .	1.403	15.434	3.962.183	49.527.288
Roggen . .	—	—	36.731	293.850
Gerste . .	13.394	113.848	68.597	548.778
Hafer . . .	—	—	41.835	251.010
Mais . . .	32.170	273.446	1.222	12.222
Weizenmehl .	2.602	42.938	1.203.275	21.057.324
Zusammen	49.569	445.666	5.313.843	71.690.472
		d.i. 385.000 $\mathcal{M}$		d.i 61,₉ Mill. $\mathcal{M}$

10. **Portugal.** Nach einer sehr eingehenden kritischen Vergleichung der officiell erhobenen Daten mit denjenigen des einheimischen Verbrauchs und der Handelsbewegung gelangte Gerardo A. Pery zu einer Schätzung der wirklichen Ernte-Erträge, welche wir wegen ihrer offenbaren Verlässlichkeit neben die amtlichen Erhebungen selbst setzen:

Ernte-Erträge:

	Durchschnitts-Ernte nach amtlichen Erhebungen		Nach amtlicher Erhebung	Nach Pery
	v. 1851–1860 Hectoliter	v. 1861–1870	1873 Hectoliter	
Weizen . . .	2.836.000	2.756.000	2.116.113	2.793.269
Roggen . . .	2.218.000	2.165.000	—	2.340.000
Gerste . . .	946.000	540.000	?	⎰1.000.000
Hafer . . .	216.000	206.000		⎱
Mais . . .	4.734.000	5.400.000	—	7.128.000
Zusammen	11.000.000	11.067.000		13.261.269

	Einfuhr			Ausfuhr		
	Durchschnitt v. 1866–1870 Z.-Ctr.	1870 Z.-Ctr.	1872 Z.-Ctr.	Durchschnitt v. 1856–1870 Z.-Ctr.	1870 Z.-Ctr.	1871 Z.-Ctr.
Weizen . . .	701.088	646.000	444.000	⎱	4.000	9.000
Roggen . . .	44.423	34.000	21.000	⎰23.334	2.000	6.000
Mais . . .	119.425	15.000	291.000	⎱	14.000	5.000
Mehl	64.191	?	?		?	?
Gesammtmenge	929.127	—	—	23.334	20.000	20.000

[1] Dieselben sind uns erst während der Drucklegung (Juni 1878) zugegangen, konnten daher bei der Einreihung Spaniens in die richtige Stelle der Getreidehandels-Länder nicht mehr berücksichtigt werden.

Werth des Cerealienhandels

	Einfuhr:	Ausfuhr:
im Jahre 1872 . .	5.589.200 Mark[1])	445.000 Mark
„ „ 1873 . .	7.992.360 „	2.315.460 „
„ „ 1874 . .	7.572.180 „	2.530.020 „

11. **Griechenland**. Nach Angaben aus dem Jahre 1867 betrug die **Ernte**

Weizen	. . . .	$1_{,80}$ Mill. Hectoliter,
Roggen	. . . . . .	$0_{,61}$ „ „
Gerste	. . . . . .	$0_{,78}$ „ „
Hafer .	. . . . . .	$0_{,07}$ „ „
Mais .	. . . . . .	$1_{,15}$ „ „

Griechenland versorgt sich zumeist aus der Türkei u. Russland mit Cerealien; der **Getreidehandel** im Ganzen belief sich:

	Einfuhr:	Ausfuhr:
1866	678.000 Hectol.	27.000 Hectol.
1867	664.000 „	40.000 „
1868	535.000 „	37.000 „

Der Durchschnittswerth betrug für die Einfuhr in früheren Jahren 7 bis 8 Mill. Mark, für die Ausfuhr 500.000—600.000 Mark; in den Jahren 1873 und 1874 aber importirte Griechenland Brodstoffe im Werthe von 21 bis 23 Millionen Drachmen, d. i. circa 16—17 Millionen Mark.

Die vorangehenden statistischen Daten sind theilweise den Erhebungen entnommen, welche von Seite des k. k. österreichischen Ackerbauministeriums über unsere Anregung im Wege einer internationalen Umfrage gesammelt wurden und den Zweck haben, einer späteren umfassenderen Bearbeitung der Kornfrage als Material zu dienen. Wir haben diese Mittheilungen durch die regelmässigen amtlichen Publicationen der verschiedenen Staaten, durch die directen Informationen, welche uns mehrere statistische Aemter bereitwilligst ertheilten und durch Angaben der Consularberichte bis auf die neueste Zeit ergänzt und hoffen damit, eine Total-Uebersicht der Getreideproduction und des Getreidehandels geliefert zu haben, welche den gegenwärtigen Stand richtig charakterisirt. Um ein richtiges Bild normaler, mittlerer Productions-Verhältnisse zu geben, suchten

---

[1]) Nach der Umrechnung von 1 Milreïs = $4_{,17}$ Mark.

wir in die hier folgende Haupttabelle die mittleren Ernte-Ergebnisse einer längeren Jahresreihe, soweit solche vorliegen, einzustellen. Jeder Leser ist durch die vorangehenden länderweisen Angaben in die Lage gesetzt, die nenesten Daten statt deren zu summiren; ein vollständigerer Synchronismus hätte sich aber nicht erzielen lassen und so schien uns der Durchschnittswerth in der Mehrzahl der Fälle richtiger und passender, als jener des einzelnen, unter zufälligen Ernte-Oonjuncturen stehenden Jahrganges.

Mittlere Getreideproduction der wichtigsten Länder

(in Millionen Hectoliter).

I. Europäische Staaten.	Weizen u. Spelz	Roggen	Gerste	Hafer	Mais	Buchweiz. Hirse u. and. Getr.
Russland (1870—1874) . . .	100,0	245,0	45,0	180,0	—	70,0
Deutsches Reich (Mittelernte)	49,0	94,0	30.0	87,0	—	—
Frankreich (Mittelernte) . .	104,2	26,3	20,2	70,3	10,1	18,2
Oesterreich-Ungarn (1869—76)	32,1	39,6	26,8	42,6	22,2	7,5
Grossbritann.u.Irl.(Mittelernte)	30,9	0,7	32,9	62,0	—	—
Italien (Mittelernte 1870—74)	51,8	6,7 [1]		7,1	31,1	5,6
Spanien (Schätzung) . . .	53,0	7,0?	27,0	9,0?	8,7	—
Unt.Donauländer (Durchschn.)	28,7	6,1	13,5	3,0	23,6	1,6
Dänemark (Mittelernte 1871-76)	1,3	4,7	6,9	9,7	—	1,1
Schweden 1874—1877) . . .	1,1	6,7	4,9	14,9	—	1,8
Belgien (Mittelernte). . . .	8,2	6,0	1,5	7,8	—	—
Niederlande (Mittel 1861-1872)	1,7	3,3	1,6	3,9	—	1,1
Portugal (Mittelernte) . . .	2,7	2,2	0,5	0,2	6,0	—
Norwegen (1865 u. 1873) . .	0,1	0,2	1,2	2,9	—	0,6
Griechenland (1867)	1,8	0,6	0,8	0,1	1,1	—
Schweiz (Schätzung) . . .	0,7	3,0	0,5	1,9	—	—
Zusammen	467,3	449,1	216,6	502,7	103,1	107,5
II. Aussereuropäische Staaten.						
Ver.Staat.v.Amerika (1871-75)	92,0	5,3	10,2	90,5	346,2	—
Brit.Ostindien (Ausf. 1876) . .	3,1	—	—	—	—	—
Canada	6,2	0,1	4,2	16,6	1,1	1,1
Australien (1875—1877) . .	7,7	0,0	0,7	3,6	1,2	—
Aegypten.	5,5	—	3,9	—	4,8	—
Chile (1871, Schätzung) . .	4,8	—	1,2	—	—	—
Algier (1869—1875)	—	—	—	—	—	8,0?[2]
Japan (1874)	4,0	—	18,0	—	—	12(?)
Zusammen	123,6	5,7	38,2	110,7	353,6	21,1
Totale in dies.Ländern d. Erde	590,9	454,8	254,8	613,1	456,7	123,9

---

[1] Zum Zwecke der Gewinnung der Endsumme haben wir diese gemeinsam nachgewiesene Menge hypothetisch in 3,4 Mill. Hectol. Roggen u. 3,3 Mill. Hectol. Gerste zerlegt.
[2] Es liegt nur die Angabe über alles Getreide zusammen in der Menge von durchschnittlich 14,4 Mill. Ctr. vor.

In dieser Zusammenstellung der durchschnittlichen Ernte-Erträge sind nicht nur für mehrere Staaten, welche die Statistik der Bodenproduction schon eingerichtet haben, manche Ungenauigkeiten zu besorgen, sondern es bestehen absolute Lücken in Betreff ganzer Ländercomplexe, von welchen wir auch nicht annähernd beurtheilen können, wie gross ihre jährlichen Brodfrucht-Ernten geschätzt werden müssten. Selbst aber der nachweisbare und hier dargestellte Betrag dieses Bodensegens repräsentirt eine ganz enorme Werthsumme.

Rechnet man nämlich, um sich einen ungefähren Begriff ·von der jährlichen Werthserzeugung zu bilden, das Getreide nach den — wegen der Fracht- und Handelskosten — um 40 Procent verminderten Durchschnittspreisen des Londoner Weltmarktes, beispielsweise wie dieselben auf Grund der wöchentlichen Notirungen für das (relativ billige) Jahr 1876 festgestellt wurden, so ergibt sich:

für die mittlere Weizenproduction die Summe
von . . . . circa 5700 Mill. Mark,

     für die Roggen- und Gersten-Production . . 3600 ,,   ,,

     für die Haferproduction . . . . 3300 ,,   ,,

und für das übrige Getreide . . . . . circa 4000 .,   ,,

d. i. zusammen etwa der Productionswerth von 16 bis 17 Milliarden oder der Markt- und Handelswerth von mindestens 20 bis 22 Milliarden Mark.

Einzelne Jahre mit besonders hohen Getreidepreisen des Weltmarktes wie das ganze Quinquennium 1870—74 oder das Jahr 1877 erhöhen diese Werthsziffer um 15 bis 20 Procent, gleichwie auch besonders reiche Erntejahre (beispielsweise 1877 für Amerika, Russland und die Donauländer) eine ähnliche Erhöhung durch die in den Verkehr kommenden Quantitäten bewirken.

Wie viel von dem in den Productionsgebieten selbst entbehrlichen Getreide in der letzten Zeit in den Aussenhandel gelangte, zeigt die folgende Tabelle, in welche wir die Angaben der officiellen Handels-Ausweise fast durchweg für das Jahr 1876 einstellen konnten, so dass der Synchronismus ein nahezu vollständiger ist.

Uebersicht des Welthandels mit Brodfrüchten und Mehl im Jahre 1876.

Länder.	Einfuhr:	Ausfuhr:	Gesammt-Umsätze:
	Werth in Millionen Mark		
Grossbritannien und Irland	1036,2	20,9	1057,1
Deutsches Reich	595,0	222,1	817,1
Russland	—	655,1	655,1
Ver. Staaten v. Nordamerika (1876-77)	33,5	476,8	510,3
Frankreich	191,1	117,5	308,9
Belgien	202,7	65,2	267,9
Oesterreich-Ungarn	67,5	187,2	254,7
Italien	86,1	59,7	146,1
Niederlande	86,6	24,1	110,7
Untere Donauländer	0,6	107,1	108,0
Schweiz	84,2	0,7	84,9
Schweden	22,6	50,7	73,3
Dänemark	14,8	56,0	70,8
Spanien (1873)	0,1	61,9	62,3
Norwegen (1874)	43,5	0,8	44,3
Canada	—	41,5	41,5
Britisch Ostindien (1876-77)	—	39,1	39,1
Algier	—	32,9	32,9
Australien	—	19,1	19,1
Chile	—	18,0?	18,0
Griechenland (1874)	17,0	—	17,0
Portugal (1874)	7,7	2,5	10,2
Aegypten (1874-75)	—	7,3	7,3
Tunis	—	0,6	0,6
Totale	2490,1	2267,7	4757,8

Diese die wichtigsten Staaten umfassende Uebersicht lässt im Vergleiche mit denjenigen Zusammenstellungen, welche wir für den Kornhandel der Welt in früheren Perioden gemacht haben, mehrfache interessante Schlussfolgerungen ziehen. Es zeigt sich erstens, dass die internationale Organisation dieses Handelszweiges seit 1869 ungeheure Fortschritte gemacht hat; zweitens jedoch, dass das Jahr 1876 den Charakter der Stagnation auch im Kornhandel an sich trägt, was vielleicht nicht so sehr mit der allgemeinen wirthschaftlichen Weltlage als mit der Erscheinung zusammenhängt, dass die Jahre 1875 u. 1876 ziemlich gleichmässig mittlere oder schwache Ernten über alle Länder verbreitet hatten, so dass kein erhöhter Anlass zum Austausch des Ueberflusses auf der einen mit dem Mangel auf der anderen Seite war. Stellt man die Ergebnisse des internationalen Kornhandels jener Staaten zusammen, für welche bis 1869 Handelsausweise zur Verfügung stehen, so ergibt sich:

	Einfuhr:		Ausfuhr:		Zusammen:	
im J. 1869-70	1636,$_1$ Mill. $\mathscr{M}$		1785.$_5$ Mill. $\mathscr{M}$		3421,$_9$ Mill. $\mathscr{M}$	
„ 1871-72	2094,$_9$	„ „	2097.$_8$	„ „	4192,$_7$	„ „
„ 1874	2572,$_1$	„ „	2220,$_5$	„ „	.4792,$_6$	„ „
„ 1876	2465.$_0$	„ „	2111,$_3$	„ r	4576,$_3$	„ „

Während daher in dem Quinquennium 1869—74 eine Steigerung der Umsätze (innerhalb der nämlichen Staatengruppen) um rund 1370 Mill. Mark oder 40 Proc. zu verfolgen war, verminderten sich diese innerhalb der letzten 2 Jahre um 216 Mill. Mark oder fast 5 $^0/_0$. Allerdings traten mehrere andere Bezugsländer in den internationalen Kornhandel neu ein, unter deren Berücksichtigung sich das Verhältniss etwas günstiger stellt, indem mit denselben die Gesammt-Umsätze

	in der Einfuhr:		in der Ausfuhr:		Zusammen	
im J. 1874	2601,$_6$ Mill. $\mathscr{M}$		2304,$_2$ Mill. $\mathscr{M}$		4905,$_8$ Mill. $\mathscr{M}$	
„ 1876	2490,$_1$	„ „	2267,$_7$	„ „	4757,$_8$	„ „

betrugen, also nur um 148 Mill. Mark abnahmen. Trotzdem bleibt der Rückgang als solcher für das Jahr 1876 eine Thatsache.

Wollte man nach diesen Thatsachen etwa schliessen, die Entwickelung des internationalen Kornhandels hätte überhaupt im Jahr 1874 ihren Culminationspunkt erreicht, von welchem sie nun wieder allmälig herabsinkt, so läge der klare Beweis des umgekehrten Verlaufes der Erscheinung schon in der Statistik des Jahres 1877. Es genügt, in unsere oben gegebene Handelstabelle die Umsätze in Getreide u. Mehl von Russland, Oesterreich-Ungarn, Grossbritannien und Irland, soweit dieselben nach den vorläufigen Angaben für das Jahr 1877 bekannt sind, an Stelle der Daten aus dem Jahr 1876 einzusetzen, um zu sehen, dass der Getreidehandel durch diese drei Staaten allein — von Nordamerika und Deutschland abgesehen — um 450 Mill. Mark wieder erweitert wurde, also im Jahre 1877 die Höhe von mindestens 5300 Mill. Mark erreicht hat. Nicht also das Zurückweichen von dem kosmopolitischen Standpunkte der Brodversorgung, sondern nur vorübergehende Ernte-Conjuncturen haben zur Einschränkung in einem Jahre geführt, und die Ziffer von 5 Milliarden Mark kann als der ungefähre Ausdruck für die dermalige Höhe des Verkehrs der oben angeführten Staaten gelten.

II. Viehstand und Fleischversorgung.

Die Störung des richtigen Verhältnisses zwischen dem lokalen
Bedarfe und der lokalen Erzeugung tritt in unserer Zeit nirgend
so grell hervor, wie bei der Fleischversorgung. Einerseits bringt
die Erhöhung des Wohlstandes der grossen Masse der Bevölkerung
und die Zunahme der Volkszahl selbst einen stetig wachsenden Verbrauch von animalischer Nahrung mit sich; andererseits liegt in der
Ausbreitung des städtischen und industriellen Elements unleugbar
ein immerfort wirkender Anlass zur Einschränkung der Viehzucht
in dichtbevölkerten Staaten. Ohne die Viehabnahme („Depecoration"),
als nothwendige Folge des Menschenzuwachses, schon als eine dro-
hende Gefahr, oder als bewiesene Thatsache anzuerkennen, verdient diese Erscheinung doch die volle Aufmerksamkeit der Statistiker
und Volkswirthe, denn sie berührt unmittelbar das Budget jeder
Familie und äussert sich — zumal in den Grossstädten — bereits
sehr fühlbar durch zunehmende Theuerung des Lebensunterhaltes
und durch schlechte Qualität des den minder bemittelten Classen
überhaupt noch erschwinglichen Fleisches. In einzelnen Ländern,
wie in England, ist deshalb die Frage der Fleischversorgung eine
brennende Tagesfrage geworden, und das Parlament hat durch die
britischen Consulate in Europa, Nord-Afrika, den Vereinigten Staaten,
Brasilien und den La Plata-Ländern eine Umfrage einleiten lassen,
um sich über den Viehstand jener Gebiete und die Mittel zur Einrichtung eines regelmässigen Vieh- oder Fleischhandels zu informiren.

Im Allgemeinen ist aus den directen Erhebungen — so mangelhaft dieselben auch in früheren Jahrzehnten gepflogen wurden —
dennoch zu entnehmen, dass in Europa seit zwanzig Jahren der
relative Viehstand, nämlich die Anzahl der Fleischthiere im Verhältnisse zur Einwohnerzahl abnimmt und dass in dem nämlichen
Zeitraume in einigen westeuropäischen, dicht bevölkerten Industrie-
ländern auch die absolute Menge der für die menschliche Nahrung
wichtigsten Hausthiere geringer wird. Ebenso lehrt die Erfahrung
der letzten Jahre, dass die internationale Fleischversorgung natur-
gemäss viel grösseren technischen und commerciellen Schwierigkeiten
begegnet, als die kosmopolitische Brodversorgung, dass daher dem
lokalen Bedarfe nicht so schnell durch den Welthandel die Ergän-

zung von Aussen zugeführt werden kann als nöthig wäre, um dem
Missverhältnisse zwischen Production und Consumtion schon zu
steuern. Die stets zunehmende Theuerung der wichtigen Fleischnahrung kann nur durch interne Hebung der Viehzucht oder durch
die umfassendsten Einrichtungen des internationalen Fleischhandels,
namentlich mit Rücksicht auf die reichen transoceanischen Gebiete
abgeholfen werden. Das Erstere stösst auf das Hinderniss der
geringen Rentabilität der Thierzucht im Landwirthschafts-Betriebe
hochentwickelter Cultur- und Industrieländer und es sind sogar Anzeichen dafür vorhanden, dass in den allerletzten Jahren nach der
Krisis von 1873 die wirthschaftliche Bedrängniss eher zu einer
Verminderung als zur Vermehrung des Viehstappels führte; was aber
die zweite Modalität betrifft, so sind in den Jahren 1876 und 1877
Anstrengungen gemacht worden, welche von Erfolg sein dürften,
und über welche wir unten kurz berichten. Wir theilen, mit Rücksicht auf diese Gesichtspunkte die nachfolgende statistische Darstellung in zwei Theile, deren einer die interne europäische, deren
anderer die internationale Fleisch-Versorgung betrifft.

1. Viehstand und Fleischproduction in Europa.

Wie schon erwähnt, lässt sich der Nachweis für die Bewegung
des Viehstandes seit älterer Zeit nur annäherungsweise aus den
lückenhaften statistischen Erhebungen führen. Wegen des Interesses,
welches indessen selbst approximative Daten bieten, stellen wir hier
die, mit Reserve aufzunehmenden Aufzeichnungen aus den Jahren
1828—32 (nach Schnabel) mit den Ergebnissen der eigentlichen
Viehzählungen von 1852—57 und von 1865—74 zusammen. Leider
fehlt auch diesen Letzteren die volle Vergleichbarkeit unter einander,
weil sie nach verschiedenen Methoden und auf verschiedenen Grundlagen vorgenommen wurden. Im Allgemeinen darf man daher nicht
wagen, aus diesem Materiale streng giltige Schlussfolgerungen zu
ziehen, sondern wird gut thun, die Beobachtungen und Untersuchungen, namentlich bei neuen Viehzählungen, exacter anzustellen, um
zu positiven Wahrnehmungen zu gelangen; dies um so mehr, als
für die meisten Staaten die Erhebungen des Viehstandes nicht über
die Jahre 1869—72 hinausreichen, gerade in der letzten Zeit aber
die Viehseuche in einigen wichtigen Gebieten starke Verminderungen
veranlasst haben dürfte.

Absoluter Viehstand in Europa.

(000 ausgelassen, also 19.000 = 19.000.000.)

	Rinder.			Schafe.			Schweine.		
	I. 1828-32	II. 1852-57	III. 1865-74	I. 1828-32	II. 1852-57	III. 1865-74	I. 1828-32	II. 1852-57	III. 1865-74
Russland .	19.000	21.733	23.976	36.000	41.484	48.823	15.800	10.808	10.544
Oestr.-Ung.	9.912	14.727	15.777	12.000	16.962	20.103	5.500	8.138	6.995
Frankreich	6.682	12.150	11.284	29.130	33.510	24.707	4.000	5.082	5.377
Grossbritan. u. Irland .	10.500	14.308	10.281	44.100	35.129	34.837	5.250	4.148	3.537
Deutschlnd.	9.771	11.266	15.777	17.097	21.329	24.999	4.448	3.924	7.124
Italien . . .	3.500	3.665?	3.489	6.500	7.000?	8.674	2.500	2.000?	1.575
Schweden .	{2.647	1.626	2.103	{2.239	1.465	1.660	{1.200	512	401
Norwegen .		848	930		1.024	1.700		380	100
Spanien . .	2.500	1.380	2.967	13.000	13.795	22.469	1.000	1.018	4.352
Niederlande	1.300	1.255	1.377	550	615	855	700	500	320
Belgien . .	1.700	1.204	1.242	600	662	586	700	496	632
Dänemark.	1.607	884	1.239	1.300	1.164	1.842	350	157	442
Schweiz . .	800	950	993	500	550	447	250	280	304
Portugal. .	650	740	520	1.200	1.980	2.707	700	738	777
In dies. Staaten zusammen .	70.569	86.736	91.955	164216	176669	194409	42.398	38.181	42.480

Die Totalziffern geben auch darum keinen klaren Einblick in die Fleischversorgung selbst, weil in der Zeit von 1852 bis jetzt sehr namhafte Fortschritte in der Erzielung höheren Fleischwerthes der Thiere gemacht wurden. Sowie beispielsweise für Frankreich officiell constatirt wurde, dass das Lebendgewicht eines Ochsen von 413 Kg. im J. 1840 auf 437 Kg. im J. 1852, 456 Kg. im J. 1862, 500 Kg. durchschnittlich im J. 1873 und ebenso das Lebend- und Fleischgewicht der Kühe von 240 auf 372 Kg., jenes der Kälber von 48 auf 68, der Schafe von 24 auf 36 und der Schweine von 91 auf 116 Kg., in derselben Zeit gebracht wurde, so sind gewiss auch in England, Belgien und Deutschland analoge Productionsfortschritte erreicht worden und eine einfache Gegenüberstellung der absoluten Zahlen ist nicht entscheidend.

Was aber zweitens den relativen Viehstand der europäischen Staaten betrifft, so ist er allerdings zurückgegangen und gibt zu ernsterer Erwägung Anlass. Grosse Durchschnittszahlen nach den obigen Quellen ergeben folgendes Verhältniss:

Relativer Viehstand in Europa. [1])

	Bevölkerung Millionen	auf 1000 Einwohner entfallen		
		Rinder	Schafe	Schweine
um das Jahr 1832 circa .	215	328	764	197
„ „ „ 1857 „ .	244	355	724	156
„ „ „ 1869 „ .	278	331	700	152

In der neuesten Zeit entfallen nach unserer Berechnung

	auf 1000 Einwohner		
	Rinder	Schafe	Schweine
in Dänemark (1871)	694	1032	248
Serbien (1866)	609	2201	1062
Norwegen (1875)	565	938	56
Schweden (1872)	495	390	94
Rumänien (1873)	409	1064	186
Deutsches Reich (1873)	384	609	173
Schweiz (1876)	374	133	121
Niederlande (1874)	360	242	91
Oesterreich-Ungarn (1870) . . .	354	600	195
Russland (1872)	343	699	151
Frankreich (1874)	317	693	153
Grossbritannien und Irland (1877) .	291	964	115
Belgien (1866)	274	121	131
Spanien (1865)	185	1404	272
Italien (1868)	130	324	59
Portugal (1870)	119	620	178
Griechenland (1867)	78	1814	40

Zur Erläuterung dieser Tabelle sei hinzugefügt, dass in Rumänien von 1866 bis 1873, in Grossbritannien und Irland
von 1874 bis 1877 eine sehr bedeutende Abnahme des Standes der
eigentlichen Fleischthiere nachgewiesen wird (im britischen Inselreiche
ging die Zahl des Rindviehs von 10.281.036 St. im Jahr 1874 auf
9.731.537 St. im J. 1877, jene der Schafe von 34.837.597 St. im
J. 1874 auf 32.220.067 im J. 1877 zurück). Unter den deutschen
Staaten zeigt sich in Preussen seit 1861 eine bedeutende Vermehrung der drei Thiergattungen, dagegen in Bayern, Württemberg, Hessen und Oldenburg von 1861 resp. 1864 bis 1873
eine Abnahme, in Sachsen und Baden nahezu Stabilität des Viehstandes. In Frankreich war von 1852 bis 1872 eine sehr beträchtliche Verminderung des einheimischen Viehstappels nachzuweisen,
welche jedoch von 1872 bis 1874 einer relativen Zunahme weicht.
In Holland ergab die Zählung von 1874 gegenüber dem Durchschnitte von 1871—73, eine erkleckliche Vermehrung des absoluten

---

[1]) Diejenigen Staaten, deren Viehstand nicht erhoben war, wie Rumänien, Serbien, die
Türkei, Griechenland u. ein. kl. Staat. sind in d. Bevölkerungsziffer ebenfalls ausgeschieden.

Standes von Rindern, Schafen und Schweinen; in Norwegen wurde im J. 1875 eine namhaft grössere Zahl von Rindvieh und Schweinen bei ungefähr gleichem Schafstande nachgewiesen.

Um das Ernährungs-Budget der europäischen Staaten im Ganzen, wie wir es im Getreidehandel verfolgt haben, auch ungefähr hinsichtlich des Verhältnisses der eigenen Production von Fleischthieren zu dem Consum derselben ersichtlich zu machen, geben wir nachstehende Tabelle des Viehhandels der wichtigsten Länder aus zwei Jahren, für welche sich synchronistische Daten vergleichend gewinnen liessen:

Vieh-Handel der wichtigsten europäischen Staaten.

Einfuhr in d. freien Verkehr:	im Jahre 1871			im Jahre 1876		
	Rinder	Schafe und Ziegen	Schweine	Rinder	Schafe und Ziegen	Schweine
Grossbritannien	248.547	917.048	85.562	271.576	1.041.494	43.558
Deutschland . .	230.526	324.088	728.421	282.406	483.337	1.430.366
Oesterr.-Ungarn	172.573	148.069	650.080	158.280	198.854	759.048
Frankreich . . .	208.065	1.331.282	366.719	191.483	1.574.850	129.803
Schweiz	106.615	91.276	53.761	131.404	63.969	82.101
Belgien	71.397	142.839	79.857	99.340	190.293	63.499
Italien	20.111	14.048	1.543	35.660	12.940	1.332
Niederlande. . .	1.527	2.057	24.908	3.068	102.542	34.235
Dänemark. . . .	10.557	10.803	17.331	17.495	17.293	7.335
Norwegen [1]) . . .	—	993	8.642	3.260	1.817	7.097
Schweden	177	352	2.489	2.600	510	3.300
Russland	—	—	—	—	—	—
Zusammen	1.070.095	2.982.855	2.019.313	1.196.572	3.687.899	2.561.674
Ausfuhr aus d. freien Verkehr:						
Grossbritannien	1.631	7.533	1.138	313	1.974	6.214
Deutschland . .	290.184	1.790.757	327.003	339.348	1.371.134	517.355
Oesterr.-Ungarn	140.942	272.961	234.221	204.394	415.331	457.206
Frankreich . . .	12.575	35.488	12.505	92.075	70.291	103.236
Schweiz	62.948	27.085	31.671	72.181	6.954	20.438
Belgien	19.868	53.228	124.175	41.067	351.099	100.488
Italien	161.167	181.769	177.545	93.335	198.839	99.597
Niederlande . .	223.881	365.063	143.008	161.829	447.626	71.483
Dänemark. . . .	45.139	7.862	24.873	114.915	62.129	173.519
Norwegen [2]) . . .	—	5.078	20	263	—	—
Schweden	14.276	17.137	11.537	20.500	18.300	13.300
Russland	66.594	96.686[2])	365.180	29.418[3])	192.490	583.527
Zusammen	1.039.205	2.860.647	1.452.876	1.169.638	3.136.167	1.746.363

[1]) Daten für 1872 resp. 1875.
[2]) Alles Jungvieh, d. i. Schafe, Ziegen und Kälber, so dass die Zahl der Rinder sich bloss auf Ochsen und Kühe bezieht.
[3]) Die Zahl der Rinder gilt pro 1875, die übrigen Zahlen gelten pro 1876.

Wie die voranstehenden Ziffern zeigen, hat der europäische
Viehhandel in dem Quinquennium zwischen 1871 und 1876 einen
sehr bedeutenden numerischen Aufschwung erfahren. Die hier dar-
gestellten Staaten zusammengenommen sind in allen drei Zweigen
passiv, d. h. sie führen insgesammt mehr Rinder, Schafe u. Schweine
ein, als sie ausführen. Dieses Passivum wird wenig dadurch berührt,
dass für Spanien, welches eine bedeutende Mehreinfuhr von Schafen,
Ziegen und Schweinen aufweist, und für Portugal, welches umgekehrt eine bedeutende Mehrausfuhr dieser Thiergattungen zeigt,
keine neueren Daten vorliegen, da sich diese beiden Staaten ungefähr
compensiren. Das sich ergebende Deficit aber wird zum grössten
Theile von den in der Tabelle nicht erscheinenden Staaten, welche
keine regelmässigen Ausweise liefern, von Serbien (Rinder-Export
im Jahr 1871: 27.263 St., Schaf-Export: 41.251 St. und Schwein-
Export: 369.085 St.), Rumänien und der Türkei gedeckt, und nur
ein ganz geringer Theil entfällt auf aussereuropäische Zufuhren im
Landwege von Asien über Russland und die Türkei und im Seewege
von Amerika, Afrika und Australien über einzelne Häfen von Nord-
und Süd-Europa. Genau zu constatiren, wie gross der Antheil der
unteren Donauländer an diesen Ergänzungen des westeuropäischen
Bedarfes ist, bildet bei dem gegenwärtigen Zustande der Handels-
Statistik und der Grenz-Bewachung ein Ding der Unmöglichkeit.

2. Aussereuropäische Fleichversorgung.

Viel günstiger gestalten sich die Aussichten auf dauernde und
billigere Fleischversorgung, wenn man auf den Heerdenreichthum
von Amerika, Australien und Nord-Afrika seine Blicke wirft.

Die Vereinigten Staaten besassen nach dem letzten Census
vom Jahre 1870, dessen Daten wohl weit hinter den thatsächlichen
Zuständen zurückbleiben, einen Viehstand von

        26.923.400 Rindern,   d. i. 692 Stück auf 1000 Einw.
        33.938.200 Schafen und Ziegen,   „   872 „   „   „   „
        30.860.900 Schweinen,   „   793 „   „   „   „

Sind diese Zahlen an sich schon denjenigen der europäischen
Staaten überlegen, so tritt ihre ganze Bedeutung insbesondere dann
hervor, wenn man einzelne Gebiete der Union ins Auge fasst. So
zählt das ungemein dünn besiedelte Texas fast $2,_5$ Mill. St. Rinder,
mehr als $^1/_2$ Million Milchkühe, $1,_3$ Mill. Schafe und mehr als $1,_1$

Mill. Schweine. Illinois, Jowa, Missouri und andere Staaten des Westens sind mit ähnlichem Viehstande gesegnet. Der Gedanke, den Handel mit lebenden Schlachtthieren und mit Fleisch, welcher regelmässig vom Westen nach dem Osten der Union geführt wird, auf europäische Exporte auszudehnen, wurde deshalb schon lange in's Auge gefasst, ohne dass jedoch dessen Realisirung gelang. Noch viel grösser ist der Heerdenreichthum des amerikanischen Südens, zumal der Staaten im La Plata-Gebiete. Eine neuestens (Ende 1877) in den „Annalen für Landwirthschaft" zu Buenos-Ayres veröffentlichte Uebersicht und Daten, welche wir über Uruguay besitzen, lassen den Viehstappel, wenn man nur die eigentlichen Fleischthiere anführt, wie folgt schätzen:

Argentinische Republik.

	Buenos Ayres	Die 13 Provinzen	Uruguay	Totale der La Plata-Staaten
Rinder . .	5.116.092	8.221.770	6.327.000	19.664.862
Schafe . .	45.511.368	11.989.893	13.005.000	70.506.261
Schweine .	228.074	115.082	12.701	355.857

Rechnet man den gesammten Viehstappel mit Einschluss der Pferde, Esel, Maulesel und Ziegen, so entfallen in Buenos-Ayres 95.260 St., in den La Plata-Staaten insgesammt 43.300 St. Vieh auf 1000 Einw. gegen nur 1250 St. in Europa. Von den Fleischthieren allein aber findet man im La Plata-Gebiete nahezu 8600 Rinder und 31.000 Schafe auf 1000 Einw. gegen nur 331 der Ersteren und 700 der Letzteren in ganz Europa. — Ebenso entscheidend, wie diese auf statistischen Schätzungen beruhende Grösse, ist die ungeheure Reproductionsfähigkeit, die leichte Ernährung der Viehheerden und die einträgliche Wirthschaftsweise der Estancieros. Nach einer im April 1878 erschienenen Studie von E. Daireaux über „Buenos-Ayres, die Pampas und Patagonien" beträgt der jährliche Zuwachs des Rinderstandes einer Estancia im Durchschnitte mindestens 20 Proc., in günstigen Jahren aber auch 30 Proc., so dass unter gewöhnlichen Verhältnissen auf einer Quadrat-Legua, wo 3000 St. Rinder gehalten werden, 7—8000 St. Jungvieh zuwachsen, ohne dass von eigentlichen Kosten der Anzucht, von Fütterung, oder dergl. die Rede wäre, und indem es sich um gar nichts weiter, als die Abgrenzung der Estancia gegen jene des Nachbarn handelt. Nach Daireaux sollen die Pampas Südamerikas überhaupt jetzt ungefähr 30 Mill. Rinder enthalten, aber man nimmt an, dass

es leicht möglich wäre, 250 Mill. Rinder dort zu ernähren, da kaum
der zehnte Theil des ganzen zur Viehzucht geeigneten Territoriums
bisher occupirt ist. So erklärt es sich, dass obwohl in der Argentinischen Republik Jahr für Jahr gegen 2 Mill. Rinder geschlachtet
werden, sich deren Bestand doch stets auf gleicher Höhe hält. Mit
ebenso grosser Leichtigkeit und ebenso erstaunlichen Erfolgen ge-
deiht die Schafzucht, deren Ziel indessen nicht die Fleisch-, sondern
die Wollproduction ist, so dass wir bei derselben nicht verweilen.

Dieser Heerdenreichthum Amerikas war bis vor Kurzem wenig
von der Menschheit ausgenützt, indem jahrelang, namentlich in den
La Plata-Staaten bloss Häute und Hörner einen regelmässigen
Handelsartikel bildeten, das Fleisch.aber nur in der nächsten Nähe
der Pampas und durch die primitivsten Formen der Conservirung
(bes. als Tasajo) weiteren Absatz fand. Es ist bekannt, dass die
Eingeborenen am La Plata bis vor Kurzem die Feuerung der Ziegel-
öfen mit Thierkadavern als ökonomisch ansahen und dass noch bis
zum Jahr 1867 ein Theil des vortrefflichen Fleisches wegen Unver-
käuflichkeit zur Guano-Bereitung verwendet wurde. Den Anfang
einer besseren Verwerthung bezeichnet die im Jahr 1863 über
J. v. Liebig's Initiative vom Ingenieur Giebert in Fray-Bentos eingerichtete Fabrikation des Fleisch-Extraktes, dann die Durchführung
verbesserter technischer Methoden der Räucherung, Conservirung
und Verpackung des Fleisches von geschlachteten Rindern und
Schweinen zum Zwecke der Versendung auf dem amerikanischen
Continente selbst und nach Europa. Im Jahr 1872 war bereits der
Transport von Fleisch aus dem agrikolen Westen der Union nach
dem gewerblichen Osten (namentlich für gepökeltes und gesalzenes
Schweinefleisch) so grossartig eingerichtet, dass in der eigentlichen
Saison gegen 4 Mill. Schweine geschlachtet und auf die amerikanischen und europäischen Märkte gebracht und von Chicago allein
in den Jahren 1871—73 je 163 bis 344 Mill. Pfd. gesalzenes Fleisch,
im Jahr 1876 aber an Rindfleisch, gesalzenem Schweinefleisch,
Schweinefett u. s. w. circa 700.000 Fässer und überdies 76.046 St.
geschlachtete Schweine zusammen im Werthe von 60 Mill. Dollars
versendet wurden.

Das Problem, um dessen Lösung es sich handelte, war jedoch
die Transportfähigkeit des von den zahlreichen Rinderheerden in
grosser Masse und Billigkeit zu gewinnenden Fleisches so zu erhöhen, dass dasselbe ohne Veränderung des äusseren Ansehens und

Geschmackes auch auf den fernen Märkten Europas regelmässigen Absatz findet. Frühere Versuche mit dem Transporte von lebendem Vieh und von geschlachtetem auf Eis conservirtem Fleische oder von Büchsenfleisch misslangen. Erst seit Oktober 1875 scheint man auf der richtigen Fährte zu sein, indem man begann, besondere Dampfschiffe herzustellen, welche nur zu dem Zwecke des Transportes von Fleisch durch sinnreiche technische Vorrichtungen mit Kühlkammern ausgerüstet sind, in denen die Fleischstücke bei einer ständigen Temperatur von 0^{0} bis höchstens 3^{0} Cels. aufbewahrt werden, so dass sie, von New-York oder Philadelphia nach Liverpool versendet, hier ebenso frisch und schmackhaft anlangen, als sie in Amerika aufgegeben wurden. Ohne in die technischen Details der mittelst Eisladung kalt gehaltenen Dampfer der englisch-amerikanischen Fleischexport-Gesellschaft oder jener der französischen Fleischimportschiffe, in welchen Eismaschinen die niedrige Temperatur bewirken, näher einzugehen, stellen wir nur durch statistische Zahlen die erfreulichen Resultate dieser Bemühungen dar. Man muss dabei unterscheiden zwischen den Sendungen aus den Häfen von Nordamerika (und zwar Fleisch, das aus den westlichen Staaten und Territorien und aus Canada kömmt) einerseits, welche zumeist nach England dirigirt werden, — und andererseits den aus Südamerika, insbesondere den La Plata-Staaten bewerkstelligten Verschiffungen von lebendem Vieh (zumeist nach Mittel- und Nord-Amerika), dann gesalzenem, conservirtem oder in den Refrigerator-Schiffen frisch erhaltenen Fleische, dessen Bestimmungsorte in England und Frankreich zu suchen sind.

Das Ergebniss der neuen Methode und der vereinten Bemühungen, den internationalen Fleischhandel zu heben, lässt sich an der Handelsbewegung in Amerika und in Europa verfolgen. Die Versendung von, durch Refrigeratoren frisch erhaltenem, Fleische aus New-York betrug im Oktober 1875 bei Beginn der neuen Einrichtung 24.340 Pfd. im Werthe von $2_{,013}$ Mill. Doll.; sie stieg im Jahr 1876 continuirlich bis auf $3_{,6}$ Mill. Pfd. monatlich und betrug nach Ablauf der ersten $1^{1}/_{2}$ Jahre (Okt. 1875 — Ende März 1877) bereits im Ganzen $29_{,6}$ Mill. Pfd. im Werthe von $2_{,5}$ Mill. Dollars und zusammen mit den von Philadelphia und Boston bewerkstelligten Verschiffungen betrug die ganze Menge 36.669.270 Pfd. im Werthe von $3_{,2}$ Mill. Dollars; im Ganzen aber erreichte die Ausfuhr der Vereinigten Staaten im ersten Jahre 1876—77, in welchem dieser

Artikel gesondert nachgewiesen wurde, 49,$_2$ Mill. Pfd. frisches Rindfleisch im Werthe von 4,$_5$ Mill. Dollars. Auch die verbesserten
Einrichtungen für den Transport von verpacktem Schweinefleisch
kommen immer mehr in Anwendung und so zeigen die Handels-
ausweise der Vereinigten Staaten überhaupt nachstehenden Aufschwung:

Vieh- und Fleisch-Ausfuhr der Vereinigten Staaten.

	1874—75 [1])		1875—76 [1])		1876—77 [1])	
	Menge	Werth Dollars	Menge	Werth Dollars	Menge	Werth Dollars
Lebende Thiere:						
Rindvieh St.	57.211	1.103.085	51.593	1.110.703	50.001	1.593.0
Schafe . . . „	124.416	183.898	110.312	171.101	179.017	234.4
Schweine . „	64.979	739.215	68.044	670.042	65.107	699.1
Fleisch: in Pfd.						
Frisch.Rindfl.	{48.243.251	4.197.956	36.596.150	3.186.304	49.210.990	4.552.5
Gesalz. „					39.155.153	2.950.9
Schinken und						
Speck	250.280.950	28.611.930	327.730.172	39.664.456	460.057.146	49.512.4
Fleisch-Cons.	—	735.112	—	998.052	—	3.939.9
Schweinefl. .	56.152.241	5.671.495	54.195.118	5.744.022	69.671.894	6.296.4
Fr. Hammelfl.	—	—	—	—	349.368	36.4
Zusamm.Werth —		41.242.691	—	51.544.680	—	69.815.4

Im dritten Vierteljahre 1877, für welches bisher die Quarterly
Reports vorliegen, zeigt sich eine sehr bedeutende Zunahme der
Ausfuhr lebender Thiere (Rinder und Schafe), dagegen ein Rückgang
in den übrigen Positionen des Fleischhandels.

Was zweitens die aus Südamerika, namentlich den La Plata-
Ländern verschiffte Fleischnahrung betrifft, so ist es ausser der
schon in früheren Jahren betriebenen Versendung von Salzfleisch,
trockenem und conservirtem Fleische, Extract und lebenden Rindern,
neuestens der Transport von frischem Fleische in den von französischen Unternehmern construirten Kühlschiffen, welche unser Interesse verdient. Der „Frigorifique", dessen Fassungsraum auf das
Fleisch von 500 Ochsen eingerichtet ist, machte die erste Fahrt
zwischen Campano, einem neuen Hafen in der Argentina, welcher
wegen der lokal billigeren Viehpreise Buenos-Ayres vorgezogen
wurde und Rouen im Sommer 1876 mit dem besten Erfolge. Ueber

---

[1]) Fiscaljahre vom 1. Juli bis Ende Juni.

die weiteren Ergebnisse dieser den directen südamerikanisch-europäischen Fleischhandel betreffenden Unternehmungen liegen jedoch keine zusammenhängenden Daten vor. Auch die Handels-Ausweise der Argentinischen Republik gewähren darüber keine Aufschlüsse, weil sie nur bis 1875 reichen:

Vieh- und Fleisch-Ausfuhr der Argentina.

	1873		1874		1875	
	Menge	Werth in Pes.F.44M.	Menge	Werth in Pes.F.44M.	Menge	Werth in Pes.F.44M.
Leb.Rinder St.	118.306	2.141.223	125.858	2.315.165	129.346	3.237.150
Salzfleisch Kg.	30.812.839	1.383.207	25.434.809	1.009.143	34.048.499	1.362.775
Trockn. Fl. „	114.978	4.946	40.000	1.726	77.515	768
Conserv. „ „	—	—	79.923	10.390	78.897	7.627
Extract. . „	6.160	52.360	—	—	—	—
Zusamm.Werth	—	3.581.736	—	3.336.424	—	4.608.320
		d. i. 14,₃Mill.ℳ.		d. i. 13,₁Mill.ℳ.		d. i. 18,₁Mill.ℳ.

Noch weniger in die neuere Zeit vermögen wir die Exporte von Uruguay zu verfolgen, denn selbst ein jüngst (April 1878) vom Director des statistischen Bureaus in Montevideo (A. Vaillant) veröffentlichter Bericht, führt die Daten nur bis zum Jahr 1874.

Fleisch-Ausfuhr aus Uruguay.

	1871 Kilogr.	1872 Kilogr.	1873 Kilogr.	1874 Kilogr.
Salzfleisch	25.899.834	34.157.448	36.570.999	35.891.153
Liebig's Fleisch-Extr.[1])	5.410	5.838	101.663	118.572

Alle Producte der Viehzucht und Schlächterei, welche zur Ausfuhr kommen, wurden im Jahr 1872 auf 15,₁ Mill. P. f. = 60,₄ Mill. M., im J. 1873 auf 15,₈ Mill. P. f. = 63,₂ Mill. M. und im Jahr 1874 auf 14,₅ Mill. P. f. = 58,₀ Mill. Mark angegeben.

Ebenso ist in Australien der Reichthum an Fleischthieren, namentlich Schafen nicht nur überhaupt sehr gross, sondern noch in stetem Anwachsen begriffen. Die Colonie Neu-Südwales hatte beispielsweise im Jahr 1850 nur circa 953.000 Rinder und 5.₇ Mill. Schafe; heute zählt man dort über 3 Mill. Rinder u. nahezu 24¹/₂ Mill. Schafe. Auch in den anderen australischen Colonien hat sich

---

¹) Bis 1872 zumeist als Salzfleisch declarirt(!)

der Rindvieh- und Schafstand stetig vermehrt, wie insbesondere für die letzte Zeit die nachstehende der Colonialstatistik entnommene Uebersicht zeigt:

Viehstand in Australien.

	Rinder		Schafe		Schweine	
	1873[1])	1876[2])	1873[1])	1876[2])	1873[1])	1876[2])
Neu-Süd-Wales .	2.287.660	3.134.086	17.560.048	24.382.536	218.904	199.950
Victoria . . .	812.289	1.054.598	10.575.219	11.749.532	193.722	140.765
Süd-Australien .	151.662	219.240	4.900.687	6.179.395	98.436	100.562
West-Australien .	44.550	50.416	688.290	881.861	19.749	14.420
Queensland . .	1.200.992	1.812.576	6.687.907	7.227.774	35.732	46.447
Tasmania . . .	104.594	118.694	1.395.353	1.719.768	53.927	47.664
Neu-Seeland . .	436.592	494.113	9.700.629	11.674.863	151.460	123.741
Zusammen	5.038.339	6.883.723	51.508.133	63.815.729	771.930	673.549

Da die Bevölkerung dieser 7 Colonien nach neuester Berechnung 2.306.429 Einwohner (ohne die 61.000 Eingeborenen) zählt, so entfallen dort auf 1000 Einwohner gegenwärtig nahezu 3000 Rinder, 27.670 Schafe und 292 Schweine. Der Rindvieh- und noch mehr der Schafstand sollte daher zu lebhaftem Exporte nach Europa drängen. Die Versuche, durch Bereitung von conservirtem Hammelfleisch diese zu bewerkstelligen, fanden jedoch, wie die Erfahrung der Jahre 1872 bis 1875 lehrte, einen nicht geringen Widerstand an der Abneigung der englischen Consumenten gegen das, dem Gaumen weniger zusagende Büchsenfleisch; von den in den Jahren 1871—73 auf Speculation gegründeten 55 Meat-preserving-Companies in Victoria ist die Mehrzahl zu Grunde gegangen, nur in Neu-Süd-Wales erblüht diese Industrie neuerdings; der Aufschwung, welchen der Import von australischem Fleische (zu sehr gedrückten Preisen) im Jahr 1877 erfuhr, hängt fast ausschliessend mit Lieferungen für die Approvisionirung der russischen Armee zusammen, welche indessen auch keinen nachhaltigen Absatz schufen. Es betrug der Import von ganz Australien nach England:

---

[1]) Zählung vom 31. März in Neu-Südwales, Victoria, Süd-Australien und Tasmanien, resp. vom 31. Dezember 1872 in West-Australien und Queensland. Für Neu-Seeland liegen nur Daten aus dem Febr. 1871 vor.

[2]) Zählung durchweg vom 31. März, mit Ausnahme von Neu-Seeland, wo seit Febr. 1874 keine veranstaltet wurde.

Kisten conservirten Fleisches:

von	1872	1873	1874	1875	1876	1877
Victoria . . .	141.416	91.147	88.586	72.994	65.415	68.249
Neu-Süd-Wales .	66.778	50.237	72.700	35.867	60.338	86.105
Neu-Seeland . .	86.200	77.966	56.656	6.333	6.803	22.400
Queensland . .	16.891	19.933	17.786	6.502	22.447	22.902
Süd-Australien .	10.500	21.444	17.142	3.901	674	764
Zusammen	321.785	260.727	252.870	125.597	155.677	200.420

Ueber das Ergebniss des im Juli 1877 gemachten Versuches, nach dem Refrigorations-Verfahren von Mort das Schaffleisch in frischem Zustande von Melbourne nach Europa zu bringen, liegen uns keine weiteren Daten vor.

Den Gesammterfolg des überseeischen Handels für die europäische Versorgung mit Fleisch und Conserven können wir am besten aus den Umsätzen in den englischen, französischen, holländischen, belgischen und norddeutschen Häfen beurtheilen. Was zunächst England betrifft, so stiegen die Zufuhren in nachstehender Weise:

	1876		1877	
	Menge in Ctr.	Werth Pfd. St.	Menge in Ctr.	Werth Pfd. St.
Gesalzenes Rindfleisch .	243.342	477.754	208.364	408.034
Frisches „	170.711	462.947	465.319	1.266.280
And. frisches oder gesalz. (bes. Hammel-) Fleisch .	95.400	285.451	135.250	403.962
Frisches u. ges. Schweinefl.	376.690	807.442	304.249	608.542
Conservirtes Fleisch . .	280.859	884.275	470.712	1.438.909
Zusammen	1.167.002	2.917.869	1.583.894	4.125.777

In derselben Zeit hat wegen der Einfuhr-Verbote, die als Folge der Viehseuche gegen den Continent bestand, der Import von lebenden Thieren aller Art sehr nambaft, und zwar dem Werthe nach, von 7.260.823 Pfd. St. im J. 1876 auf 6.012.690 Pfd. St. im J. 1877 abgenommen. Die gesammten Zufuhren von Fleisch u. Vieh betrugen daher in jenem Jahre 10,$_{17}$ Mill. Pfd. St., in diesem 10,$_{13}$ Mill. Pfd. St. und der Unterschied bestand nur darin, dass im Jahr 1877 ein weitaus grösserer Theil des von England für Fleischnahrung an's Ausland gezahlten Betrages auf geschlachtetes und conservirtes Fleisch, statt auf lebende Thiere verwendet wurde. Zeigt sich schon darin der wachsende Einfluss der neuen Art internationaler Fleischversorgung, so tritt derselbe auf dem englischen Markte auch noch dadurch hervor, dass dort mit der steigenden Einfuhr von amerikanischem

Fleische, der Preis des Fleisches und des Viehes bereits bedeutend gewichen ist [1]), während umgekehrt die interessante Reflex-Erscheinung zu beobachten war, dass im Frühjahre 1877 die Nachricht von der russisch-türkischen Kriegserklärung in den La Plata-Staaten momentan eine Hausse der Fleischpreise um fast 20 Procent hervorrief.

In Frankreich hat seit 1873 die Ausfuhr von lebenden Thieren und von Fleisch, welche sich immer nur innerhalb des Werthes von zusammen 55 bis 60 Millionen Francs bewegte, bedeutend abgenommen (im Jahr 1877 auf 47,2 Mill. Frcs.); dagegen stieg die Einfuhr der lebenden Thiere ebenso stetig von 100 Mill. Frcs. im Jahr 1874 auf 177 Mill. Frcs. im Jahr 1877 und in denselben vier Jahren diejenige des frischen u. gesalzenen Fleisches von 18,3 Mill. Frcs. auf 42,2 Mill. Frcs. Ebenso zeigen die Berichte aus Antwerpen eine stetige Zunahme des Handels mit Fleisch-Extract.

Kann sich dieser Zweig des Welthandels auch nicht annähernd mit demjenigen von Brodfrüchten oder Colonialwaaren messen, so hat doch namentlich die letzte Zeit von 1876 und 1877 einen solchen Aufschwung gebracht, dass anzunehmen ist, derselbe werde nun eine fortdauernde bessere Organisation erfahren.

III. Genussmittel.

Nebst den eigentlichen Nahrungsmitteln sind in unserer Zeit einige Genussmittel so allgemeine Handelswaaren geworden, dass wir denselben sowohl wegen der Wichtigkeit für das ganze Getriebe der Weltwirthschaft, als wegen der Bedeutung, welche sie im Budget jedes einzelnen Haushaltes einnehmen, eine eingehende Beachtung zuwenden müssen. Die Lebensweise der heutigen Generation hängt

---

[1]) Nach einem im Nov. 1877 von Prof. Sheldon an die Agricultural Society erstatteten Berichte stellt sich dieselbe Qualität Fleisch, welche in England geschlachtet, ungefähr 84 Pfennige kostet, von importirtem Fleische auf 60 Pf. Importirtes Fleisch kostet überhaupt 40—60 Pfennige pr. Pfd.; eine dauernde Wirkung auf Erniedrigung der Fleischpreise ist jedoch nicht zu erwarten, ehe nicht die Zufuhren grossartiger als bisher eingerichtet sind.

gewohnheitsmässig und auch physiologisch mit dem Genusse von
Zucker, Kaffee, Thee, Tabak und gewissen geistigen Getränken auf
das innigste zusammen; Veränderungen, welche sich in Production
u. Consumtion dieser Artikel ergeben, lassen daher manche Schlüsse
auf den materiellen Wohlstand und die kulturelle Richtung einzelner
Länder und Zeiten zu. Der Einfluss, welchen die Krise des Jahres
1873 auf den Umfang der Erzeugung und des Handels der bezeich-
neten Genussmittel ausgeübt hat, und welcher sich in einer zwar
späten, aber dennoch eingetretenen Verminderung des Consums constatiren lässt, ist daher ein höchst interessantes Zeichen der Depression, unter welcher sich die Menscheit jetzt befindet.

1. Zucker. Die Thatsachen, welche wir statistisch zu verfolgen
haben, beziehen sich auf die absoluten Zahlen der Production, mit
besonderer Rücksicht auf den Antheil von Colonial- u. Rübenzucker
und auf die Consumtion dieser Erzeugnisse.

Trotz des raschen Anwachsens der europäischen Zucker-Industrie
ist dennoch die aussereuropäische Erzeugung von R o h r z u c k e r
voran zu stellen, wenn wir auf die Quantitäten blicken, welche von
diesem Genussmittel auf die Märkte kommen.

Die weitaus wichtigste Stelle nimmt noch immer C u b a ein;
die bis in die jüngste Vergangenheit reichenden trüben politischen
Verhältnisse der seit 1868 dauernden Insurrection, welche zeitweilig
den ganzen östlichen Theil der Insel der Zucker-Kultur entzogen,
schränkten zwar die Erntemengen gewaltig ein, aber sie vermochten
nicht soweit zu schaden, dass Cuba von seinem überragenden Platze
verdrängt worden wäre. Im Jahr 1868 wurde der Totalertrag der
dortigen Plantagen auf ʻcirca 15 Mill. Z.-Ctr., im Jahr 1872 auf
12,5 Mill. Z.-Ctr., im Jahr 1873 auf 13,1 Mill. Z.-Ctr. Zucker und
3,6 bis 3,8 Mill. Z.-Ctr. Melasse geschätzt. Erst die Jahre 1874
und 1875 brachten einen empfindlichen Rückgang; die Berichte aus
Havanna, St. Jago de Cuba und Trinidad bestätigen, dass in der
Periode 1874 bis 1877 die Zuckerpflanzungen stets abnahmen, weil
sie von den Aufständischen vandalisch zerstört wurden und weil es
bei den niedrigen Zuckerpreisen während einiger Zeit den Eigen-
thümern nicht möglich war, die hohen Unterhaltskosten und Con-
tributionen zu erschwingen. In der That wurde die 1876er Zucker-
ernte nur auf zwei Drittel derjenigen eines Durchschnittsjahres geschätzt und von der Ernte des Jahres 1877 wird angenommen, dass

sie nicht viel mehr als 550.000 Tons (zu 1842 Z.-Pfd.), d. h. etwa 9,$_2$ bis 9,$_5$ Mill. Z.-Ctr. Zucker u. 1,$_8$ Mill. Z.-Ctr. Melasse betragen werde. Diese Daten der Productions-Statistik sind nur als approximativ zu nehmen und man kann leider auch den Exportziffern nicht volle Verlässlichkeit beimessen, weil die Angaben in den Hafenplätzen der Havanna nicht direct nach dem Gewichte der Zuckersendungen, sondern nach der Anzahl von Kisten, Fässern u. Säcken gemacht werden, für welche ein ungefährer usancemässiger Durchschnitt angenommen werden muss, um überhaupt vergleichbare Totalziffern zu erlangen. So berechnet man den

Export von Zucker aus Cuba:

im Jahre	1870	mit	643.000	Tons
„	„ 1871	„	462.000	„
„	„ 1872	„	578.000	„
„	„ 1873	„	714.960	„
„	„ 1874	„	617.656	„
„	„ 1875	„ circa	574.000	„ [1]

Nach neueren Consularberichten betrug die Ausfuhr aus den vier wichtigsten Häfen, Havanna, Matanzas, Trinidad de Cuba und St. Jago de Cuba im Jahr 1876 760.427 Kisten, 263.640 Fässer und eine geringe Anzahl von Tierces, Barrels und Säcken, zusammen Alles im ungefähren Gewichte von 350.000 Tons.

Nächst Cuba dürften in der jüngsten Zeit die holländischen Colonien in Ostindien und die Philippinen die meisten Mengen von Zucker produciren. In Java ist durch die im Jahr 1871 erfolgte Milderung der Monopolswirthschaft und die Umwandlung der früheren Natural-Rohertrags-Abgaben in fixe Geldsteuern, die Erweiterung der Plantagen und Vermehrung der Fabriken beschleunigt worden; von Letzteren bestanden dort im Jahr 1876 ungefähr 160, deren Erzeugungsmenge mit 2.400.000 Z.-Ctr. angegeben wird. Auch auf den Philippinen ist die Production in Zunahme; in früheren Jahren (1872) war dieselbe für Manila nur mit 1,$_2$ Mill. Z.-Ctr. angegeben, im Jahr 1876 dagegen betrug der Export dieser Insel 1.370.158 Piculs, jener von Iloilo 572.158 Piculs und von Cebu 144.586 Piculs, d. h. zusammen 2.086.902 Piculs (à 126,$_5$ Z.-Pfd.) oder 2.640.000 Z.-Ctr.

---

[1] Die Angabe des Goth. G.-Taschenbuches mit 665.201 Tons stimmt nicht mit den thatsächlichen Veränderungen.

Ebenso wie im fernen Osten von Asien ist auch in einzelnen Colonien des amerikanischen Westens die dort längst einheimische Zuckercultur in neuem Aufschwunge. Unter den Inseln von Britisch-Westindien hat Barbados im Jahr 1874 nur 39.600 Tons (engl.), im Jahr 1875 aber 55.500 Tons, Trinidad im Jahr 1874 41.000, im Jahr 1875 aber mehr als 60.000 Tons exportirt; überhaupt belief sich der Export dieser Inselgruppe auf $2_{,6}$ Mill. Z.-Ctr. Ebenso wird in Französich-Westindien eine namhafte Steigerung der Production bemerkbar und hängt mit den Schritten zusammen, welche dort, namentlich in Guadeloupe, gethan werden, um eine intensivere Fabrikationsmethode durch rationelleres Extractions-Verfahren einzubürgern. Auch auf dem amerikanischen Festlande hat die während einiger Zeit in starkem Rückgange befindliche Rohrzucker-Erzeugung in letzter Zeit wieder zugenommen. In der Louisiana und in Texas stieg dieselbe von 63.500 Tons im Jahr 1875 auf 77.000 Tons im Jahr 1876 und 89.000 Tons im J. 1877; in Brasilien war nach dem Misserfolge der Ernte von 1875—76 diejenige von 1876—77 eine sehr reiche, die steigenden Preise verhalfen den verschuldeten Pflanzern wieder zu neuen Capitalien und dürften die Folgen davon in den Handelsausweisen bald zu Tage treten; vorläufig reichen diese Letzteren nur bis zum Jahr 1875 und ergeben eine Zunahme von circa 6 Mill. Mark in den Exportwerthen gegenüber jenen des J. 1874; im J. 1877 aber hat Ceara allein um ein Drittel mehr Zucker ausgeführt als im Jahr 1876. Für Britisch-Guiana endlich wird die Ernte von 1876 als die ergiebigste unter allen bisherigen verzeichnet, indem sie die reichste je bisher producirte Jahresmenge um 15 Proc. übertroffen und einen Export von mehr als $2_{,1}$ Mill. Ctr. Zucker nebst 14.320 Fässern Melasse gebracht hat.

Unter den übrigen Ländern erwähnen wir als wichtiges Productionsgebiet Mauritius, wo im Jahr 1868/69 durch eine Krankheit der damals gewöhnlich angebauten Species des Zuckerrohrs die Erzeugung bis auf 156 Mill. Pfd. engl. gesunken war, sich aber im Jahr 1869/70 wieder auf $264_{,5}$ Mill. Pfd. gehoben hatte und im Jahr 1876/77 260 Mill. Pfd. engl., d. h. 2.358.720 Z.-Ctr. betrug; übrigens soll diese Insel durch Einschränkung des Anbaues in einem Theile des östlichen und nördl. Küstenlandes vorläufig eine um circa 20 Mill. Pfd. verminderte Productionsfähigkeit besitzen. Ebenso ist es von Interesse zu beobachten, wie rasch sich in Folge der im Jahr

1876 in Europa steigenden Zuckerpreise der Export von Britisch-Ostindien hob; während er im Jahr 1872/73 nur 294.818 Ctr. betrug, stieg er im Jahr 1875—76 auf 420.762 Ctr. und im Jahr 1876—77 auf 1.093.625 Ctr. (engl.) und war vorzugsweise nach England gerichtet. Nächst Indien haben die Straits-Settlements, wie ein Consulatsbericht meldet, ihre Exporte von 53.131 Piculs im Jahr 1875 auf 104.680 Piculs, also fast das Doppelte im Jahr 1876 erhöht, ferner nimmt der Zuckerrohrbau in Formosa einen blühenden Aufschwung, da von dort ein lebhafter u. billiger Export nach China eingeleitet ist, wogegen der Export aus Siam, von 56.488 Piculs im Jahr 1875 auf 20.387 Piculs im Jahr 1876 zurückgegangen ist, da wegen der ungünstigen Erfahrungen der letzten Jahre die Production so beschränkt wird, dass der Zucker bald aufhören dürfte, überhaupt eine Stelle im Aussenhandel dieses Landes einzunehmen. Schliesslich sei noch bemerkt, dass unter den australischen Colonien Neu-Süd-Wales die bedeutende Zucker-Erzeugung, von 15,₃ Mill. Pfd. engl. im J. 1875 ausweist.

Wir versuchen in Folgendem eine Uebersicht der gesammten Gewinnung von Colonialzucker nach den neuesten Daten zu geben:

Rohrzucker-Gewinnung.

Cuba (Production 1876) . . . . circa	9.300.000	Z.-Ctr.
Philippinen (Export 1876)	2.640.000	„
Britisch Westindien (Export 1875)	2.639.000	„
Java (Production 1876) . . . . circa	2.400.000	„
Brasilien (Export 1875) . . . . circa	2.400.000	„
Mauritius (Production 1876-77)	2.358.700	„
Britisch Guiana (Export 1876)	2.200.000	„
Louisiana, Texas etc. (Production 1876-77) . . .	1.808.500	„
China (Export 1876)	1.527.500	„
Portorico (Export 1875) . . . . circa	1.470.000	„
Britisch Ostindien (Export 1876-77)	1.111.100	„
Formosa (Export 1874)	829.700	„
Guadeloupe und Dependenzen (Production 1874) .	815.500	„
Martinique (Production 1874)	773.000	„
Reunion (Production 1875-76)	736.450	„
Aegypten (Production 1876-77)	712.100	„
Cochinchina (Production) . . . . circa	350.000(?)	„
Spanien (Festland 1875) . . . . circa	300.000	„
Sandwich-Inseln (Export 1876)	236.000	„
Surinam (Export 1876)	201.250	„
Natal (Production 1877)	183.000	„
Neu-Süd-Wales (Production 1875)	138.600	„

Straits Settlements (Pinang: Export 1876) . . .   126.000 Z.-Ctr.
Mayotte und Nossi-Bé (Production 1874) . circa   90.000 „
Siam (Export 1876) . . . .   24.600 „
Venezuela (Export 1875) . . . .   7.300 „
Französisch Guiana (Production 1874) . . . .   4.900 „

Zusammen beträgt die Production, beziehungsweise
der Export in diesen bedeutendsten Gebieten . 35.383.200 Z.-Ctr.

Im Vergleiche mit den für frühere Zeitpunkte von uns berechneten Productionsmengen zeigt sich, dass die Gesammthöhe derselben
in dem Jahr 1876 ein wenig zurückgegangen ist; denn aus gleichen
Quellen, wie in dieser Zusammenstellung, nämlich aus den approximativen Angaben über Erzeugung oder aus den Handelsausweisen
schöpfend, haben wir die im Verkehr nachweisbare Menge von
Rohrzucker erhoben

um das Jahr 1867 mit circa 33,5 Mill. Z.-Ctr.

  „   „   „   1869 „   „   38,1   „   „
  „   „   „ 1870-71 „   „   36,5   „   „ (Ausfall d. Ernte in Cuba)
  „   „   „ 1872-73 „   „   38,5   „   „
  „   „   „ 1874-75 „   „   35,1   „   „
und   „   „   „   1876 „   „   35,3   „   „

Es ist selbstverständlich, dass diese Daten nicht als Ausdruck
für die ganze effective Gewinnung von Rohrzucker in allen Ländern
der Erde anzunehmen sind, denn gerade für sehr wichtige aussereuropäische Gebiete, wie China, Japan, Ostindien, die süd- und
centralamerikanischen Staaten, dann afrikanische und australische
Ansiedelungen ist keine Ernte-Statistik eingerichtet und kennt man
nicht das Quantum, welches von den Einwohnern selbst consumirt
wird. Jeder Anschlag über diesen durchschnittlichen eigenen Verbrauch ist zwar willkührlich, aber wir wollen doch erwähnen, dass
gewöhnlich 4 bis 5 Mill. Centner dafür angenommen werden, so
dass die Rohrzucker-Production der letzten Jahre auf 39 bis 40
Mill. Z.-Ctr. zu schätzen wäre.

Etwas genauere Daten liegen über die Fabrikation des Rüben-
zuckers vor; allerdings treten auch hier dem Zustandekommen
einer guten Statistik gewichtige Hindernisse entgegen. Denn einerseits werden die Angaben immer zu Steuerzwecken erhoben, was
genügen würde, um deren Verlässlichkeit in Frage zu stellen:
andererseits wird in der Mehrzahl der Staaten nur die verarbeitete
Rübenmenge direct constatirt, die wirklich gewonnene Zuckermenge
aber nur nach Mittelwerthen berechnet. Für die letzten fünf Jahre

geben wir folgende grösstentheils den bewährten Berichten von
F. O. Licht (statistisches Bureau für Rübenzucker-Industrie in
Magdeburg) entnommene Zusammenstellung, in welcher die wenigen
auf Grund neuester amtlicher oder sonstiger guter Angaben von uns
eingestellten Ziffern besonders markirt sind:

Rübenzucker-Gewinnung

(in der von September bis Juni dauernden Campagne).

	1873-74	(Zoll-Centner) 1874-75	1875-76	1876-77	Schätzung 1877-78[1])
Frankreich . .	8.314.540*	8.720.000*	8.960.000*	4.865.900	7.400.000
Deutsches Reich	5.820.813*	5.128.247*	7.160.960*	5.824.077	7.400.000
Oesterr.-Ungarn.	3.900.000	2.803.839	3.602.769	4.105.335	4.900.000
Russland u. Polen	4.057.033	4.450.000	4.900.000	5.000.000	4.400.000
Belgien. . . .	1.470.320	1.421.580	1.595.920	889.340	1.300.000
Holland u. andere Länder . . .	600.000	ˉ600.000	600.000	500.000	500.000
Zusammen	24.162.706	23.123.666	26.819.649	21.184.652	25.900.000

Rechnet man dazu die erheblichen Quantitäten von Sorgho-
Zucker, welche in China und von Palm-Zucker, die in anderen tro-
pischen Ländern consumirt werden, dann den Ahorn-Zucker, wovon
in Nordamerika circa 400.000 Ctr. erzeugt werden und endlich den
Stärkezucker, wovon im Deutschen Reiche allein im Jahr 1876
116.109 Ctr. in fester Form und 220.452 Ctr. als Syrup (wohl auch
zu chemischen und pharmaceutischen Zwecken) fabricirt wurden, so
dürfte sich die gesammte Menge des um das Jahr 1876—77 in
Verkehr gelangten Zuckers auf circa 58 Mill. Ctr. und jene des
consumirten, mit Hinzurechnung der oben erwähnten 4—5 Mill. Ctr.
als Aequivalent des an Ort und Stelle verbrauchten nicht besonders
nachweisbaren Colonialzuckers, auf 62 bis 63 Mill. Z.-Ctr. veranschlagen lassen. Diese Ziffer ergibt gegen frühere Jahre einen
Rückschritt, welcher zum Theil durch das für Rübenzucker-Production
ausnahmsweise schlechte Erntejahr 1876—77 seine Erklärung findet
und bekanntlich zu der bedeutenden Preissteigerung im Spätherbste
1876 führte; theilweise jedoch auch auf der Einschränkung des
Massenconsums beruht, die als eine Folge der wirthschaftlichen
Krise in mehreren Ländern direct nachweisbar ist.

---

[1]) Ausschliesslich auf den geschäftskundigen Schätzungen von F. O.
Licht beruhend.

Wenden wir uns schliesslich der Frage der Consumtion noch speciell zu, so constatiren die Berichte von F. O. Licht einen zwischen 29 und 32 Mill. Z.-Ctr. sich bewegenden jährlichen Verbrauch von Colonial- und Rübenzucker in Deutschland, England, Frankreich, Holland und den übrigen fünf Haupt-Entrepôts des überseeischen Zucker-Handels; für die Mehrzahl der Continental-Staaten lässt sich wegen mangelnder Controle der Handelsbewegung und Production sowie der jeweiligen Vorräthe diese Rechnung nicht durchführen; dasselbe gilt von dem relativen Consum, hinsichtlich dessen wir auch nur für Grossbritannien, Frankreich u. Deutschland sowie für die Vereinigten Staaten von Nordamerika über anscheinend verlässlichere Anhaltspunkte verfügen.

In Grossbritannien und Irland ist der Verbrauch constant von $12._3$ Mill. Z.-Ctr. im Jahr 1869 bis auf $18._8$ Mill. Z.-Ctr. im Jahr 1875 gestiegen, dagegen im Jahr 1876 auf $18._7$ Mill. Z.-Ctr. zurückgegangen und betrug

			per Kopf der Bevölkerung			
	engl. Pfd.		engl. Pfd.		engl. Pfd.	
im J. 1869	$38_{,83}$	Rohzucker	$2_{,73}$ raffin. Zucker	$=$	$41_{,56}$	Totale
1873	$43_{,96}$	,,	$7_{,63}$,, ,,	$=$	$51_{,59}$	
1874	$47_{,48}$	,,	$8_{,89}$,, ,,	$=$	$56_{,37}$	
1875	$53_{,97}$	,,	$8_{,68}$,, ,,	$=$	$62_{,65}$	
1876	$50_{,16}$	,,	$8_{,79}$,, ,,	$=$	$58_{,95}$	

Die Abnahme des Jahres 1876 ist also hier eine sehr beträchtliche.

In Deutschland wird nach Production, Einfuhr und Ausfuhr der relative Verbrauch amtlich berechnet:

per Kopf der Bevölkerung

im Durchschnitte von 1841—1845 . . . $5_{,12}$ Zoll-Pfd.
,, ,, ,, 1851—1855 . . . $6_{,76}$,,
,, ,, ,, 1861—1865 . . . $9_{,11}$,,
,, ,, ,, 1871—1876 . . . $13_{,30}$,,

und speciell für die drei letzten Campagne-Jahre 1873—74 mit $14_{,0}$ Z.-Pfd., 1874—75 mit $13_{,0}$ Z.-Pfd. u. 1875—76 mit $15._3$ Z.-Pfd. Für das Jahr 1876—77 wird sich die Consumtionsziffer jedenfalls beträchtlich niedriger stellen, da sich schon im Jahr 1875—76 die Vorräthe sehr gehäuft hatten.

In Frankreich nahm der Verbrauch zu, wie folgt:

	Gesammt-Consum	oder	per Kopf d. Bevölk.
im Jahre 1854	150,0 Mill. Kilogr.		4,2 Kilogr.
1860	200,0 „ „		5,1 „
1869	278,9 „ „		7,3 „
1873	252,0 „ „		7,0 „
1874	231,2 „ „		6,4 „
1875	264,2 „ „		7,3 „
1876	266,4 „ „		7,3 „

In den Vereinigten Staaten von Amerika endlich betrug der Gesammt-Consum unter Berücksichtigung der einheimischen Erzeugung, sowie der Importe und unter Abzug der Reexporte, sowie der Vorräthe:

Absoluter Zucker-Verbrauch

im Jahre 1870	. . .	530.692 Tons (zu $20_{,32}$ Z.-Ctr.)
„ „ 1871	. . .	633.314 „
„ „ 1872	. . .	637.373 „
„ „ 1873	. . .	652.025 „
„ „ 1874	. . .	710.369 „
„ „ 1875	. . .	685.352 „
„ „ 1876	. . .	658.369 „
„ „ 1877	. . .	666.194 „

Nach dem Census von 1870 entfiel auf einen Kopf der Bevölkerung der Verbrauch von $30_{,6}$ Pfd. (engl.); mit Rücksicht auf die stetige (amtlich geschätzte) Zunahme der Bevölkerung hat der Consum zwar bis 1874 zugenommen, seither aber nicht nur absolut, sondern noch mehr relativ abgenommen, und bewegte sich (nach den officiellen Statements of Home consumption) in folgenden Grenzen:

Relativer Zucker-Verbrauch

im Fiscaljahre 1870/71	. . .	$29_{,49}$ Pfd. engl.
„ „ 1871/72	. . .	$33_{,17}$ „ „
„ „ 1872/73	. . .	$33_{,03}$ „ „
„ „ 1873/74	. . .	$35_{,27}$ „ „
„ „ 1874/75	. . .	$35_{,77}$ „ „
„ „ 1875/76	. . .	$34_{,47}$ „ „
„ „ 1876/77	. . .	$31_{,87}$ „ „

Die Art und Weise, wie besonders wegen des leidigen Fiscalitäts-Standpunktes in der Mehrzahl der übrigen Staaten der Zucker-Verbrauch erhoben wird, gewährt — wir wiederholen es — so wenig Garantie und führt zu so offenbaren Anomalien, dass wir uns enthalten, Angaben darüber mitzutheilen.

2. Kaffee. Im Gegensatze zu vielen anderen Einschränkungen des Verbrauches, welche als Symptom der wirthschaftlichen Verarmung nach der Krise des Jahres 1873 nachweisbar hervortraten, nahm der Consum von Kaffee bis zum Jahr 1876 in Europa constant zu, wie die unten gegebenen Aufstellungen der Zufuhren und Ablieferungen auf die europäischen Märkte zeigen. Man erklärte sich diese Erscheinung zumeist daraus, dass Kaffee in vielen continentalen Ländern zu einem, das Fleisch und andere Consumtionsgegenstände ersetzenden billigen Nahrungsmittel der minder bemittelten Volksclassen geworden sei, zumal, da dessen Preis von der exorbitanten Höhe, welche er in der Zeit von 1870 bis 1873 erreicht hatte, in den Jahren 1874 und 1875 rasch herabgesunken war. Eine im Jahr 1876 erfolgte neuerliche Preissteigerung und die immer weiter greifende Verschlimmerung der wirthschaftlichen Lage bewirkten aber zu Ende 1876 und im Laufe des Jahres 1877 eine Abnahme des Consums, welcher jedoch die — bereits beginnende — Verbilligung des Kaffees, und die Hebung des allgemeinen Wohlstandes hoffentlich bald ein Ziel setzen werden. In den Vereinigten Staaten von Amerika hat der Consum im Jahr 1877 bereits zugenommen; da die Production von Kaffee in der letzten Zeit durch mehrere reiche Ernten erhöht wurde, ist wohl an baldigen Impulsen auch für den europäischen Verbrauch nicht zu zweifeln.

Unter allen Productionsgebieten das reichste ist Brasilien; es versorgt nahezu die Hälfte aller Consumenten mit seinen Kaffeebohnen. Die Ernten von Rio haben in den Jahren 1861 bis 1869 nur ungefähr 2 Mill. Säcke, d. i. 2,4 Mill. Z.-Ctr. betragen; vom Erntejahr (1. Juli bis Ende Juni) 1869/70 bis 1876/77 betrugen die durchschnittlichen Erträge nach den uns vorliegenden Originalquellen je 2,9 Mill. Säcke, d. i. 3,5 Mill. Z.-Ctr.; speciell im Jahr 1876—77 wird die Ernte als den Durchschnitt ein wenig überragend angegeben. Die Ernten von Santos, ¦der nächstwichtigen Provinz Brasiliens, ergaben in den Jahren 1873/74 bis 1876/77 durchschnittlich je 745.000 Säcke für den Export, der Ertrag aber reicht stets höher und wird speciell für die 1876er Ernte auf 800.000 Säcke, d. i. 960.000 Z.-Ctr. und für die 1877er Ernte mit mehr als 1 Mill. Säcke, d. i. 1,2 Mill. Z.-Ctr. geschätzt. Rechnet man dazu dasjenige, was von Ceara (Export 1876 12.962 Säcke, aber 1877 35.702 Säcke) und Bahia in den Aussenhandel kömmt, so

ist die Gesammt-Production von Brasilien für 1876/77 mit
4,₈ Mill. Z.-Ctr. zu veranschlagen.

Die holländischen Colonien in Ostindien haben im Jahre
1874 nach amtlichen Quellen ungefähr 2,₂ Mill. Ctr. producirt. Die
Ernte der grossen Regierungs- und der nur unbedeutenden Privat-
plantagen in Java, welche zusammen fast 250 Mill. fruchttragende
Bäume umfassen, wird für 1876 auf 1.830.000 Z.-Ctr., dagegen für
1877 nur auf 1.286.400 Z.-Ctr. angegeben. Mit Hinzurechnung von
circa 800.000 Z.-Ctr. als approximativ angenommener Durchschnitts-
Ertrag von Sumatra, Celebes und den übrigen Colonien in der
Sunda-Strasse, ergibt sich für die Kaffee-Ernte im Jahr 1876 die
Menge von circa 2,₆, für jene im Jahr 1877 von circa 2,₁ Mill.
Z.-Ctr. In Ceylon wurde im Laufe der letzten zehn Jahre die
Kaffee-Kultur, als Haupterwerbsquelle der Insel ganz namhaft erweitert; die thatsächlich bebaute Fläche nahm von 150.000 Acres
im Jahr 1866 auf 290.000 Acres im Jahr 1876 zu; zusammenhängend damit erhob sich die Ausfuhr in einzelnen günstigen Jahren
dieses Decenniums (1868 und 1870) auf mehr als 1 Mill. Ctr. Von
der schwachen 1875/76er Ernte kamen nur 720.427 Ctr. (engl.),
zur Ausfuhr, dagegen wird die 1876/77er Ernte mit 1 Mill. Ctr.
geschätzt und dem entsprechend stiegen auch die Exporte um circa
ein Drittel. In der Republik Haïti wird zwar in letzter Zeit die
Kaffeekultur vernachlässigt, aber sie liefert doch noch immer sehr
ansehnliche Erträge. Nach den Anhaltspunkten, welche die Exporte
von Port au Prince, Cap Haïti, Gonaives, Jacmel und Acquin gewähren und den Schätzungen über die Handelsbewegung in Aux
Cayes kömmt man unter entsprechender Veranschlagung der Zoll-
amts-Unterschleife auf die Productionsziffer von mindestens 620.000
Z.-Ctr. im Jahr 1876.

Was die übrigen Productionsländer betrifft, so erwähnen wir
nur, dass in Venezuela nach Consularberichten im Jahr 1876
circa 598.000 Ctr. Kaffee producirt und aus den beiden Häfen
Puerto Cabello und Laguayra von der vorjährigen reicheren Ernte
über 630.000 Z.-Ctr. exportirt wurden. In Portorico hat in Folge
einer Missernte der Export von 270.895 Ctr. im Jahr 1873 auf
193.301 Ctr. im Jahr 1874 abgenommen, ist jedoch im Jahr 1875
wieder auf 254.634 Ctr. span. gestiegen. Unter den centralamerikanischen Republiken hat Costarica im Jahr 1876 eine namhaft

höhere Ausfuhr, als gewöhnlich (24.295.772 Pfd. span.), Guatemala die durchschnittliche (20.740.100 Pfd. sp.), San Salvador eine in Folge des Krieges verminderte (8.073.300 Pfd.) und Nicaragua die normale Ausfuhr.

In Britisch-Ostindien wendet die Colonialregierung der Kaffeekultur so grosse Aufmerksamkeit zu, dass statt der kaum 50.000 Ctr., welche von dort im Jahre 1856—57 exportirt wurden, seit dem Jahr 1866 in den Ausfuhrlisten einzelner Jahre bis zu 418.000 Ctr. vorkommen. Im Jahr 1874—75 betrug die Ausfuhr 311,831 Ctr. (engl.), im Jahr 1875—76 371,986 Ctr. (engl.); im Jahr 1876—77 jedoch (wegen der Trockenheit in der eigentlichen Kaffeeregion des Südens) nur 302.489 Ctr. (engl.).

Der sog. „Mokka"-Kaffee, d. h. jene echten Sorten, welche auf Hügeln und in den Thälern der Provinz Yemen und im Innern Arabiens wachsen und welchen fälschlich auch Kaffee von der Ost-küste Afrika's (bes. vom Somalilande) beigemengt wird, wird jetzt fast ausschliessend von Aden nach Europa exportirt. Der Markt von Mokka hat in den letzten zwanzig Jahren allmälig seine Be-deutung ganz verloren und heute sind es zumeist die europäischen Exporthäuser in Aden, welche im Vereine mit Hodeïda u. Djedda die Ausfuhr des arabischen Kaffee besorgen. Nach den neuesten uns vorliegenden Daten wurden im Jahr 1875—76 überhaupt 77.777 Ctr. (engl.) Kaffee im Werthe von etwas über 6 Mill. Mark aus Arabien in Kameelladungen zu Lande nach Aden gebracht. Hievon wurden im selben Jahre 56.897 Ctr. (engl.) von gereinigtem Kaffee, 5763 Ctr. Kaffee in Beeren und 6312 Ctr. Schalen und Abfall von Aden ausgeführt. Der grösste Theil wurde nach Frankreich (27.635 Ctr.), England (15.539 Ctr.) und Oesterreich (7274 Ctr.); das Uebrige nach Amerika (4098 Ctr.), nach Aegypten und sehr wenig in die anderen europäischen Staaten declarirt. Man ersieht daraus, welcher Missbrauch mit der Bezeichnung Mokka-Kaffee in den meisten Fällen betrieben wird! Um die Menge dieser Kaffee-production nicht doppelt zu zählen, haben wir in der folgenden Zusammenstellung den Export aus dem Hafen von Alexandrien gar nicht angeführt, sondern nur jenen von Aden und die directen Ausfuhren aus dem Sudan in die Totalziffer einbezogen.

Kaffee-Gewinnung.

Brasilien (Ernte 1876-77)	4.800.000	Z.-Ctr.
Java und holländ. Col. in Ostindien (Ernte 1876-77)	2.100.000	„
Ceylon (Ernte 1876-77)	1.016.000	„
Haïti (Ernte 1876-77)	620.000	„
Venezuela (Ernteschätzung 1876)	598.000	„
Britisch-Ostindien (Ausfuhr 1876-77)	307.300	„
Portorico (Ausfuhr 1875)	234.000	„
Costarica (Ausfuhr 1876)	223.500	„
Guatemala (Ausfuhr 1876)	190.800	„
Columbien (Ernte 1876)	140.000	„
San Salvador (Ausfuhr 1876)	74.300	„
Philippinen (Ausfuhr 1876)	72.500	„
Aden (Ausfuhr 1875-76)	63.700	„
Straits Settlements (Ausfuhr 1874) ·	46.100	„
Französ. Colonien in Westind. u. Afrika (Ernte 1874)	24.500	„
Nicaragua (annäherungsweise Ausfuhr 1875-76) . .	15.000	„
Ecuador (Ausfuhr 1874)	11.000	„
Cuba (Ausfuhr v. J. Jago 1876)	10.800	„
Sudan (Ausfuhr 1876)	10.000	„
San Domingo (Ausfuhr 1876)	4.400	„
Liberia (Ernte 1876-77)	1.500	„
Hawaii (Ausfuhr 1876)	1.400	„
Zusammen in diesen Ländern	10.564.800	Z.-Ctr.

Im Vergleiche mit unseren früheren Uebersichten und den dieselben bestätigenden Erhebungen Moreira's, welcher die Kaffee-Production nicht nur für die Jahre 1868 bis 1873, sondern bis auf das Jahr 1832 zurück zu constatiren suchte, hat die Gewinnung dieses Genuss- und Nahrungsmittels in unserer Zeit eine bedeutende Zunahme erfahren. Es betrug nämlich die Erzeugung in den wichtigsten Gebieten

im J. 1832 ca.	$1_{,9}$ Mill. Z.-Ctr.			im J. 1870-71 ca.	$7_{,5}$ Z.-Ctr.	
„ 1844	„ $5_{,1}$	„	„	„ 1872-73	„ $8_{,5}$	„
„ 1853	„ $5_{,7}$	„	„	„ 1874-75	„ $10_{,1}$	„
„ 1868	„ $8_{,1}$	„	„	„ 1876-77	„ $10_{,6}$	„

Uebereinstimmend damit haben auch bis 1876 die Consumtions-Verhältnisse sich gehoben. Von dem nachweisbaren Quantum der Gewinnung, welches noch keineswegs der thatsächlichen Production entspricht, sondern manche Lücken offen lässt, gelangen etwa 60—70 Procent nach Europa, während das Uebrige in Amerika und den anderen Erdtheilen verbraucht wird. Der europäische Consum hat, wie man aus den unten folgenden Aufstellungen (von

Suth & Sibeth in London) sieht, im Jahr 1875 seinen Höhepunkt erreicht. dagegen im Jahr 1876 bedeutend nachgelassen.

Zufuhren von Kaffee in den sechs Haupt-Entrepôts in Europa.

im J. 1870	.	4.984.496	Z.-Ctr.	im J. 1874	ca.	6.000.000	Z.-Ctr.[1]
„ 1871	.	5.455.920	„	„ 1875	.	6.500.000	„ [1]
„ 1872	.	4.391.152	„	„ 1876	.	5.500.000	„ [1]
„ 1873	ca.	5.700.000	„ [1]	„ 1877	.	6.100.000	„ [1]

Da die vorstehenden Summen nur aus den Importlisten von England, Hamburg, den holländischen Häfen, Antwerpen, Hâvre und Triest gewonnen sind, so umfassen sie weitaus nicht sämmtliche Zufuhren, sondern nur das Gros derselben und dienen nur als Anhaltspunkt für die Fluctuationen der einzelnen Jahre.

Was die Vereinigten Staaten von Nordamerika betrifft, so zeigt sich die beträchtliche Hebung des Consums vom Jahr 1870 bis 1876 in den für den eigenen Bedarf abgelieferten Mengen von Kaffee, welche im Jahr 1870 $253_{,6}$ Mill. Pfd. engl., d. i. $6_{,66}$ Pfd. pr. Kopf, im Jahr 1875 $317_{,0}$ Mill. Pfd., d. i. $7_{,12}$ Pfd. per Kopf, im Jahr 1876 $338_{,5}$ Mill. Pfd., d. i. $7_{,17}$ Pfd. per Kopf sind; und im Jahr 1877 tritt dort ein Stillstand ein, indem der Import 332 Mill. Pfd., also der Verbrauch $7_{,12}$ Pfd. (engl.) per Kopf beträgt.

3. Thee. Bis vor wenigen Jahren war China unbestritten die fast alleinige Quelle für die Versorgung der ganzen Erde mit Thee, seit ungefähr einem Decennium ist Japan mit vielem Erfolge in die Concurrenz eingetreten und es hat die britische Colonialregierung in Ostindien dem Anbau und Handel mit Thee eine solche Aufmerksamkeit geschenkt, dass von diesen beiden Gebieten schon ein fühlbarer Einfluss auf die Exporte nach den europäischen und amerikanischen Märkten ausgeübt wird. In der That hat es den Anschein, als ob die chinesische Thee-Ausfuhr im Jahr 1875 ihren Höhepunkt erreicht hätte und in neuester Zeit namentlich die britischen Consumenten allmälig verlieren würde.

---

[1] Die uns vorliegenden Berichte umfassen stets nur die 11 Monate vom 1. Januar bis letzten November; wir haben dieselben durch die wichtigen englischen und Hamburger Importe des Dezember-Monats ergänzt und für die anderen Plätze (Antwerpen, Havre, Triest u. holländ. Häfen) eine Abrundung vorgenommen.

Nach den officiellen Ausweisen der Vertragshäfen betrug die

Thee-Ausfuhr aus China

	1874		1875		1876	
	Piculs	Werth H. Taels	Piculs	Werth H. Taels	Piculs	Werth H. Taels
Schwrz. Thee	1.444.249	31.193.858	1.438.611	29.739.793	1.415.349	30.159.983
Grüner Thee	212.833	4.724.464	210.281	4.965.480	189.714	4.641.691
Ziegelthee . .	74.791	891.181	166.900	1.976.448	153.951	1.819.483
Staubthee . .	3.504	16.508	2.594	15.791	3.799	26.769
Zusammen	1.735.377	36.826.011	1.818.386	36.697.512	1.762.813	36.647.926

Der zur See bewerkstelligte Thee-Export belief sich überhaupt in den letzten sechs Jahren auf folgende Mengen und Werthe [1]):

im Jahre 1871 203,0 Mill. Z.-Pfd. im Werthe von 239,3 Mill. Mark
   „   „   1872 214,4 „   „   „   „   „   269,7 „   „
   „   „   1873 195,6 „   „   „   „   „   —?   „   „
   „   „   1874 210,0 „   „   „   „   „   225,4 „   „
   „   „   1875 220,0 „   „   „   „   „   224,6 „   „
   „   „   1876 213,3 „   „   „   „   „   219,9 „   „

Dazu müssen noch die seit dem Jahr 1871 speciell verzeichneten Thee-Ausfuhren gerechnet werden, welche über Tientsin und Kiachta, dann von Hankau und dessen Umgebung den Han- und Fan-ch'êng-Fluss hinauf und weiter auf dem Landwege nach Sibirien und in die Mongolei gelangten; dieselben betrugen im Jahr 1876 152 Mill. Piculs, d. i. 18,4 Mill. Z.-Pfd., im Werthe von 987.950 H.-Taels, d. i. 5,9 Mill. Mark. Endlich muss beachtet werden, dass der Mangel statistischer Aufschreibungen über den Verkehr von Hongkong die Ausweise der Vertragshäfen auch hinsichtlich des Theehandels nur als ein unvollkommenes Bild erscheinen lässt.

Der zollamtlich nachweisbare Thee-Export China's aber betrug im Jahr 1876 231,7 Mill. Z.-Pfd., im Werthe von circa 226 Mill. Mark. Die Höhe der effectiven Thee-Production dagegen lässt sich kaum annäherungsweise beurtheilen und es beruht wohl

---

[1]) 1 Picul = 120,9 Z.-Pfd.; 1 Haikuan Tael = nach dem Durchschnittskurs für bei Sicht zahlbare Wechsel auf London gewöhnlich mit 6 Mark 10 Pf. gerechnet, im Jahre 1876 speciell = 6 Mark, in früheren Jahren bis 6 Mark 40 Pf.

auf einer blossen Annahme, wenn berichtet wird, dass die Chinesen ungefähr zwei Drittel der Jahresernte selbst verbrauchen und ein Drittel in den Aussenhandel bringen, wornach die Gesammtgewinnung mehr als 600 Mill. Z.-Pfd. wäre.

Was die Absatzländer betrifft, so entfällt noch immer das meiste auf die europäischen Märkte, und zwar durch Vermittlung des englischen Zwischenhandels; Grossbritannien allein nahm im Jahr 1875 fast 128 Mill. und im Jahr 1876 noch nahezu 125 Mill. Pfd. von chines. Thee auf. Der Rückgang dieser Abgaben bei gleichzeitig steigendem europäischem Consum wird eben aus der Concurrenz des indischen Thees erklärbar; der britische Consul Medhurst in Shanghai geht so weit, zu behaupten, dass der chinesische Theehandel, weil man dort mit Vorliebe an der althergebrachten, irrationellen Methode hängt, überhaupt nur durch Einführung europäischen Capitals und Unternehmungsgeistes vom Niedergange zu retten sei; würde der Theebau und die Thee-Aufbereitung von den Eingeborenen noch länger fort in solcher Weise verschlechtert, wie bisher, so sei es nur eine Frage der Zeit, bis wann China durch Ostindien in diesem Artikel aus dem Felde geschlagen sein werde.

Der Aufschwung, welchen die Thee-Cultur in Britisch-Ostindien macht, ist allerdings so staunenswerth, dass sich die englische Colonialregierung mit Recht der Erfolge rühmen darf, die sie hiermit erzielt hat und dass sie sich grossen Hoffnungen für die Zukunft, wenn auch nicht jenen oben angeführten Illusionen hingeben darf. Im Jahr 1851 betrug die Thee-Ausfuhr aus Calcutta (dem einzigen Markte Indiens für diesen Artikel) 262.839 Pfd.; und im Jahr 1877 durfte man bereits auf eine Ernte von mehr als 35 Mill. Pfd. Thee mit Zuversicht rechnen.

In Bengalen, Madras und den Nordwest-Provinzen nimmt die Ausdehnung der mit Theepflanzen bestellten Flächen immer zu, der relative Ertrag steigt (beispielsweise in den letzten drei Jahren von 256 Pfd. auf fast 325 Pfd. per Acre) regelmässig; dazu kömmt, dass nach englischen Berichten die Qualität der indischen, besonders der Darjeeling und Terai-Theesorten in der Saison 1876—77, jene aller früheren Jahrgänge überragte, und dass der mit den niedrigen Silberpreisen zusammenhängende hohe Cours auf London den Theepflanzern namhafte Gewinne gewährte. Während noch vor fünfzehn Jahren die Anpflanzung des Thees in Indien als ein Experiment

betrachtet wurde, ist heute jeder Zweifel über den Bestand und die
künftigen Fortschritte derselben behoben. Es betrug der

Export von indischem Thee nach England

im J. 1860	$1_{,1}$ Mill. Pfd. engl.				im J. 1873	$19_{,7}$ Mill. Pfd. engl.			
„ 1865	$2_{,7}$	„	„	„	„ 1874	$23_{,3}$	„	„	„
„ 1870	$13_{,2}$	„	„	„	„ 1875	$26_{,1}$	„	„	„
„ 1871	$16_{,4}$	„	„	„	„ 1876	$29_{,4}$	„	„	„
„ 1872	$17_{,9}$	„	„	„	„ 1877	$31_{,2}$	„	„	„

Die allmälige Verdrängung des chinesischen durch indischen
Thee in England äussert sich in dem Antheile der Zufuhren, welcher
sich änderte, wie folgt: es verhielt sich der Import von indischem
Thee gegenüber chinesischem Thee im Jahr 1872 wie 1 zu $9_{,7}$, im
Jahr 1873 wie 1 zu $7_{,4}$, im Jahr 1874 wie 1 zu $7_{,5}$, im Jahr 1875
wie 1 zu $6_{,7}$, im Jahr 1876 wie 1 zu $5_{,6}$, im Jahr 1877 wie 1 zu $5_{,5}$.

Wir sehen also in den letzten Jahren schon fast 20 Procent
aller Thee-Zufuhren auf die als „Assam-Thee" in den Handel kommenden indischen Sorten entfallen.

Auch in Japan hatte die Thee-Kultur während der letzten
Jahre rasch zugenommen; nach einem in den Jahren 1871—1873
eingetretenen Stillstande folgte in den Saisons 1873/74 bis 1875/76
eine rasche Ausdehnung derselben. Gegenüber dem früher gewöhnlichen Ertrag von $12_{,5}$ bis höchstens 18 Mill. Pfd. engl. betrug
(nach der Japan Weekly Mail) die für den Export bestimmte

Thee-Production von Japan
in der Saison

1873-74	1874-75	1875-76	1876-77
19.816.000 Pfd.	24.976.000 Pfd.	29.326.000 Pfd.	24.722.000 Pfd.

Die lebhafte Nachfrage auf den Märkten der Vereinigten
Staaten von Amerika, dann die Verbesserung der Verkehrsmittel
durch Strassen und durch Etablirung der Küstendampferfahrten und
endlich die rationellere Organisation des Handels hatte dazu beigetragen, um schnell viele Arbeitskräfte des Landes diesem lohnenden
Zweige der Bodenwirthschaft zuzuwenden. Im Jahre 1876—77 bewirkte aber die Schleuderhaftigkeit der Pflanzer beim Aussuchen
der verschiedenen Theesorten und die flüchtige Präparirung der
Blätter einen Rückschlag, welcher mit einer Erniedrigung der Preise
zusammentraf und den Japanern bedeutende Verluste brachte. Man
hofft, dass diese Erfahrung genügen werde, um der Thee-Kultur
bald wieder die frühere Sorgfalt zuzuwenden.

Zusammenhängend mit diesen Umständen betrug der

Thee-Export aus Japan

	1874-75	1875-76	1876-77
von Yokohama	16.547.375 Pfd.	18.885.743 Pfd.	16.177.272 Pfd.
„ Hiogo	4.292.159 „	6.082.036 „	6.520.527 „
„ Nagasaki	1.043.704 „	1.060.000 „	987.817 „
Zusammen	21.883.238 Pfd.	26.027.779 Pfd.	23.685.616 Pfd.

Zur Ergänzung dieser auf die Saisons bezüglichen Daten, welche der „Japan Weekly Mail" entnommen sind, sei beigefügt, dass nach Consulatsberichten die Exporte von japanischem Thee überhaupt im Kalender - Jahr 1874 25.930.800 Pfd. im Werthe von $31_{,2}$ Mill. Mark, im Jahr 1875 28.382.666 Pfd. im Werthe von $27_{,7}$ Mill. Mark und im J. 1876 circa $23_{,4}$ Mill. Pfd. betragen haben. Von diesen entfiel das Meiste auf die Versendungen nach Amerika und nur 400.000 bis 500.000 Pfd. wurden aus Nagasaki nach Europa (London) declarirt. Von der gesammten Thee-Ernte Japan's sollen nach Schätzungen circa 30.000 Piculs, d. i. $3_{,9}$ Mill. Pfd. engl. auf den Verbrauch der Eingeborenen entfallen; diese Quantitäten sind in den obigen Ziffern nicht inbegriffen.

Die übrigen Länder, aus welchen echter Thee in den Welthandel gelangt, sind nur wenig bedeutend. So wurden in Ceylon im Jahr 1865 in Peradeniya und Hagkalle die ersten Versuche mit günstigem Erfolge angestellt und die Culturen, da sich Klima und Bodenbeschaffenheit als geeignet erwiesen, in den letzten Jahren rasch ausgedehnt; im Jahr 1874 waren bereits 350 Acres, im Jahr 1875 1080 Acres mit Thee bepflanzt, was etwa einen Ertrag von 300.000 Pfd. annehmen lässt; davon wurden aber im Jahr 1875/76 nur 282 Pfd. exportirt. Auch Java, dessen Thee-Ausfuhr in den Jahren 1873 und 1874 je $2_{,4}$ bis $2_{,7}$ Mill. Gulden bewerthete, sowie einige andere ostasiatische Gebiete produciren Thee, ohne dass dessen Menge zu constatiren wäre.

Nach unseren vorangehenden Aufstellungen lässt sich die gesammte, ausserhalb Asien zum Consum gelangende, Menge von echtem Thee jetzt auf circa 281 Mill. Z.-Pfund veranschlagen; im Vergleiche zu derjenigen Uebersicht, welche wir auf völlig gleichartiger Grundlage für das Jahr 1875 zusammenstellten und in welcher diese Menge mit 287 bis 288 Mill. Z.-Pfund erschien, zeigt sich die nicht unerhebliche Abnahme des Theehandels um

6—7 Mill. Pfd. Dieselbe tritt mit circa 7 Mill. Pfd. in dem Minder-Export von chinesischem und mit 2,₅ Mill. Pfd. im japanischen Thee hervor, welcher andererseits der Mehrexport von circa 4 Mill. Pfd. indischen Thees entgegensteht; der Rest fällt auf Vorräthe.

Was die Thee-Consumtion betrifft, so ist Grossbritannien und Irland bekanntlich von jeher in erste Reihe zu stellen; die für den einheimischen Verbrauch zurückbehaltenen Mengen stiegen von 78 Mill. Pfd. im Jahr 1861 auf 151,2 Mill. Pfd. im Jahr 1877, so dass der relative Verbrauch per Kopf der Bevölkerung von 2,₆₅ Pfd. im Durchschnitte der Jahre 1861—65 auf nahezu 4 Pfd. im Jahr 1877 zunahm und den Consumenten einen Aufwand (incl. Zoll) von circa 160 Mill. Mark verursachte. In Deutschland kommt der Verbrauch mit circa 0,₀₆ Pfd. weniger in Betracht; in Frankreich beträgt derselbe 0,₀₈ bis 0,₀₉ Zoll-Pfd. und in den Vereinigten Staaten zeigt sich nach dem höchsten Consum von 106 Mill. Pfd. im Ganzen oder 2,₅₅ Pfd. per Kopf im Jahr 1873 der Rückgang auf 59,₉ Mill. Pfd. im Ganzen oder 1,₂₆ Pfd. per Einw. im Jahr 1877 als ein deutliches Symptom der Nachwehen der Krise.

Ein Ueberblick der auf den vorangehenden Blättern gesammelten Daten zeigt, dass der Consum der drei vorzüglichsten Genussmittel aus dem Gebiete der sog. Colonialwaaren in den Jahren 1873 bis 1875 einen Höhepunkt erreicht hatte, welcher alle gewöhnlichen Voraussetzungen weit übertraf. Die Bewohner Europas und Nordamerikas erhielten in dieser, noch von den Impulsen der Ueberspeculation getriebenen Zeit um circa 5 bis 6 Mill. Ctr. Zucker, um circa 2 bis 2¹/₂ Mill. Ctr. Kaffee und um nahezu 40 Mill. Pfd. Thee mehr zu ihrem Verbrauche, als in dem unmittelbar vorhergehenden Quinquennium; die Steigerung der Genusssucht und der Bedarf nach Reizmitteln war ein enormer. Im Jahr 1876 aber begann die Verminderung der Kaufkraft auch auf diesen Gebieten sich so fühlbar zu machen, dass wir in der Zucker-Production schon eine Abnahme um beiläufig 4 Mill. Ctr., in der Kaffee-Gewinnung nahezu Stillstand und im Theehandel einen Rückschritt um beiläufig 6 bis 7 Mill. Pfd. wahrnehmen. Die Daten über die Grösse der Vorräthe dieser Producte in den wichtigsten Entrepôts im J. 1877 lassen keinen Zweifel über den causalen Zusammenhang der Erscheinung zu.

Rohstoffe für die Weltindustrien und den Massenverbrauch.

So unendlich mannigfaltig die Güter sind, welche in Folge der weitverzweigten Productionstheilung und durch ein die ganze Erde umfassendes Verkehrsnetz auf die Märkte der heutigen Culturstaaten gelangen, so concentrirt sich doch das höchste Interesse des Welt-handels und der Weltindustrie auf eine verhältnissmässige geringe Anzahl von Stapel-Artikeln. Ohne diejenigen Rohstoffe in die fol-gende Betrachtung einzubeziehen, welche nur in einzelnen Gewerben oder in einzelnen Ländern eine hervorragende Rolle spielen, ver-suchen wir es, in Umrissen ein Bild der Gewinnung und des Ver-brauches jener relativ wenigen Güter zu geben, welche als „Welt-handels-Güter" im eigentlichen Sinne des Wortes gelten dürfen, weil sie in jedem Lande und von jedem Menschen in grösserer oder geringerer Menge verbraucht werden, daher im Handel eines jeden Staates in grossen Massen und mit hohen Werthen vorkommen. Dahin gehören die Kohle, welche die motorischen Kräfte und den Hilfsstoff der Grossindustrie, welche Wärme- und Leuchtstoff für uns Alle liefert; das Eisen, das uns im kleinsten Werkzeuge und Haus-geräthe, in der Pflugschaar und Spindel, in dem Motor und der Arbeitsmaschine für die Künste des Friedens, ebenso unentbehrlich geworden ist, wie in der Zerstörungs-Waffe und Panzerfregatte für die Dienste des Krieges; endlich die textilen Stoffe, aus welchen unser ganzes Bekleidungs-Bedürfniss gedeckt wird und deren Massen-Verarbeitung für Millionen von Menschen den Lebenserwerb schafft.

Diese Stapelartikel des Welthandels haben durch die mit ihnen verknüpften materiellen Interessen heute geradezu eine kultur-geschichtliche Bedeutung gewonnen; aus ihnen schafft die Menschheit

Güter, deren Werthe nach Milliarden zählen und unablässig im Kreislaufe der Weltwirthschaft erscheinen. In der Erzeugung und dem Verbrauche derselben drückt sich der Aufschwung oder Niedergang des wirthschaftlichen Lebens am deutlichsten aus. Die Statistik zeigt für den Zeitraum von 1865 bis 1873 ein im Ganzen stetiges Anwachsen dieser Grundlagen der modernen Kultur und die erfreuliche Wahrnehmung, dass in allen wichtigen Gruppen der industriellen Production der relative Consum stieg, also die Menschen durchschnittlich zu einer erweiterten Befriedigung ihrer Bedürfnisse gelangten. Die Krise des Jahres 1873 bewirkte in den meisten Beziehungen einen Rückschlag, welchen alle Staaten Europas und Amerikas, sowie die von europäischen Elementen civilisirten Gebiete der übrigen Welttheile mit verschiedener Intensität erfahren haben; in einigen Zweigen währte dieser Rückschlag nur kurze Zeit und musste schon wieder der Zunahme der gewerblichen Thätigkeit, freilich mit sehr verminderter Rentabilität weichen, in anderen Zweigen macht er sich bis in die Gegenwart fühlbar. So tritt in der folgenden Uebersicht der Rohstoff-Production zuerst das Symptom der heranbrechenden Krise durch ungeheure Expansion der Unternehmungen und steigende Preise hervor; es fehlen aber auch nicht die Kennzeichen der langsamen und mit vielen Opfern verbundenen Heilung, wie sie die Einschränkung des Betriebes und das Herabsinken der Preise allenthalben mit sich bringen.

I. Kohle.

1. **Production.** Die Kohlengewinnung hat in einer verhältnissmässig kurzen Zeit einen rapiden Aufschwung genommen. England, welches zuerst den Werth dieses Brennstoffes zu schätzen verstand, erzeugte im Jahr 1660 nur ungefähr $2^{1}/_{4}$ Mill., zu Anfang des 18. Jahrhunderts nur etwas mehr als $2^{1}/_{2}$ Mill., im Jahr 1860 schon nahezu 80 Mill. Tons und heute beträgt seine Kohlenförderung 136 Mill. Tons. In Frankreich wurden im Jahr 1787 nur 211,000 Tonnen, im Jahr 1860 aber 7 Mill. und im Jahr 1877 nahezu 17 Mill. Tonnen Kohlen dem Schosse der Erde entrungen. In den Vereinigten Staaten von Nordamerika betrug die Kohlenförderung im Jahr 1820 365 Grosstonnen, im Jahr 1840 etwas über 1 Mill., im Jahr 1860 $9_{,1}$ Mill. und im Jahr 1875 $47^{1}/_{2}$ Mill. Grosstonnen.

Ueberall ist die Progression eine ungemein rasche. Das allgemeine Verdrängen der Handarbeit durch die Maschine, die Entwickelung des Eisenbahn- und Dampfschiff-Verkehrs, das Anwachsen des Eisenhüttenwesens und die Einbürgerung der Kohle in den Haushalt sind die Ursachen dieses steten Fortschrittes, welchem selbst die Krise des Jahres 1873 nur ganz vorübergehend Einhalt zu gebieten vermochte.

Zur Charakteristik der letzten Zeit geben wir eine Uebersicht der Kohlenausbeute jener sechs Länder, welche ca. 96 Procent aller zum Verbrauche gelangenden Kohlen der ganzen Erde liefern, daher als massgebend angesehen werden können, um den allgemeinen Verlauf dieses Productionszweiges zu verfolgen:

Kohlenausbeute vom Jahre 1860 bis 1876

(in Millionen metr. Tonnen zu 20 Z.-Ctr.)[1].

	1860	1866	1872	1873	1874	1875	1876
Grossbritannien . . .	80,7	103,1	125,5	129,0	127,1	135,4	136,3
Deutschland	12,3	28,2	42,3	46,1	46,6	47,8	49,5
Ver. Staaten v. Amerika	9,5	22,1	45,7	51,3	48,6	48,3	49,1(?)
Frankreich	8,3	12,3	15,9	17,5	17,0	16,9	17,0
Belgien	9,6	12,8	15,6	15,6	14,7	15,0	14,3
Oesterreich-Ungarn .	3,5	4,9	10,1	11,9	12,3	12,6	13,2
	123,9	183,4	255,1	271,6	266,3	276,2	279,7

Wie man sieht hat die Kohlenproduction von 1860 bis 1872 durchschnittlich um je 11 Mill. Tonnen, d. i. 220 Mill. Z.-Ctr. pro Jahr zugenommen, ist dann im Jahr 1873, zusammenhängend mit der Ueberspeculation, in einem Sprunge um 16 Mill. Tonnen, d. i. 320 Mill. Ctr., gestiegen, dagegen in Folge der 1873er Krise im Jahr 1874 um 5,3 Mill. Tonnen, d. i. 106 Mill. Ctr. gefallen. Seit dem Jahr 1875 wird dieselbe wieder regelmässig vermehrt, weil namentlich der Haushalts-Verbrauch zunimmt.

Da nur wenige Länder bisher verlässliche Abschlüsse für das Jahr 1877 vorgelegt haben, müssen wir uns zumeist mit Angaben aus dem Jahr 1876 begnügen:

---

[1] Die Rechtfertigung der Ziffern und die Details folgen unten; es sind stets Schwarzkohlen und Braunkohlen (Anthracite, bituminöse Kohlen, Lignite u. s. w.) zusammengefasst. Die Angabe für Amerika im Jahre 1876 ist nur vorläufig und nicht verlässlich.

Kohlenausbeute aller Länder der Erde.[1])

I. Europa.

Metrische Tonnen
zu 20 Z.-Ctr.

Grossbritannien	(1876)	136.270.675
Deutschland	(1876)	49.550.462
Frankreich	(1876)	17.104.794
Belgien	(1876)	14.329.578
Oesterreich	(1876)	11.867.717
Ungarn	(1875)	1.451.158
Russland	· (1874)	1.392.880
Spanien	(1873)	579.120
Türkei	(1872) . . . . . circa	100.000
Schweden	(1874)	59.598
Luxemburg	(1871)	53.427
Portugal	(1872)	21.000
Schweiz	(1876)	19.000
	Zusammen	232.799.409

II. Ausser Europa.

Verein. Staaten von Nord-Amerika (1875)	48.273.208
China (Jahres-Ausbeute)	2.965.000
Neu-Süd-Wales (1875)	1.178.842
Britisch-Nordamerika (1875)	804.922
Britisch-Ostindien (1875) . . . . circa	500.000
Chile (1876) . . . . circa	400.000
Japan (1874)	396.000
Queensland und Tasmanien (1873) . . .	44.500
Andere Gebiete etwa in runder Zahl . .	50.000
Zusammen	54.612.472
Totale	287.411.881

---

[1]) Die vorstehende Uebersicht unterscheidet sich in mehreren Punkten von denjenigen statistischen Schätzungen, welche häufig über die Kohlenproduction aller Länder veröffentlicht werden und erfordert deshalb einige Erläuterungen. Unter den europ. Staaten wird gewöhnlich die Kohlenproduction der Türkei und der Schweiz völlig übersehen; wir haben die Erstere einer verlässlichen Monographie von C. Sax, die Letztere den Ausweisen der Bergbau-Unternehmungen selbst (in Egli's Taschenbuch) entnommen. Unter den aussereuropäischen Ländern wurde bisher für die Vereinigten Staaten von Nordamerika die Kohlen-Ausbeute wesentlich geringer (mit nur 42 resp. 45 Mill. Tonnen) angegeben; erst die längst erwartete und im Jahre 1877 erschienene Kohlen-Statistik von P. Rothwell berichtigte die früher als Quelle dienenden „Reports of the Inspectors of Mines of Pennsylvania" sowohl in Bezug auf lokale Productionsmengen, als namentlich in Bezug auf das Gewicht

Die gesammte Kohlenförderung der Erde lässt sich nach diesen durchweg officiellen oder aus directen Erhebungen von Fachmännern gesammelten Daten für jetzt mit mindestens **288 Mill. metr. Tonnen** angeben und hat hiemit den im Jahr 1873 erreichten Höhepunkt neuerdings bedeutend überschritten.

Gegenüber der so raschen Zunahme der Kohlenförderung, die seit dem Jahr 1860 mehr als verdoppelt wurde, indem sie von 2500 auf 5760 Mill. Z.-Ctr. stieg, ist die Frage von actuellem Interesse, welche Aussichten sich für die Fortdauer der Production eröffnen. Die Bedenken, die zuerst von Jevons (Coal question 1865) und Armstrong in Betreff der Erschöpfung der Kohlenfelder Englands angeregt wurden, sind durch einen im Jahr 1871 erschienenen, von Sir Roderick Murchison und R. Hunt bearbeiteten Parlaments-Bericht theilweise behoben worden. Die britische Enquête-Commission konnte die Thatsache sicherstellen, dass nach der Beschaffenheit der englischen Kohlenfelder eine Steigerung der Production noch auf lange Jahresreihen hinaus möglich ist, und namentlich konnte sie darauf hinweisen, dass ein grosser Theil der englischen Kohlen exportirt wird, während doch ausserhalb Grossbritannien noch die reichsten Kohlenlager unbenutzt liegen und früher oder später gewiss durch den internationalen Handel dem englischen und continentalen Verbrauche zugeführt werden. Dieselbe Beruhigung wurde später durch eine Erhebung gewonnen, welche Graf von Ruolz-Montchal im Auftrage der französischen Regierung führte (Question des houilles, Paris 1872—75). Es ergibt sich daraus, dass man die Schätzungen früherer Enquêten als Uebertreibungen ansehen dürfe, weil sie nicht von den richtigen Prämissen in Betreff der Productionsfähigkeit der meisten Länder (Ausdehnung der Kohlenfelder, Tiefe des bergmännischen Abbaues, Mächtigkeit der Flötze und Zahl der Arbeiter) und in Betreff der Consumtion (Abhängigkeit derselben

---

der Tonne, welche östlich vom Alleghany-Gebirge 2240, westlich gewöhnlich nur 2000 Pfd. engl. wiegt, also auf metrische Tonnen reducirt werden muss, wie es Prof. Hanns Höfer wirklich gethan hat. Die neuen, früher fehlenden Angaben über China sind einer Monographie v. Richthofen's, jene über Japan einer officiellen Statistik in der „Japan Weekly Mail" (10. Febr. 1877), die Daten über Chile endlich einem deutschen Consulatsberichte (aus Coronel, 2. Apr. 1878) entnommen.

Diese Quellenangabe schien uns bei einem so wichtigen Zweige der Productions-Statistik unerlässlich, um unsere neuen Daten zu begründen.

von den Preisen, Ersatz der Kohle durch andere Brenn- und Beleuchtungsstoffe etc.) ausgehen. Der französische Ingenieur Fr. Laur ist der Ansicht, dass bei einer Zunahme der Production, wie sie in den letzten Jahren vorkam, die Erschöpfung des bis heute erschlossenen Kohlenreichthums für Frankreich in 1140 Jahren, für England in 800 Jahren, für Belgien in 750 Jahren und für Deutschland in 300 Jahren eintreten würde. Das Wichtigste für die ferne Zukunft wird nach unserer Ansicht die Möglichkeit einer solchen Herabsetzung der Transportkosten sein, dass die unermesslichen Vorräthe von Kohlen, welche in Nordamerika, Ostasien und Australien schon entdeckt sind, dem europäischen Bedarfe in späteren Jahrhunderten zugeführt werden können. Nicht vor einer geologischen oder montan-technischen, sondern vielmehr vor einer ökonomischen Frage werden also die nächsten Generationen stehen. Als Anhaltspunkte zur Beurtheilung der Productionsfähigkeit sei erwähnt, dass die Ausdehnung der Kohlenfelder veranschlagt wird:

in China . . . . . über	200,000	engl. Quadr.-Meil.
„ Nordamerika	193,870	„ „
„ Ostindien	35,000	„ „
„ Grossbritannien u. Irland	9.000	„ „
„ Deutschland	3.600	„ „
„ Frankreich	1.800	„ „
„ Belgien	900	„ „

Unter diesen Ländern ist China vom Freih. v. Richthofen bekanntlich zuerst (in den Jahren 1868—1872) durchforscht und von demselben nachgewiesen worden, dass keiner der 18 Provinzen des himmlischen Reiches Kohlenfelder fehlen, dass aber die Südhälfte von Schansi (wo schon jetzt 1,₇ Mill. metr. Tonnen gefördert werden), dann das südliche Hunan (dessen Kohlenbergbau jetzt 600.000 metr. Tonnen ergibt), das westliche Schantung und wahrscheinlich das östliche Kanon den ersten Rang einnehmen. Die Kohlenfelder von Schansi allein erstrecken sich anf circa 83.000 Q.-M., das Areale aller Kohlenfelder in China übertrifft aber dasjenige, welches sie in den Vereinigten Staaten einnehmen. In Japan sind in 35 von denjenigen 38 Ken oder Fu, in welche das Land eingetheilt wird, Kohlenfelder erschlossen und insbesondere hat in Yesso das Iskiharifeld (2400 Q.-M.) und das Iwakifeld (700 Q.-M.) schon jetzt eine grosse Bedeutung. Auch für Ostindien steht nach den Resultaten der amtlichen geologischen Durchforschung ausser Zweifel, dass das Land seinen Bedarf auf Jahrhunderte selbst decken kann. Nach einer Schätzung Hughes' erstrecken sich die Kohlenflötze in der Region Bengalens und den Centralprovinzen, die nördlich vom Ganges, südlich vom Godavári begrenzt wird und die von Calcutta im Osten bis Narbada im Westen reicht, auf eine Fläche von 3500 engl. Q.-Meilen. In dem Hauptflötze der Raimahalhügel und demjenigen des Thales von Damuda sollen nach einer Angabe Dr. Oldham's 14.000 Millionen Tonnen Kohle zu erbeuten sein; in dem gegenwärtig ergiebigsten und bereits industriell betriebenen Kohlenrevier von Chanda, besonders in den Wurrora-Gruben, sind schon heute 40 Mill. Tonnen Kohlen aufgeschlossen. Von Amerika berichtet Prof. Hanns Höfer, dass zwar die genaue Begrenzung der productiven Steinkohlenformation nicht genau zu bestimmen sei, doch müssten nach den Erhebungen von Dana (1876), selbst bei aller Beschränkung früherer Angaben, als Flächen, welche höchst wahrscheinlich flötzführend sind, in Nordamerika 193.870 Q.-M. auf die Vereinigten Staaten entfallen. Würde man aber auch die angegebene Area noch auf die Hälfte reduciren, so bleibe noch immer ein solch enormer Reichthum an vorzüglichen Kohlen aller Art der Industrie zur Verfügung, dass deren Entwickelung unter den günstigsten Verhältnissen erfolgen könne. In Australien endlich hat Neu-Süd-Wales die Kohlenproduction von 710.388 Tons im J. 1869 bis auf ungefähr 1.200.000 Tons im J. 1876 gesteigert und ebenso ist von Queensland, Tasmania und Neu-Seeland bekannt, dass sie reiche Kohlengruben besitzen, deren Erschliessung theils schon geschehen ist, theils nur der Anlage von Eisenbahnen zu den Verschiffungshäfen harrt, um erfolgreich unternommen zu werden. Es fehlt also in diesen jungen Ländern nicht an Ersatz des Brennstoffes für spätere Generationen in Europa.

2. **Kohlenverbrauch.** Wenden wir uns von der Gewinnung der Kohle zu ihrer Consumtion, so war die ausserordentliche Ausdehnung, welche die Erstere bis zum J. 1873 erfahren hatte, von einer namhaften Vertheuerung begleitet; die Erklärung für das Zusammentreffen von Mehrproduction und Preiserhöhung lag darin. dass in der Zeit der allgemeinen Ueberspeculation der Bedarf selbst jenen enormen Massen der Kohlenförderung noch voraneilte und dass das grösste Productionsland, Grossbritannien, unter den besonderen Uebelständen von Arbeiter-Strikes und Lohnerhöhungen zu

leiden hatte. Seit dem J. 1873 trat die entgegengesetzte Bewegung ein und in der zweiten Hälfte des Jahres 1874 begann in England ein rapides Sinken der Kohlenpreise, welches sich von dort allmälig auch auf die continentalen Länder ausdehnte und ebenso in Amerika zu beobachten ist. Auf dem Londoner Kohlenmarkte notirte beispielsweise die Hartley-Kohle im Dezember 1874 noch mit 22 sh. 8 d. per Ton, im Dezember 1875 nur mehr 19 sh. 3 d. bis 19 sh. 9 d., im J. 1876 zwischen 17 sh. 3 d. und 18 sh. 3 d., zu Ende 1877 mit 16 sh. 3 d. und schliesslich im Mai 1878 mit 15 sh. 3 d. Ueberhaupt bewertheten sich im englischen Aussenhandel 1000 Tons Kohle zu Anfang des J. 1876 mit 592, zu Anfang des J. 1877 mit 525 und zu Anfang des J. 1878 mit 497 Pfd. St. Ebenso repräsentirte in Preussen der Centner Steinkohle im J. 1873 einen Haldenwerth von nahezu 55 Pfennige, im J. 1875 nur noch 38 Pf. und im 1876 bloss $32_{,8}$ Pfennige.

Die enorme Tragweite dieser Preiserniedrigung äussert sich in der Weltwirthschaft durch die Bewerthung der in vier Hauptgebieten geförderten Kohlenmenge, wie dieselbe officiell vorliegt:

Haldenwerth der Kohlenausbeute.

(Millionen Mark)

	1872	1873	1874	1875	1876
in Grossbritannien	$926_{,2}$	$952_{,6}$	$916_{,9}$	$923_{,2}$	—
„ Deutschland	$296_{,7}$	$403_{,6}$	$387_{,2}$	$334_{,1}$	$302_{,1}$
„ Belgien	$166_{,8}$	$270_{,1}$	$192_{,7}$	$183_{,8}$	$155_{,3}$
„ Oesterreich	$72_{,6}$	$70_{,2}$	$74_{,1}$	$68_{,0}$	$66_{,3}$
	$1462_{,3}$	$1696_{,5}$	$1570_{,9}$	$1509_{,1}$	—

Die steigenden Productionsmengen der Jahre 1875 und 1876 den sinkenden Preisen entgegengehalten, drücken das Bild der Krise aus. Wenn man für den Culminationspunkt der Kohlenindustrie im J. 1873 zu den hier angeführten Productionswerthen noch jene der französischen Kohlenausbeute in der Höhe von $220_{,6}$ Mill. Mark. und jene der Ver. Staaten von N.-Amerika mit circa 350 Mill. Mark in Anschlag bringt, so ergibt sich als ungefährer Totalwerth der damaligen Jahresausbeute von Kohle auf der ganzen Erde die Summe von 2400 Mill. Mark. Dabei· sind nur die Grubenpreise gerechnet und dasjenige, was die Kohle am Orte der Consumtion werth ist, würde eine noch viel ansehnlichere Summe vorstellen. Der grössere Theil (mindestens 50—55 Procent) dieser Gestehungskosten entfällt erfahrungsgemäss, nach den Ausweisen einzelner Staaten, auf Arbeitslöhne; denn der Kohlenbergbau giebt einem Heere von mehr als einer Million Menschen täglichen Erwerb und Lebensunterhalt. So sind in den englischen Gruben ungefähr 450.000, in jenen Deutschlands über 200.000, in Frankreich 97.000, in Belgien 110.000, in Amerika über 100.000, in Oesterreich beiläufig 65.000 Arbeiter bei der Erbeutung von Kohle beschäftigt.

Was die Vertheilung der Consumtion auf die einzelnen Länder und innerhalb derselben auf die einzelnen Arten der Verwendung betrifft, so mögen folgende Daten zur Orientirung dienen.

Nach der Berechnung v. Lindheim's, welcher die eigene Production und die Handelsbewegung der wichtigsten Länder in den Jahren 1865 und 1874 zusammenstellte, ergibt sich:

	Absoluter Kohlen-Verbrauch		Relativer Kohlen-Verbrauch per Kopf d. Bevölkerung	
	im J. 1865	im J. 1874	im J. 1865	im J. 1874
	metr. Tonnen		metr. Tonnen	
in Grossbritannien . . .	90.403.791	112.918.963	$3_{,092}$	$3_{,556}$
„ Belgien	7.630.859	10.378.322	$1_{,377}$	$2_{,010}$
„ Ver. Staat. v. N.-Amerika	18.825.139	45.259.305	$0_{,598}$	$1_{,162}$
„ Deutschland	26.679.993	46.379.704	$0_{,730}$	$1_{,129}$
„ Frankreich	17.745.233	23.054.734	$0_{,370}$	$0_{,636}$
„ Oesterreich-Ungarn . .	5.050.136	11.746.300	$0_{,139}$	$0_{,327}$

Die rascheste Verbrauchs-Zunahme ist in diesen zehn Jahren in Amerika (Steigerung um 140 %), Oesterreich-Ungarn (132 %) und Deutschland (74 %) erfolgt, eine geringere in (Belgien 36 %), in Frankreich (29 %) und in Grossbritannien (25 %), wo eben die Ziffern schon am Anfang des Decenniums 1865—74 ausserordentlich hoch standen.

Von dem Gesammt-Consum entfiel in England, nach den sorgfältigen jährlich angestellten Erhebungen von 1869—1872 ungefähr ·ein Drittel ($32_{,14}$ %) auf die Eisenindustrie, mehr als ein Fünftel ($21_{,8}$ %) auf die übrigen Grossindustrien, mehr als ein Sechstel ($16_{,14}$ %) auf die Haushaltungen und der Rest auf Gas- und Wasserwerke ($6_{,5}$ %), Bergwerke ($6_{,4}$ %), auf Dampfschiffe und Eisenbahnen (zus. $4_{,6}$ %) etc. Seit 1873 hat die Verbrauchsmenge der Eisenindustrie eine namhafte Verminderung erfahren.

II. Eisen.

In keiner anderen Industrie spiegelt sich der Entwickelungsgang unserer materiellen Cultur so deutlich ab, wie im Eisenhüttenwesen. Die Erzeugung und der Verbrauch dieses wichtigen Metalles haben in der Zeit des wirthschaftlichen Aufschwunges, welcher sich zuerst nach den Continentalkriegen und dann neuerdings nach der Durchführung des Eisenbahnnetzes in ganz Europa vollzog, solche Dimensionen angenommen, wie sie Niemand vorauszusagen gewagt hätte. Mit jedem Impulse, welchen seither die Grossindustrie, die Verkehrsanstalten oder der Aussenhandel erfuhren, wurde auch die Gewinnung und Raffinirung des Roheisens in raschen Schritten vorwärtsgetrieben, während umgekehrt mit der Reaction, welche den Welthandelskrisen der Jahre 1857 und 1873 folgte ein Einschränkung, ja in den letzten Jahren eine gewaltige Erschütterung des Eisengewerbes heraufbeschworen wurde. Wie die Wirthschaftszustände einzelner Zeiträume, so drückt sich auch der Grad der Erwerbsthätigkeit einzelner Völker am besten durch den Eisen - Verbrauch aus; gegenüber der mittleren Consumtionszahl von etwa 20 Pfd. Eisen für jeden Bewohner dieser Erde, sehen wir die grossen Abstufungen und Verschiedenheiten, zwischen 330 Pfd. per Einwohner in Grossbritannien, weniger als 10 Pfund in Russland, und kaum 1 Pfd. in Indien, welche den industriellen Geist dieser Gebiete am treffendsten charakterisiren.

1. **Production.** In dem verflossenen Jahrzehnt hat, wie die unten folgenden Daten zeigen, die Eisenerzeugung ihren Culminationspunkt mit nahezu 14 Mill. metr. Tonnen im J. 1873 erreicht. Die Höhe dieser Summe wird am besten anschaulich, wenn man sie mit der Roheisengewinnung früherer Perioden vergleicht. In Grossbritannien wurden um das J. 1788 nur 68.000, dagegen im J. 1873 6,7 Mill. Tonnen Roheisen producirt. In den Vereinigten Staaten · betrug die Roheisen-Erzeugung im J. 1828 nur 130.000 Tonnen und im J. 1873 stieg dieselbe bis auf 2.560.000 Grosstonnen; in Preussen nahm sie von 43.500 metr. Tonnen im J. 1826 bis auf 1.574.000 metr. Tonnen im J. 1873; in Frankreich von 112,500 metr. Tonnen im J. 1819 bis auf 1.371.000 Tonnen im J. 1873 zu; in Belgien stieg die Roheisen-Gewinnung von 60.000 Tonnen im Jahr

1825 auf das zehnfache, nämlich 607.000 Tonnen im J. 1873 und
in Oesterreich endlich von 82.200 Tonnen im J. 1829 auf nahezu
500.000 Tonnen in der günstigsten Zeit. Sind hiemit·die äussersten
statistisch sicher nachweisbaren Endpunkte in der grossen Progression des Eisenhüttenwesens bezeichnet, so zeigt die nachfolgende
Tabelle im Einzelnen, wie sich in den sechs bedeutendsten Eisenländern die Entwickelung dieser Industrie während der letzten 8
Jahre gestaltete:

Roheisen-Production.

(in metr. Tonnen zu 20 Z.-Ctr.; 000 ausgelassen, also 5.533 = 5.533.000)

	1869	1870	1871	1872	1873	1874	1875	1876
Grossbritannien . .	5.533	6.060	6.733	6.845	6.671	6.087	6.467	6.661
Ver.Staat.v.Amerika	1.862	1.900	1.943	2.580	2.602	2.439	2.141	1.899
Deutschland [1]) . .	1.413	1.390	1.564	1.988	2.240	1.906	2.029	1.846
Frankreich . . .	1.356	1.210	1.181	1.220	1.371	1.402	1.416	1.453
Belgien	439	565	610	655	607	533	540	490
Oesterreich - Ungarn	405	405	425	460	495	492	463	432
Zusammen	11.008	11.530	12.456	13.748	13.986	12.859	13.056	12.781

Die masslose Erweiterung der Hochofen-Anlagen in den Jahren
1869 bis 1873 hatte in diesen, für den Eisenmarkt der ganzen
Welt massgebenden und circa 95 Procent der Gesammt-Production
liefernden Gebieten zu einer so unerhörten Expansion der Roheisen-
Gewinnung geführt, dass der Bedarf dafür fehlte und der rasche
Sturz im J. 1873 unausbleiblich war; dies um so mehr, da die
hauptsächlichste Quelle des Absatzes, der Bau und die Ausrüstung
von Eisenbahnen, seit dem J. 1873 immer mehr versiegte. Die
Mehrproduction von jährlich nahezu 60 Millionen Centnern, die von
1869 bis 1873 eingetreten war, eilte selbst dem rasch gestiegenen
Consum dieser reichsten wirthschaftlichen Jahre soweit voraus, dass
die Krise im Eisenhüttengewerbe unausweichlich wurde und nicht
bloss zu dem Rückgange der Production von 1873 bis 1876 um
32 Millionen Centner, sondern insbesondere auch zu einem Herabsinken der Preise führte, welches den Hochofen-Betrieb, auch dort
wo er noch nicht eingestellt ist, zu einem jetzt kaum rentablen
Unternehmen macht. Es scheint uns von besonderem Interesse,
diese jüngsten Phasen in den oben genannten Ländern etwas näher
zu verfolgen.

---

[1]) Die Daten gelten für Deutschland mit Einschluss von Luxemburg
und von 1872 angefangen incl. Elsass-Lotbringen.

In Grossbritannien war die Zahl der Hochöfen von 876
im J. 1872 auf 932 im J. 1873, 935 im J. 1874, 940 im J. 1875
und 968 im J. 1876 vermehrt worden; mit diesen wäre man im
Stande, $7^1/_2$ bis 8 Mill. Tonnen Roheisen zu produciren, so dass
die Leistungsfähigkeit im J. 1876 nur zu drei Viertheilen ausgenützt
wurde. In der That standen im J. 1874 schon 286, zu Ende 1876
437 und zu Ende 1877 411 Hochöfen kalt und nur der Rest, d. i.
etwas mehr als die Hälfte (55 bis 58 $^0/_0$) aller Hochöfen wurden
noch betrieben. Die relativ höhere Leistung der im Betriebe stehenden Hochöfen beruht auf ihrer vorzüglichen Construction, auf
der ökonomischen Ausnützung derselben und auf dem Bemühen,
trotz der enorm gesunkenen Eisen-Preise doch weiter zu produciren.
Die Arbeiter-Entlassungen, Lohnreductionen und Strikes dauern
fort und die Wucht des todten Kapitals der kalt stehenden Hochöfen lastet schwer auf der Eisenindustrie. In den Vereinigten
Staaten von Nordamerika zählte man zu Ende des J. 1872: 612,
zu Ende des J. 1873: 657, zu Ende des J. 1874: bereits 693 und
in den Jahren 1875 und 1876 gar 713 resp. 714 Hochöfen, deren
Productionsfähigkeit auf 5 Mill. Grosstonnen veranschlagt ward,
welche aber thatsächlich nur zwei Fünftel dessen leisteten, so dass
auch hier der weitaus grössere Theil des Anlagekapitals unbenützt
lag; im J. 1876 standen nur 293 und im J. 1877 nur mehr 236
im Betriebe. Was diese Betriebseinstellung bedeutet, ersieht man
daraus, dass nach dem Census von 1870 das im amerikanischen
Eisenhüttenwesen engagirte Capital bereits 102 Mill. Doll. betrug
und sich seither wenigstens um weitere 50 Millionen Dollars vermehrte. In Deutchland waren von den bis zum J. 1873 ge-
schaffenen 456 Hochöfen im selben Jahre noch 360 im Betriebe; im
J. 1874 sank die Zahl der letzteren auf 324, im J. 1875 auf 276
und im J. 1876 auf 270 herab. In Oesterreich-Ungarn endlich
standen im J. 1873 von 180 Hochöfen nur 39, im J. 1874 bereits
55, im J. 1875: 70 und im J. 1876: 102 Hochöfen kalt.

Wie sehr in allen Ländern der Erde die Investirung von Kapitalien in der Hochofen-Anlage überstürzt wurde, geht am deutlichsten aus nachstehendem Vergleiche hervor, dessen Daten wir
einer Untersuchung über die Ursachen der Krise in der Roheisen-
Industrie von C. Pütz entnehmen. Es befanden sich Ende 1876:

Hochöfen

	in Betrieb	ausser Betrieb	Zusammen vorhanden
in Grossbritannien	531	437	968
„ Verein. Staaten v. Nord-Amerika	293	420	713
„ Deutschland	270	186	456
„ Oesterreich	95	78	173
„ Frankreich	113	37	150
„ Belgien	18	36	54
„ Luxemburg	9	14	23
Zusammen	1329	1208	2537

Nach einem sehr mässigen Anschlage [1]) wäre man mit diesen Hochöfen im Stande, wenigstens 20,$_3$ Mill. Tonnen oder 406 Mill. Z.-Ctr. Roheisen zu produciren, während doch selbst auf dem Höhepunkt des Jahres 1873 nur 14 Mill. Tonnen oder 280 Mill. Ctr. aus diesen Ländern thatsächlich bezogen wurden; in der günstigsten Zeitperiode waren also noch 45 Procent der Anlagen unbenützt; mit anderen Worten, es wären statt der thatsächlich vorhandenen 2539 nur 1450 Hochöfen nöthig gewesen, um den ganzen Eisenconsum der Erde im J. 1873 zu decken.

Um einen Gesammt-Ueberblick über den Stand der Eisenindustrie in der neuesten Zeit zu geben, stellen wir folgende officielle Productionsgrössen zusammen:

Roheisen-Gewinnung in allen Ländern der Erde.

I. E u r o p a.		Metrische Tonnen zu 20 Z.-Ctr.
Grossbritannien	(1876)	6.660.893
Deutschland	(1876)	1.846.345
Frankreich	(1876)	1.453.112
Belgien	(1876)	490.508
Schweden	(1875)	343.551
Russland	(1874)	326.365
Oesterreich	(1876)	273.046
Ungarn	(1875)	159.704
Spanien	(1872)	73.000
Italien	(1873)	26.000
Türkei	(Durchschnitt)	12.000
Schweiz	(1876)	8.750
Norwegen	(1873)	1.400

Zusammen 11.674.674
d. i. 233,$_5$ Mill. Zoll-Ctr.

---

[1]) Die Annahme, von welcher der Bergingenieur P ü t z bei dieser Schätzung ausgeht, besteht darin, dass jeder Hochofen 500 Ctr. Roh-

II. Ausser Europa.

Vereinigte Staaten von Nord-Amerika (1876) . . 1.898.560
Canada (1876) . . . . circa   7.500
Mexico, Brasilien u. d. übrig. Staaten Amerika's „   17.000
Australien . . . . „   10.000
Japan (1874) 5.000
In den übrigen Ländern ungefähr 20.000

Zusammen 1.958.060
d. i. 39,₂ Mill. Z.-Ctr.

Es ergibt sich mithin das **Totale der Roheisenproduction der ganzen Erde** mit 13.633.000 metr. Tonnen oder 272,₇ Millionen Z.-Ctr., d. i. nahezu dieselbe Menge, wie im J. 1874 und um ungefähr 30 Mill. Z.-Ctr. weniger als im J. 1873. Nach den Preisen loco Werk gerechnet, repräsentirte die Roheisengewinnung von Grossbritannien, Belgien, Deutschland und Oesterreich-Ungarn im J. 1873 den Werth von 708 Mill. Mark, im J. 1874 nur mehr 525 Mill. Mark und im J. 1875 528 Mill. Mark. Nach dem Antheile aller übrigen Staaten zusammengenommen lässt sich die Roheisenproduction der ganzen Erde in jedem dieser drei Jahre auf 860 resp. 650 und 600 Mill. Mark schätzen.

2. Roheisen-Verarbeitung. Es würde uns zwar zu weit führen, die lange Reihe von Halb- und Ganzfabrikaten vollständig zu verfolgen, in welche das Roheisen zum Zwecke des letzten Verbrauches umgewandelt wird. Dennoch wollen wir wenigstens die hervorragendsten Productionsgrössen durch einige statistische Daten charakterisiren. Für den Stand dieser gesammten metallurgischen Industrie im J. 1872 veranschlagt Prof. Gruner (Bulletin de la Société d'encouragement, 1874) die Eisenfabrikate der Welt in einer Tabelle, welcher wir aus denjenigen Staaten, die hierüber eine officielle Statistik führen, die Daten der Stahlproduction besonders beifügen, wie folgt:

---

eisen täglich, also in 320 Arbeitstagen 160,000 Ctr. jährlich produciren kann; nach einer Tabelle Kupelwieser's ist beispielsweise die Minimal-Erzeugung des kleinsten amerikanischen Hochofens 23 Ctr., die regelmässige 800 Ctr. und die höchste 1800 bis 2000 Ctr. per Tag; jene Annahme entspricht also einer sehr mässigen Schätzung.

	Eisen-fabrikate	Stahl- und Stahlfabrikate (nach Gruner)	Stahl-production (offic.n.Lindheim
	Tonnen	Tonnen	Tonnen
Grossbritannien	3.500.000	500.000	—
Verein. Staaten v. Amerika	1.602.000	143.000	136.000
Deutschland	1.150.000	200.000	357.758
Frankreich	883.000	138.000	138.167
Belgien	502.577	15.284	15.284
Oesterreich-Ungarn . . .	300.000	49.250	—
Russland	245.000	7.204	2.720
Schweden u. Norwegen . .	191.000	12.000	15.876
Spanien	35.600	250	2.720
Italien	24.000	—	—
Andere Länder	70.000	—	—
Totale	8.503.177	1.064.988	

Diesen, mit einer Schätzung Kupelwieser's ungefähr übereinstimmenden Anschlag ergänzend, kann man sagen, dass aus 270 Mill. Ctr. Roheisen im J. 1872 circa 30 Millionen Ctr. Gusswaaren, 170 Mill. Ctr. diverse Stabeisensorten, Schienen, Bleche, Draht etc. und endlich 24 Mill. Ctr. Stahl und Stahlfabrikate erzeugt worden sind. Diese Zahlen sind jedoch sehr unvollständig und sie sind nur mit grösster Vorsicht aufzunehmen, denn Grossbritannien, welches doch zumeist entscheidend in die Waagschale fällt, gibt keine officiellen Daten für fabricirtes Eisen, sondern man muss, um diese Lücke auszufüllen, die Ziffer indirect aus der im Raffinirprocess verwendeten Kohle berechnen, und auch Oesterreich-Ungarn, sowie mehrere andere Staaten lassen in ihrer Statistik genaue Detaillirung zu wünschen übrig.

In Grossbritannien waren im J. 1875 im Ganzen 314 Raffinirwerke mit 7575 Puddelöfen in 909 Walzwerken und ausserdem 84 Bessemer Converters im Betriebe; die Production der Letzteren betrug 540.000 Tons Bessemer Ingots gegenüber einer Leistungsfähigkeit von 2.970.000 Tons. Der Rückgang der Haupt-Productionszweige äussert sich am deutlichsten im Export; im J. 1870 betrug die Ausfuhr britischer Eisenbahnschienen 1.059.392 Tons. und jene anderer Eisensorten 1.012.744 Tons; im J. 1876 wurden aber nur mehr 414.656 Tons Schienen und 899.809 Tons Merkantileisen exportirt: zwar wurde im J. 1877 eine kleine Steigerung im Aussenhandel wahrnehmbar, aber die Concurrenz der Schienenwerke in Amerika, Deutschland und Oesterreich-Ungarn wird England in dieser Industrie nie mehr auf seine frühere Höhe gelangen lassen; im Gegentheile es werden fremde Eisenfabrikate schon in grossen Mengen nach England und Schottland eingeführt.

Die Vereinigten Staaten, welche sich rasch von dem Importe fremder Eisenfabrikate, namentlich der Schienen, unabhängig zu machen suchten und zu diesem Zwecke in wenigen Jahren die grossartigsten Etablissements ins Leben riefen, besassen zu Ende des J. 1875 in 232 Walzwerken 4475 Puddlingsöfen mit einer Leistungsfähigkeit von 3.800.000 metr. Tonnen (darunter für $2_{,01}$ Mill. Tonnen diverse Eisensorten und $1_{,76}$ Mill. Tonnen Schienen), ferner 16 Hütten für die Erzeugung von Martin-Stahl, sowie 39 Hütten für Tiegelguss- und anderen Stahl, mit einer Productionsfähigkeit von 40.819 respective 98.200 Tonnen, endlich 10 Bessemerwerke mit 20 Convertern, in welchen leicht 550.000 Tonnen Ingots erzeugt werden konnten. Diese enorme Leistungsfähigkeit ist aber in keiner Beziehung voll ausgenützt worden, denn es betrug in den letzten vier Jahren die Production stets eine viel geringere Menge, wie nachstehende Zahlen zeigen:

	Walzeisen[1])	Nägel	Luppeneisen	Stahl	Bessemer Ingots
		(in engl. Netto-Tonnen zu 907 Kilogr.)			
im J. 1873	1.765.210	201.235	62.564	52.000	170.652
„ 1874	1.593.951	245.608	61.670	49.684	191.933
„ 1875	1.654.036	216.343	49.243	61.058	375.517
„ 1876	1.713.840	207.891	44.628	71.178	525.996

Im Deutschen Reiche hatte man sich zu den grössten Ueberanstrengungen hinreissen lassen; in dem Zeitraume 1864 bis 1874 war die Production des Stabeisens von 464.065 auf 1.008.166 Tonnen, jene des Stahls von 71.358 Tonnen auf 410.694 Tonnen und ähnlich diejenige der übrigen Fabrikate erhöht, und die Production der Schienen rasch bis auf 588.000 Tonnen forcirt werden. In Folge dessen zeigte sich im J. 1876 allein ein Rückgang von circa 45.000 Tonnen für Stabeisen und 21.000 Tonnen für Stahl gegenüber dem schon gewaltig herabgeminderten Erzeugungsquantum des Jahres 1875.

In Frankreich wurde die factische Leistung der Raffinirwerke ebenfalls ganz ausserordentlich gesteigert, aber die Verbrauchs-

---

[1]) Dazu gehört Schieneneisen, Stab- und Façoneisen, sowie Blech- und Bandeisen.

fähigkeit seiner Industrien und Verkehrsanstalten war gross genug, um diese Mengen aufzunehmen, ohne dass daraus ein kritischer Zustand entstanden wäre; die Production belief sich auf folgende Mengen:

im Jahre	Stab-, Bandeisen, Blech etc.	Eisenbahn-schienen (in metrischen Tonnen)	Stahl	Bessemer Ingots
1871	432.672	122.504	47.364	32.447
1872	625.230	129.151	47.866	82.222
1873	765.175	151.478	53.485	102.083
1874	760.758	152.546	61.988	155.083
1875	784.452	120.546	64.547	174.658

Im J. 1876 betrug nach einem nicht ganz klaren Berichte des Journal officiel die Erzeugung von Stabeisen 733.404, im J. 1877 747.437 Tonnen; jene von Blechen 115.136 resp. 125.361 Tonnen, endlich die Erzeugung von Stahl aller Art (Guss-, Bessemer-, Puddel-, Cementstahl etc.) im J. 1876 240.403 und im J. 1877 241.948 Tonnen, so dass in allen Branchen eine leichte Steigerung zu bemerken wäre.

Was endlich Oesterreich betrifft, so ist sei dem J. 1873 in den Producten des Raffinirprocesses zusammen der beträchtliche Rückgang von 1,₁₁ Mill. metr. Ctr. zu beobachten, welcher besonders mit dem ungemein gesunkenen Bedarfe der Eisenbahnen zusammenhängt. Nach einer sehr emsig gearbeiteten Tabelle W. v. Lindheims bewegte sich die Production in den letzten fünf Jahren innerhalb nachstehender Grenzen:

im Jahre	Stab- und Bandeisen	Eiserne Schienen	Achsen, Bandagen,Eisenb.-Kleinmateriale etc.	Schwarz- u. Weiss-blech	Puddel-stahl	Martin- und Bessemer-stahl
1872	950.376	693.089	137.639	341.844	56.046	649.981
1873	933.760	602.589	109.954	334.236	54.604	804.237
1874	875.201	394.595	73.167	273.746	25.674	743.818
1875	963.108	320.164	78.634	271.149	6.763	755.905
1876	761.150	125.280	65.075	236.202	3.684	548.414

Speciell die 12 Bessemerwerke von Oesterreich-Ungarn, welche mit 30 Convertern im Stande wären 3 bis 4 Mill. Z.-Ctr. Metall zu erzeugen, producirten im J. 1876 nur etwas mehr als eine halbe Million, nützten also ihre Anlagen nur zum geringsten Theile aus.

Erwägt man, dass die gleichen Verhältnisse in Belgien, Russland, Schweden und allen übrigen Productionsgebieten hervortraten, und verbindet man mit der Einschränkung der erzeugten Mengen

den Rückgang der Preise, so lässt sich beiläufig ermessen, welche
Einbusse das Volks-Einkommen in den Eisenländern seit dem Jahr
1873 erlitten·hat. Alle 85 Bessemerwerke in Europa und Amerika
zusammen vermöchten beispielsweise mit ihren 297 Converters das
stattliche Quantum von 7 Mill. Tons Stahl jährlich zu erzeugen,
während sie doch im Jahre 1877 thatsächlich nur ein Drittel davon
als Schienen- und Baumateriale lieferten.

3. **Eisen-Consum.** Ebenso rasch, ja in einigen Ländern sogar
noch rascher als die Erzeugung, ist während des Decenniums 1865
bis 1874 der Verbrauch von Eisen gestiegen; die nachfolgenden Vergleiche zeigen diese Thatsachen für die wichtigsten sechs Gebiete:

Roheisen-Production

	im J. 1865 metr.Tonnen	im J.1875 metr.Tonnen	daher Steigerung Procente
Grossbritannien	4.896.362	6.087.271	24
Verein. Staaten v. Amerika	844.945	2.439.298	188
Deutschland	988.191	1.906.262	93
Frankreich . ·	1.203.710	1.402.000	17
Belgien	470.767	532.790	13
Oesterreich-Ungarn . .	292.313	492.000	70

Roheisen-Consumtion [1])

	im J. 1865 metr.Tonnen	im J.1875 metr.Tonnen	daher Steigerung Procente
Grossbritannien	4.336.950	5.254.906	21
Verein. Staaten v. Amerika	896.408	2.513.288	180
Deutschland	1.157.110	2.232.354	93
Frankreich	1.364.680	1.528.408	12
Belgien	484.920	674.894	39
Oesterreich	299.036	534.182	77

Die Rubrik „Consumtion" in dieser Tabelle berücksichtigt
nicht die am Ende des Jahres in den verschiedensten Händen be-
findlichen Vorräthe, welche nicht zu erheben sind, und recht eigent-

---

[1]) Unter Hinzurechnung der Einfuhr- und unter Abzug der Ausfuhr-
mengen von Roheisen allein, so dass die Bezeichnung „Consumtion" die
weitere Verarbeitung in den Raffinirwerken umfasst. Der letzte Verbrauch ist in Grossbritannien viel geringer, weil das Gros der Exporte
in Merkantileisen und Stahl erfolgt; ebenso würden die Eisen-Consum-
Ziffern für Belgien und Frankreich und die übrigen Staaten durch die
Ausfuhr von Schienen, Stabeisen u. s. f. abzurunden sein.

lich erst zeigen werden, wo und in welchem Maasse sich bereits
im J. 1874 die Ueberproduction fühlbar machte. Auf die Störung
des Gleichgewichtes zwischen dem immer zunehmenden Angebote
von Roheisen und der seit der zweiten Hälfte 1873 ebenso stetig
verminderten Nachfrage lassen die sinkenden Preise einen zuver-
sichtlichen Schluss zu und wir müssten unter Berücksichtigung derselben schon für das J. 1874 die effective Roheisen-Consumtion als
weit hinter der Ziffer der obigen Tabelle zurückbleibend ansehen.

Die Eisenpreise erfuhren folgende retrograde Bewegung:

	Roheisen Nr. 3. in Glasgow per engl. Tonne	Westfälisches Spiegeleisen ab Werk per Zoll-Ctr.[1)	Verein. Staaten loco Philadelphia per metr. Tonne
im Jahre 1871	2 Pfd. 19 sh.	5,$_{10}$ Mark	128,$_{20}$ Mark
„ „ 1872	5 „ 1 „	10,$_{50}$ „	183,$_{00}$ „
„ „ 1873	5 „ 17 „	11,$_{70}$ „	158,$_{00}$ „
„ „ 1874	4 „ 7^1/$_2$„	4,$_{93}$ „	111,$_{80}$ „
„ „ 1875	3 „ 5^3/$_4$„	4,$_{60}$ „	92,$_{00}$ „
„ „ 1876	2 „ 18^1/$_2$„	3,$_{90}$ „	—
„ „ 1877 Anf.	2 „ 17 „	3,$_{60}$ „	—

Im J. 1876 war also die oben dargethane Abnahme der Production mit einer solchen Verminderung der Preise combinirt, dass
die Lage des Eisenhüttengewerbes als eine sehr traurige gelten
durfte. Diese Zustände besserten sich nicht im J. 1877; die Aussicht in die Zukunft hängt von der weiteren Reduction der Gestehungskosten (namentlich der Arbeitslöhne) und von der Hebung
des Verkehrs im Allgemeinen ab. Das Eisen ist nicht Consum-
artikel in dem eminenten Sinne des Wortes, wie die Steinkohle,
sondern jeder Rückschlag auf irgend einem wirthschaftlichen Haupt-
gebiete wird stets einen merklichen Rückgang in dem Roheisen-
verbrauch nach sich ziehen. Solange Europa sparen muss und
arm ist, wird auch die geringe Fähigkeit des Eisenconsums fort-
dauern, namentlich aber wird es von der Unternehmungslust auf
dem Gebiete des Eisenbahnbaues abhängen, wie und wann sich der
Eisenverbrauch wieder steigert. Es ist nachgewiesen, dass die riesige Vermehrung der Hochofen- und Hütten-Anlagen in den ersten
Jahren dieses Decenniums in Grossbritannien, Deutschland, Oesterreich-Ungarn und Amerika nur dem kolossalen Mehrverbrauche von

---

[1]) Im Juli jeden Jahres, mit Ausnahme von 1877.

Eisenbahnmateriale zuzuschreiben ist, und ebenso ist constatirt, dass heute alle Eisenbahnen der Erde nicht im Stande sind, für normale Betriebszwecke und neue Ausrüstungen so viel Eisen und Stahlfabrikate zu consumiren, als jene Hochofen- und Hüttenanlagen jährlich bei nur mässigem Betriebe liefern könnten.

III. Baumwolle.

Die Baumwollen-Industrie ist von den wirthschaftlichen Ereignissen der letzten Jahre nicht in derselben Weise berührt worden, wie das Eisengewerbe, sondern hat einen von dem allgemeinen Rückschlage verschiedenen Verlauf genommen. Erstlich lag hier nicht die absolute Ueberproduction in demselben Grade vor, wie in vielen anderen, namentlich in der metallurgischen Branche, und zweitens ruht der Massenconsum der Baumwollartikel auf dem immerwährenden Bedarfe von vielen hundert Millionen Menschen, deren Nachfrage nicht so schnell eingeschränkt werden kann, da sie aus dem täglichen, und unausgesetzten Gebrauche der Bekleidungsstoffe hervorgeht. So liess sich die Erscheinung beobachten, dass die Baumwollen-Industrie nach dem gewaltigen Aufschwunge, welchen sie im J. 1873 allzu rasch genommen hatte, zwar im J. 1874 herabgedrückt wurde, jedoch in den Jahren 1875 und 1876 sich wieder erholte, indem sie einem grösseren Begehr von Seite derjenigen Consumenten begegnete, welche Baumwollstoffe als Ersatz für Leinen und Seide wählen mussten. Erst im J. 1877 gerieth die Baumwollbranche wieder in eine gewisse Beengung. Diese letzte Depression ist, wie wir glauben, das Ergebniss mehrerer zusammenwirkender Factoren; sie ist eine Folge des allenthalben verminderten Wohlstandes und der Einschränkungen in allen Schichten der Gesellschaft in Europa, ferner der durch den orientalischen Krieg veranlassten Geschäftsstockung und endlich der zunehmenden Macht der amerikanischen, ja selbst der indischen Textilindustrie in ihrer Concurrenz mit der britischen Baumwoll-Manufactur.

Um sich über den Zustand dieser grossen Weltindustrie zu orientiren, muss man die Gewinnung des Rohstoffes, dessen Vertheilung im internationalen Handel und die mit seiner Consumtion beginnende industrielle Thätigkeit gesondert betrachten.

1. **Die Gewinnung der rohen Baumwolle.** Bekanntlich hatte der amerikanische Secessionskrieg die Baumwollkultur in den Vereinigten Staaten so eingeschränkt, dass der Ersatz der amerikanischen durch ostindische Baumwolle im grössten Maassstabe eingeleitet werden musste; in den Jahren 1862 und 1863 deckte England 71 resp. 68 Proc. seines Verbrauches durch indische und nur 7 resp. 9,₄ Proc. durch amerikanische Baumwolle; die Superiorität der ersteren dauerte bis 1866 fort; im J. 1866 und 1867 kam gleichviel amerikanische und ostindische Baumwolle nach Europa, im J. 1868—69 überragten sogar die indischen Zufuhren neuerlich jene aus Amerika um 377.000 Ballen; aber schon im J. 1870 begann die frühere Bedeutung Amerikas wieder zu erwachen. Die amerikanischen Ernten erreichten in den Jahren 1870—71, und 1872—73 sowie in allen folgenden Jahren bis jetzt abermals die Höhe, wie in der besten Zeit vor dem Kriege, so dass die Vereinigten Staaten jene Stelle für die Baumwoll-Versorgung der ganzen Menschheit wieder errungen haben, welche ihnen zeitweilig durch Ostindien streitig gemacht worden war. Es betrugen die

Baumwoll-Ernten der Vereinigten Staaten:

im J.	1867-68	2.593.993 Ballen[1]	im J.	1872-73	3.930.508 Ballen
„	1868-69	2.439.039 „	„	1873-74	4.170.388 „
„	1869-70	3.154.946 „	„	1874-75	3.832.991 „
„	1870-71	4.352.317 „	„	1875-76	4.669.288 „
„	1871-72	2.974.351 „	„	1876-77	4.485.423 „

Die Erhebungen des Agricultural Departement über die klimatischen Bedingungen und die Bodenbeschaffenheit haben die Thatsache constatirt, dass die Baumwollkultur nicht bloss in den eigentlichen Südstaaten Nordamerikas, sondern in der ganzen grossen Zone zwischen dem 43. und 33. Breitengrade mit Vortheil zu betreiben, daher noch einer beträchtlichen Erweiterung fähig ist.

In Britisch-Ostindien, dessen Baumwoll-Kulturen anfänglich eine solche Ausdehnung erfahren hatten, dass der Ertrag von 462.000 Ballen im J. 1858 auf 1.850.000 Ballen im J. 1861 und sogar auf mehr als 2,₂ Mill. Ballen im J. 1872 stieg, ist seither ein Stillstand und in einzelnen Jahren sogar eine Abnahme der Production, theils in Folge von Einschränkungen der dieser Kultur

---

[1] Das Gewicht eines Ballen wechselt zwischen 436 u 460 Pfd. a. d. p.

gewidmeten Flächen, theils in Folge ungünstiger Ernteverhältnisse
zu beobachten. Der Grund dieser Einschränkungen liegt darin,
dass die Concurrenz der indischen mit den reichen amerikanischen
Ernten immer schwieriger wird und amerikanische Baumwolle jetzt
in Liverpool Preise hält, welche thatsächlich niedriger sind, als
jene der indischen Baumwolle auf dem Markte in Bombay.

Die Erträge der letzten Jahre sind:

im Jahre 1873-74 . . . . . . 1.648.000 Ballen [1])
„   „   1874-75 . . . . . . 1.785.000   „
„   „   1875-76 . . . . . . 1.611.000   „
„   „   1876-77 . . . . . . 1.506.000   „

Unter den übrigen Productionsgebieten nimmt nur noch Aegypten
einen hervorragenden Platz ein; dort wurde durch namhafte Ausdehnung der unter Baumwollkultur stehenden Ländereien der jährliche Ertrag im Durchschnitt auf ungefähr 500.000 Ballen (à 500 Pfd.)
gebracht. Man veranschlagt die Ernten der letzten Zeit nach den
Exporten im J. 1871 auf 445.000 Ballen, im J. 1872 auf 513.000
Ballen, im J. 1873 auf 500.000 Ballen, im J. 1874 auf circa 400.000
Ballen (je zu 500 Pfd. Avdp.); jene des J. 1875 betrug angeblich
275 Mill. Pfd. und im J. 1876 sollen auf 348,728 Hectaren 262,₅
Mill. Pfd. gezogen worden sein. Es wird angenommen, dass durch
rationelle Arbeit und genügende Kapitalien die Steigerung der
ägyptischen Baumwoll-Ernten auf 1 Mill. Ballen in nächster Zukunft möglich wäre. (?) Die europäischen Importziffern lassen
übrigens jene Angaben von 1871 bis 1876, wie wir unten zeigen,
als übertrieben erscheinen.

Was Brasilien betrifft, so ist seit dem J. 1872 eine conti-
nuirliche Abnahme des Baumwoll-Anbaues eingetreten; ja es ist
sogar wahrscheinlich, dass in Folge der Unmöglichkeit, die amerikanische Concurrenz zu bestehen, in einer grossen Anzahl von Districten
die Baumwoll-Kultur ganz aufhören wird; so beispielsweise in Rio
de Janeiro, dessen Exporte von 17 Mill. Pfd. im J. 1868 auf ¹/₂
Mill. Pfd. im J. 1876 gesunken sind, dann in Santos, dessen Exporte
von 22 Mill. Pfd. im J. 1868—69 auf 6 Mill. Pfd. im J. 1876—77
herabgingen. Auch in anderen Theilen des Landes sind die Kulturen
und demgemäss die Ausfuhren, wenngleich nicht in so rascher Weise

---

[1]) Das Gewicht wird zwischen 376 und 400 Pfd. a. d. p. gerechnet.

vermindert worden; so in Pernambuco von 191.362 Ballen (à 75 Kg.),
d. i. 31., Mill. Pfd. im J. 1872—73 auf 126.500 Ballen, d. i. 20.,
Mill. Pfd. im J. 1875—76, und in Ceará, wo die Ausfuhr im J. 1876
nur mehr 52.917 B., d. i. ca. 9 Mill. Pfd. (um 19.300 B. == 3 Mill. Pfd.
weniger als im J. 1875) betrug. So sind die Erntemengen im Ganzen
von circa 90 Mill. Pfd., wie sie im J. 1873 geschätzt wurden, auf
circa 50 Mill. Pfd., wie man sie besten Falles für das J. 1877 annehmen dürfte, zurückgegangen.

Ausser den bisher genannten vier Productions-Gebieten verdienen noch genannt zu werden: die Türkei wegen der Kulturen
in Vorder-Kleinasien, besonders Anatolien (vorzugsweise in den
Districten von Cassaba, Aïdin, Denizli, Kirkagatsch und Banidir),
deren Erzeugnisse nur in unbedeutenden Mengen in Smyrna und
Umgebung verarbeitet werden, zu allermeist aber (61—77.000 Ballen)
über Smyrna zur Ausfuhr gelangen, dann einige westindische
Inseln (Antillen), Peru und Columbia genannt zu werden. Die
gesammte Baumwoll-Production der letzten Zeit lässt sich nach den
vorstehenden (von der Baumwoll-Statistik der englischen Makler
abweichenden) Daten der einzelnen Länder beziffern wie folgt:

Baumwoll-Ernte.

	Ballen	Pfd. engl.	Mill. Pfd. a. d. p.
Verein. Staaten von Amerika (1876-77)	4.485.423	zu 436 =	1955,₅
Britisch-Ostindien (1876-77)	1.506.000	„ 376 =	566,₂
Aegypten (1876)	—	— =	262,₅
Brasilien (1876-77)	363.000	„ 165 =	59,₈
Türkei (Smyrna etc., 1876-77)	102.000	„ 350 =	35,₇
Westindien und Peru (1876-77) . . .	86.000	„ 170 =	14,₆
	Totale in Mill. Pfd.		2894,₃

2. **Baumwollhandel.** Zur Beurtheilung des weiteren Gebrauches dieser grossen Mengen roher Baumwolle, welche zu den
Durchschnittspreisen des Jahres 1877 nach dem Liverpooler Markte
($6^5/_{16}$ d. für Middling Upland und $5^3/_{16}$ d. für Fair Dhollerah) den
Werth von circa 1400 Mill. Mark repräsentiren würde, müssen wir
die Richtungen unterscheiden, nach welchen sie im Handel vertheilt
wird. Ein Theil, und zwar das allermeiste, wird nach England gebracht und dort verarbeitet; ein anderer Theil geht über England
oder direct nach dem europäischen Continente; ein dritter Theil
geht aus den Baumwollplantagen des Südens der Vereinigten Staaten

in die Industriedistricte des Ostens und Nordostens von Amerika und ein vierter Theil wird in Ostindien, in nächster Nähe der Erzeugung, auch schon fabriksmässig in Gespinnste und Stoffe umgewandelt. Die Vertheilung zwischen Amerika, Europa und Ostindien zeigt die erste der beiden folgenden Tabellen, jene innerhalb Europa's zwischen England und dem Continente die zweite derselben, welche einer soeben publicirten Arbeit von E. Flechey entnommen ist.

Vertheilung der Baumwoll-Ernten

(in Tausenden von Ballen)

in der Saison	Verbrauch		Zufuhren nach Europa			
	inAmerika	inOstindien	ausAmerika	ausOstind.	aus andern Ländern	Zusammen
1873-74	1.315	114	2.855	1.534	1.157	5.546
1874-75	1.194	170	2.639	1.615	1.192	5.446
1875-76	1.357	216	3.312	1.395	915	5.622
1876-77	1.439	237	3.046	1.269	1.117	5.432

Antheil an den Zufuhren nach Europa

* Es kamen   (in Tausenden von Ballen)[1])

I. nach Grossbritannien: Bezugsländer.

in der Saison	Ver. Staaten	Ostindien	Brasilien	Aegypten	And. Länder	Zusammen
1873-74	1.701	660	413	285	90	3.149
1874-75	1.606	668	461	245	97	3.077
1875-76	1.948	479	238	298	54	3.017
1876-77	1.990	407	416	286	, 50	3.149

II. nach dem europ. Continente:

in der Saison	Ver. Staaten	Ostindien	Brasilien	Aegypten	And. Länder	Zusammen
1873-74	1.154	874	187	91	91	2.397
1874-75	1.033	947	154	85	150	2.369
1875-76	1.364	916	109	106	110	2 605
1876-77	1.056	862	63	155	147	2.283

Um endlich die Vertheilung unter die drei grössten Consumenten auch im Gewicht und für die Kalender-Jahre ersichtlich zu machen, geben wir folgende Daten nach der bekannten Annual Review of the Cotton Trade von Ellison und Co. für 1878:

---

[1]) Das Gewicht ist per Ballen für die Verein. Staaten 436 Pfd. a. d. p., für Ostindien 376 Pfd., für Brasilien 156 Pfd , für Aegypten 595 Pfd., für die anderen Länder 170 Pfd., so dass die Verhältnisse der Lieferung nicht bloss nach der Anzahl Ballen, sondern erst aus dem Producte derselben mit dem Gewichte richtig beurtheilt werden.

Ablieferungen von Baumwolle

(in Tausenden von Ballen auf das einheitliche Gewicht von 400 Pfd. a. d. p. reducirt.)

	1874		1875		1876		1877	
	Menge	Proc.	Menge	Proc.	Menge	Proc.	Menge	Proc.
Grossbritannien .	3.167	$46_{,0}$	3.076	$45_{,6}$	3.255	$44_{,7}$	3.017	$44_{,2}$
Europ. Continent	2 267	$33_{,0}$	2.363	$35_{,0}$	2.545	$34_{,9}$	2.237	$32_{,8}$
Verein.Staaten .	1.441	$21_{,0}$	1.306	$19_{,4}$	1.484	$20_{,4}$	1.569	$23_{,0}$
Zusammen .	6.875	$100_{,0}$	6.745	$100_{,0}$	7.284	$100_{,0}$	6.823	$100_{,0}$

Wie man aus diesen Tabellen sieht, hat Amerika in den letzten vier Jahren weitaus mehr als die Hälfte derjenigen Baumwolle geliefert, welche in England und ungefähr die Hälfte derjenigen, welche im übrigen Europa zur Verarbeitung gelangte, zugleich aber ist sein eigener Consum, vom J. 1875 angefangen, in steter Zunahme begriffen.

3. **Baumwoll - Consumtion.** Um drittens ein übersichtliches Bild von dem factischen Verbrauche der Baumwolle in den wichtigen darauf basirten Textil-Industrien zu geben, verweisen wir auf diejenigen Anhaltspunkte, welche die Zahl der Spindeln in den einzelnen Ländern bieten. Nach der oben erwähnten Quelle betrug die Leistungsfähigkeit der Spinnereien unter der Voraussetzung, dass sie stets vollbeschäftigt wären:

Spinnkraft aller Staaten im Jahre 1877.

	Anzahl der Spindeln	Verbrauch per Spindel Pfd. engl.	Möglicher Total-Verbrauch Mill. Pfd.	d. i. Ballen zu 400 Pfd.
Grossbritannien . . .	39.500.000	33	$1.303_{,5}$	3.258.000
Frankreich	5.000.000	48	$240_{,0}$	600.000
Deutschland	4.700.000	55	$258_{,5}$	646.250
Russland und Polen .	2.500.000	65	$162_{,5}$	406.250
Schweiz	1.850.000 [1]	25	$48_{,2}$	120.625
Spanien	1.775.000	48	$85_{,2}$	213.000
Oesterreich-Ungarn .	1.558.000 [2]	67	$104_{,4}$	260.965
Italien	880.000	67	$58_{,9}$	147.400
Belgien	800.000	60	$48_{,0}$	120.000
Schweden u. Norwegen	310.000	80	$24_{,8}$	62.160
Holland	230.000	60	$13_{,8}$	34.500
Europa . . .	59.103.000	40	$2.347_{,8}$	5.869.150

[1] Nach einer amtlichen Quelle im J. 1876 genau 1.854.091 Spindeln.
[2] Nach den letzten Erhebungen der Handelskammern im J. 1875 in Oesterreich 1.497.333 Spindeln.

	Anzahl der Spindeln	Verbrauch per Spindel Pfd. engl.	Möglicher Total-Verbrauch Mill. Pfd.	d. i. Ballen zu 400 Pfd.
Europa (S. 123) . . .	59.103.000	—	$2.347_{,8}$	5.869.250
Ver.Staaten v. Amerika	10.000.000	63	$630_{,0}$	1.575.000
Britisch-Ostindien [1]) .	1.231.000 [1])	75(?)	$92_{,3}$	230.750
Gesammt-Summe	70.334.000	—	$3.070_{,1}$	7.674.900

Man ersieht aus diesen Ziffern vor allem die Thatsache, dass die Production der rohen Baumwolle, welche wir oben mit $2894_{,3}$ Mill. Pfd. angaben, nicht ausreichen würde, um (unter der Voraussetzung des Absatzes der Garne) alle Spindeln voll zu beschäftigen; auch derjenige Theil, welcher von der gesammten Baumwollenernte des J. 1876—77 nach Europa kam und circa 2100 Mill. Pfd. betrug, blieb um mehr als 200 Mill. Pfd. hinter der möglichen äussersten Consumtionsfähigkeit der europäischen Spinnereien zurück. In der That aber hat die unvollständige Beschäftigung der Spindeln, die Einschränkung der Arbeitszeit und der völlige Stillstand einer grossen Anzahl derselben den thatsächlichen Consum der ganzen Erde in der Saison 1876—77 auf 2970 Mill. Pfd. herabgesetzt, wobei die Vorräthe des Vorjahres die Erträgnisse der letzten Ernte ergänzen mussten; speciell in den europäischen Staaten wurden statt der möglichen $2347_{,8}$ Mill. Pfd. nur 2253 Mill. Pfd. verbraucht; eine Differenz, welche dem Stillstande von $2^{1}/_{2}$ Mill. Spindeln gleichgestellt werden kann.

Vergleicht man die Bedeutung, welche nach diesen letzten Daten die einzelnen Staaten in der Baumwollspinnerei einnehmen, so steht Grossbritannien noch immer mit der enormen Zahl von mehr als der Hälfte ($56_{,1}$ Proc.) aller Spindeln der Erde obenan und seine industrielle Thätigkeit hat auf diesem Gebiete in dem Vierteljahrhunderte 1850—1875 ungeheure Fortschritte gemacht. Im J. 1850 bestanden im Vereinigten Königreiche 1.932 Baumwoll-Etablissements; im J. 1861 schon 2483 und im J. 1875 2.365; in denselben waren im Jahre 1850 nur 20.977.000 Spindeln, im J. 1875 bereits 37.515.702 Spindeln und Anfangs 1878, wie oben angegeben, um fast 2 Millionen mehr in Verwendung, welche im J. 1861 für 400.000 und im J. 1875 für 463.118 Power-looms das Garn lieferten. Eng-

---

[1]) Nach der „Review of the trade" 1876-77 bereits 1.245.000 Spindeln, so dass sich die Ziffer des Verbrauches per Spindel auf 74 Pfd. ermässigt.

land erzeugte im J. 1863 für 59.$_8$ Mill., im J. 1873 für 104 Mill.,
in den J. 1876 und 1877 für 89.$_6$, resp. 85.$_3$ Mill. Pfd. St. Baumwollwaaren, wovon im letzten Jahre für Löhne, Ausgaben und Gewinne 52.$_7$ Mill. Pfd. Sterl. erübrigten, während jährlich früher 36
bis 42 Mill., in den Jahren 1876 und 1877 aber nur 32 Mill. Pfd.
Sterl. für den Bezug der rohen Baumwolle verausgabt wurden. Von
diesen Producten wurden im Zenithe der wirthschaftlichen Unternehmungslust, im J. 1872, nicht weniger als 212 Mill. Pfd. Garne
im Werthe von 16 Mill. Pfd. St. und 3517 Mill. Yards Baumwollstoffe im Werthe von 63.$_1$ Mill. Pfd. St., d. i. überhaupt Cotton-goods
aller Art im Werthe von 81.$_7$ Mill. Pfd. St. auf auswärtigen Märkten
abgesetzt. Dieser Absatz vermehrte sich seit dem Eintritte der
wirthschaftlichen Krise zwar in der Quantität auf 227 Mill. Pfund
Garne und 3823 Mill. Yards Stoffe, aber der Werth der Exporte
ging stetig zurück und erreichte im J. 1877 nur mehr 69.$_7$ Mill.
Pfd. Sterl.

Neben Grossbritannien strebt N o r d a m e r i k a in der Baum-
woll-Industrie mächtig empor. Der Baumwoll-Verbrauch betrug dort
im J. 1870 nur 930.700 Ballen, im J. 1877, wie wir oben gezeigt
haben, schon 1.441.000 Ballen, d. i. um die Hälfte mehr; die Zahl
der Spindeln hatte im J. 1861 nur 5.235.727, im J. 1869 6.380.000
betragen, während sie für 1877 mit mehr als 10 Millionen, d. i. 14
Procent aller Spindeln der Erde angegeben wird. Der Werth der
Ausfuhr von bedruckten, gefärbten und anderen Baumwollwaaren
hatte im J. 1872—73 nur 2.$_3$ Mill. Doll. betragen, im J. 1876—77
war er bereits auf 10.$_2$ Mill. Doll. gestiegen. Es ist also aus allen
Anzeichen die Rivalität Amerika's mit England als bedeutend zu
entnehmen.

Auch in B r i t i s c h - O s t i n d i e n entwickelt sich diese Textil-
Industrie in regelmässigen Fortschritten; die Zahl der Etablissements
nimmt jährlich zu und betrug im Jahre 1876—77 bereits 51 mit
1.245.000 Spindeln und 10.000 Stühlen; das Land wird immer mehr
selbst zum Abnehmer seiner eigenen Baumwolle und exportirte im
J. 1876—77 schon 7.$_9$ Mill. Pfd, Garne im Werthe von 36.$_7$ Mill.
Rupien, sowie Gewebe und Stoffe im Werthe von 4.$_5$ Mill. Rupien.

Die industrielle Thätigkeit hat also auf dem Gebiete der Baumwoll-Manufactur keine quantitative Einschränkung erfahren, sondern
die Depression äusserte sich nur in einem sehr empfindlichen Rückgang der Preise von dem Rohstoffe und dem Garne bis zu der

hochfeinen Waare. In dieser Preisherabsetzung und in dem An-
häufen von Vorräthen, nicht in der Verminderung der Fabrikation,
liegt die Quelle der Klagen der Geschäftswelt und der durch nothwendige Lohnreduction veranlassten Arbeiter-Strikes in England und
Amerika.

IV. Wolle.

Die Veränderung, welche die Krise in der Produktion und dem
Handel mit Schafwolle, sowie in der, auf diesem Rohmaterial ruhenden Textil-Industrie hervorgerufen hat, charakterisirt sich ebenso,
wie bei der Baumwolle, nicht durch Einschränkung des Betriebes,
sondern nur durch eine stetig und rasch erfolgende Erniedrigung
der Preise und durch stockenden Gang des Absatzes. Die Daten,
welche aus den grossen Wollindustrie-Distrikten von England, Belgien, Frankreich, Deutschland und Oesterreich bis zu Ende des
Jahres 1877 vorliegen, zeigen, dass sich die Bedrängniss der Geschäftswelt nicht eigentlich auf einen Stillstand der Produktion,
sondern nur darauf bezieht, dass in Folge des fast allenthalben ge-
schmälerten Wohlstandes bloss billige Artikel gefordert werden,
dass wegen des enormen Umfanges, welchen die Zufuhren von Colonialwolle erreicht haben, der Markt von vielen Seiten in der That
mit Schafwollartikeln der Massenproduktion überschwemmt und dadurch der Preisrückgang auch von Seite des Angebotes beschleunigt
wird und endlich, dass die ungünstigen Geld- und Creditverhältnisse
die kaufmännische Basis dieser Industrien sehr erschüttern. So
entsteht jener eigenthümliche Zustand, dass von allen Seiten geklagt
wird und in der That auch die Wollvorräthe auf den Hauptmärkten
zuzunehmen scheinen, trotzdem aber selbst während der von der
wirthschaftlichen Depression und dem Kriege so schwer heimge-
suchten zwei Jahre 1876 und 1877 der Verbrauch von Rohwolle
steigt und der Handel mit Wollwaaren an Quantität immer zunimmt.

1. **Rohwollen - Production.** Was zunächst die Gewinnung
der Rohwolle betrifft, so wird die europäische Wollzucht immer
mehr von derjenigen der überseeischen Länder verdrängt; Europa
hat seine Wollzucht seit 10 Jahren günstigsten Falles auf der früheren Höhe (von circa 175 — 180 Mill. Pfd.) erhalten, aber nicht

vermehrt, während die Colonialländer sie gleichzeitig um 180—190 Mill. Pfd. vermehrt haben. Diese Thatsache ergibt sich aus unserer folgenden Zusammenstellung:

Approximative Wollproduction[1]).

I. Europa.

Grossbritannien und Irland (1877) . . .	$137_{,7}$ Mill. Z.-Pfd.	
Russland (1872)	$117_{,8}$ »	»
Frankreich (1874)	$100_{,1}$ »	»
Deutsches Reich (1872)	$70_{,0}$ »	»
Spanien (1870)[2]	$66_{,0}(?)_{,}$	»
Oesterreich-Ungarn (1876)	$48_{,5}$ »	»
Italien (1874)	$18_{,0}$ »	»
Portugal (1874)	$9_{,6}$ »	»
Belgien (1874)	$4_{,0}$ »	»
Schweden (1872)	$3_{,0}$ »	»
Die übrigen Staaten circa	$8_{,0}$ »	»
Zusammen	$582_{,7}$ Mill. Z.-Pfd.	

II. Ausser-Europa.

Australien (1876-77) mindestens	$320_{,0}$ Mill. Z.-Pfd.	
Argentinische Republik (1877)	$196_{,8}$ »	»
Vereinigte Staaten von Amerika (1874) .	$132_{,1}$ »	»
Cap-Colonie (1877 Export) circa	$42_{,0}$ »	»
Natal (1877) circa	$40_{,1}$ »	»
Uruguay	$38_{,0}$ »	»
Britisch-Ostindien (Export 1876-77) . . .	$21_{,7}$ »	»
Asiatische Türkei (1875) circa	$8_{,0}$ »	»
Zusammen	$799_{,1}$ Mill. Z.-Pfd.	

Die gesammte Wollproduktion dieser Gebiete lässt sich, wenn man nur geringe Zuschläge zu den Exportziffern von Britisch-Ostindien macht, dessen einheimischer Verbrauch absolut nicht zu controlliren ist, auf circa 1400 Mill. Pfd, mindestens annehmen, ist also in den letzten zehn Jahren, wie wir oben bemerkt haben, durch die

---

[1]) Da nur ausnahmsweise in einzelnen Staaten directe Erhebungen der wirklich producirten Rohwolle versucht und seit einigen Jahren regelmässig durchgeführt werden, gewöhnlich jedoch das statistische Verfahren darin besteht, aus der Grösse des Schafstandes und dem mittleren Wollertrage per Schaf annähernde Schätzungen aufzustellen, so dient die folgende Tabelle eben nur zur allgemeinen Orientirung, ohne auf Verlässlichkeit der einzelnen Ziffern Anspruch zu erheben.

[2]) Nach den Angaben über den Schafstand von $22\frac{1}{2}$ Mill. St. sehr gering gerechnet.

namentlich in Australien rasch steigende Erzeugung von Colonial-
wollen um wenigstens 220 Mill. Pfd. vermehrt worden. Australien lieferte im J. 1867 nur 113 Mill. Pfd. (a. d. p.) auf den europäischen Markt; im J. 1875 aber betrugen die Exporte mehr als
300 Mill. Pfd. und in den Jahren 1876 bis 1877 stiegen sie um
weitere 20 Mill. Pfd. Das Meiste davon entfällt jetzt auf Neu-Süd-
Wales (1875 schon circa 90 Mill. Pfd.), Victoria (85 Mill, Pfd.) und
Neu-Seeland, wo die Exporte von $22_{,8}$ Mill. Pfd. im J. 1866 auf
$59_{,6}$ Mill. Pfd. im J. 1876 gestiegen sind. Aus der Argentinischen Republik wurden im J. 1866 nur 120 Mill. Pfd., im J.
1869 bereits 140 Mill. Pfd. und im J. 1877 214 Mill. Pfd. (span.)
ausgeführt.

Die Bestätigung gibt die nachfolgende, dem Jahresberichte von
Hellmuth Schwartze and Co. in London entnommene Uebersicht:

**Zufuhren von Wolle aus überseeischen Ländern
nach Europa**
(in Tausenden von Ballen)

aus	1868	1867	1870	1871	1872	1873	1874	1875	1876	1877
Australien . .	$491_{,0}$	$499_{,0}$	$549_{,0}$	$567_{,0}$	$522_{,9}$	$552_{,0}$	$651_{,6}$	$699_{,6}$	$771_{,2}$	$823_{,8}$
Capländer . .	$141_{,0}$	$134_{,0}$	$124_{,0}$	$148_{,8}$	$154_{,9}$	$160_{,3}$	$164_{,2}$	$175_{,6}$	$170_{,9}$	$167_{,9}$
La Plata-Gebiet	$234_{,0}$	$234_{,0}$	$213_{,0}$	$221_{,8}$	$237_{,7}$	$264_{,3}$	$245_{,9}$	$247_{,8}$	$272_{,1}$	$277_{,1}$
Zusammen	$866_{,0}$	$867_{,0}$	$886_{,0}$	$937_{,6}$	$915_{,5}$	$976_{,6}$	$1061_{,7}$	$1123_{,0}$	$1214_{,2}$	$1268_{,8}$

Australien hat seinen Wollhandel in einem Decennium um 70
Procent gesteigert; diese Steigerung betrug speciell im Jahre 1875
6 Proc., im J. 1976 8 Proc. und im J. 1877 $4^1/_2$ Proc. und entspricht vollkommen den Zuständen der effectiven Wollproduktion;
die Squatters gingen bekanntlich in der letzten Zeit von der Conservirung des Hammelfleisches, auf welche sie während einiger Jahre
ihr Augenmerk gerichtet hatten, wieder ab und wenden sich mit
aller Kraft der Wollzucht zu; so hat Australien in kurzer Zeit das
La Plata-Gebiet überflügelt.

2. **Wollhandel und Verbrauch.** Natürlich ist der Absatz
so grosser Quantitäten von Colonialwolle in Europa nur zu
sinkenden Preisen möglich gewesen; während von 1869 — 1872 die
allgemeine Ueberspekulation auch auf dem Gebiete des Wollhandels
Ausdruck fand, folgte seit 1872 ein steter Rückgang der Preise bei
gleichzeitig zunehmenden Import-Mengen, wie folgende auf Grossbritannien bezügliche Tabelle zeigt.

Es wurden importirt:

im Jahre 1869 . . . 633.959 Ballen zu 15³/₁ Pfd. Sterl.
  „ „ 1870 . . . 673.314 „   „ 16³/₁ „   „
  „ „ 1871 . . . 693.990 „   „ 20¹/₂ „   „
  „ „ 1872 . . . 661.601 „   „ 26¹/₂ „   „
  „ „ 1873 . . . 708.021 „   „ 24¹/₄ „   „
  „ „ 1874 . . . 815.770 „   „ 23¹/₄ „   „
  „ „ 1875 . . . 874.218 „   „ 22¹/₄ „   „
  „ „ 1876 . . . 938.776 „   „ 18³/₄ „   „
  „ „ 1877 . . . 993.757 „   „ 18³/₄ „   „

Um die Consumtion der Rohwolle und den Stand der Schaf-woll-Industrie zu beobachten, müssen wir noch einen Blick auf den Wollhandel der wichtigsten europäischen Staaten werfen. Nach den letzten Handels-Ausweisen bewegte sich derselbe in folgenden Dimensionen:

Wollhandel der wichtigsten Länder Europa's im J. 1876.[1])

(Millionen Zoll-Pfd.)

	Einfuhr zum Verbrauch	Ausfuhr aus dem fr. Verkehr	daher +Mehr-Einf. oder —Mehr-Ausf.
Grossbritannien (1876).	358,₁	165,₉	+192,₅
Frankreich (1876)	252,₁	42,₁	+210,₂
Deutschland (1876).	136,₂	41,₁	+ 94,₈
Belgien (1876)	103,₈	6,₈	+ 97,₀
Oesterreich-Ungarn (1876) . . .	29,₁	21,₃	+ 7,₈
Niederlande	20,₁	16,₅	+ 3,₆
Russland (1876)	8,₇	42,₇	— 34,₀
Italien (1876)	16,₁	1,₂	+ 14,₉
Spanien (1870)	1,₁	5,₀	— 3,₆
Schweiz (1876)	4,₈	1,₅	+ 3,₃
Schweden (1876).	3,₇	0,₀	+ 3,₇
Portugal (1871)	3,₇	3,₅	+ 0,₂
Zusammen	938,₁	347,₉	+590,₅

Die in der Wollmanufactur hervorragenden oder irgend eine Bedeutung einnehmenden Staaten Europa's bedurften also im Jahre 1876 nebst der in diesem Erdtheile selbstgewonnenen Schafwolle noch einer Zufuhr von 590,5 Mill. Pfd. Schafwolle, um ihre Industrie zu betreiben. Dieser Nachweis des Verbrauches bestätigt im Wesentlichen denjenigen der Production von Rohwollen, denn der Rest

---

[1]) Rohwolle aller Art incl. gekämmter, dann Flockwolle, Mohair, Alpacca etc., jedoch ohne Kunstwolle.

der oben angeführtsn circa 800 Mill. Zollpfund amerikanischer Colonialwolle entfällt auf die Wollen-Industrie der Vereinigten Staaten
von Nordamerika, deren Import im J. 1875—76 44,₆ Mill. Pfd. a. d. p.
und im J. 1876—77 42,₂ Mill. Pfd. betrug, während sich der Export auf nur 1,₅. resp. 3,₁ Mill. Pfd. belief. Der Gesammt-Calcul
stellt sich bei Berücksichtigung der eigenen Production und des
Handels der hier angeführten, sowie des Verbrauches aller übrigen
Länder, die hier nicht einbezogen sind, in runden Ziffern wie folgt:

Wolle-Erzeugung

in Europa   ungefähr . . . . 880 Mill. Zoll-Pfd.
ausser Europa   „   800   „   „
                   Zusammen 1380 Mill. Zoll-Pfd.

Wolle-Verbrauch

in Grossbritannien . . . . . circa 340 Mill. Zoll-Pfd.
„   Frankreich . . . .   „   310   „   „
„   Deutschland . . . . .   „   165   „   „
„   Belgien · . . . .   „   102   „   „
„   Russland . . . .   „   85   „   „
„   Spanien ¹) . . . .   „   63 (?) „   „
„   Oesterreich-Ungarn . . . .   „   57   „   „
„   Italien . . . .   „   33   „   „
„   den übrigen Staaten Europa's   „   30   „   „
            In Europa zusammen 1185 Mill. Zoll-Pfd.
     Vereinigte Staaten von Amerika 180 Mill. Zoll-Pfd.

Der hier nachgewiesene Totalverbrauch beträgt 1365 Mill. Pfd.,
d. i. um 15 Mill. Pfd. weniger, als die Production; eine Differenz,
welche sich durch die vorhandenen Vorräthe vollkommen erklärt.
Die beiden Summen bestätigen also die Richtigkeit der vorangehenden Ziffern im grossen Ganzen mit ausreichender Genauigkeit.

Im Jahr 1877 sind, soweit die englischen Handelsausweise und
jene der meisten continentalen Staaten schliessen lassen, die Mengen
der Zufuhr von Rohwolle und des internen Verbrauches gestiegen.
Die gewaltigen Mengen der Colonialwolle repräsentiren selbst unter

---

¹) Bei dem gänzlichen Mangel einer verlässlichen Statistik der Production und des Handels von Spanien für die neuere Zeit, können wir
eben nur die alten Angaben über die Schafwoll-Production und die Exportziffern des Jahres 1870 als Anhaltspunkt nehmen, obgleich es durch-
aus unwahrscheinlich ist, dass so grosse Quantitäten Wolle in Spanien
selbst verarbeitet werden.

den gedrückten Marktpreisen des J. 1877 loco engl. Importhäfen einen **Werth von 510 Mill.** Mark, und man bleibt hinter der Wahrheit zurück, wenn man den Werth der europäischen Schafwolle und der in Amerika verarbeiteten Rohwolle bedeutend höher, nämlich auf etwa 800 Mill. Mark veranschlagt, so dass die gesammte Menge weit über 1300 Mill. Mark bewerthet.

Zur industriellen Verarbeitung dieser grossen Quantitäten sind in **Grossbritannien** im J. 1875 5.348.361 Spindeln (für Streich- und Kammgarn) und 139.090 Maschinenwebstühle vorhanden gewesen, deren Producte nicht bloss das Land selbst versorgten, sondern wovon im J. 1877 überhaupt 27 Mill. Pfd. Garne, dann 254 Mill. Ellen und 103 Mill. Pfd. Stoffe aller Art nebst Teppichen u. s. w. im Gesammtwerthe von 20,$_9$ Mill. Pfd. Sterl. exportirt wurden; die Exporte nehmen, was besonders charakteristisch ist, vom J. 1872 bis 1877 quantitativ immer zu, wogegen die Werthe ebenso continuirlich von 38,$_5$ Mill. Pfd. St. (brutto) im J. 1872 auf die oben erwähnten 20,$_9$ Mill. Pfd. St. (brutto) im J. 1877 gesunken sind.— Neben England steht **Frankreich** in der Consumtion hoch oben, indem es über circa 3.303.000 Spindeln und 141.650 Webstühle verfügt. Dann folgt **Deutschland** mit 1.650.000 Spindeln und **Oesterreich-Ungarn** mit etwa 650.000 Spindeln, wovon auf die österreichische Reichshälfte im J. 1875 561.694 Streichgarn- und 79.410 Kammgarnspindeln, auf Ungarn nur 7500 Feinspindeln entfielen. Das interessanteste Bild raschen Anwachsens bietet die Schafwoll-Industrie der **Vereinigten Staaten von Nordamerika**, auf welche wir nach dem steigenden Importe von Rohwolle und daraus schliessen können, dass der nordamerikanische Markt immer weniger Wollfabrikate von aussen erhält.

V. Seide.

Die Gewinnung der Rohseide hatte in Folge reicher Seidenernten in Europa im J. 1874 einen seit der Periode der Raupenkrankheit nur selten erreichten Höhepunkt erlangt und die Zufuhren aus Ostasien stiegen in demselben Jahre ebenfalls um ein sehr beträchtliches Quantum. Die Einschränkung des Verbrauches fertiger Seidenwaaren, welche als Folge der Krise im stagnirenden Geschäftsgange des Jahres 1874 schon sehr fühlbar wurde, traf im J. 1875 mit einer abermals günstigen europäischen Ernte und noch grösseren Zufuhren aus Ostasien zusammen, und bewirkte daher rasche Erniedrigungen der Preise. Im J. 1876 zerstörten die Frühjahrsfröste in Frankreich den allergrössten Theil und auch in Italien zwei Drittheile der Cocons, während die Zufuhren aus China und Japan nicht in einem solchen Maasse vermehrt werden konnten, um den Ausfall auszugleichen und einer rapiden Erhöhung der Preise (im Herbste 1876 auf fast das Doppelte) vorzubeugen. Mit der günstigeren europäischen Cocon-Ernte des Jahres 1877 und der weiteren Abnahme des Bedarfes der Seidenmanufacturen kamen Angebot und Nachfrage in solches Gleichgewicht, dass auch die Preise wieder auf ihr normales Niveau gelangten.

1. **Production der Rohseide.** Dieselbe hat in den letzten fünf Jahren nach den verlässlichen und vortrefflichen Aufstellungen der Lyoner Seidenhandelskammer (Union des marchands de soie), welche wir nur in zwei (besonders markirten) Daten zu ergänzen suchten, folgenden Umfang erreicht.

Europäische Rohseiden-Gewinnung und Zufuhr

I. Europäische Seiden-Ernten.

(Kilogramm)

	1873	1874	1875	1876	1877
Italien [1] . . .	2.336.000	2.860.000	2.606.000	993.000	1 506.000
Frankreich . .	549.000	731.000	731.000	155.000	872.000
Spanien . . .	130.000	131.600	115.100	85.500	66.000
Türkei [2] . . .	89.000	163.000	130.700	93.700	67.700
Griechenland . .	18.000	13.000	16.000	16.000	11.000
Zusammen	3.122.000	3.898.600	3.598.800	1.343.200	2.522.700

II. Aussereuropäische Zufuhren.

	1873	1874	1875	1876	1877
Türkei [3] . . .	100.000	206.000	152.000	105.000	75.000
Syrien	150.000	170.700	135.700	117.500	140.000
Persien [4] . . .	317.000	400.000	310.000	310.000	310.000
Algier [5] . . .	—	—	6.300*	18.700*	18.700*
China [6] . . .	3.543.300	4.197.300	4.308.700	4.481.000	3.740.000
Japan . . .	711.800*	568.100*	691.900*	1.055.400*	1.040.000
Ostindien [7] . .	644.700	604.200	386.400	564.800	671.700
Zusammen	5.466.800	6.146.300	5.991.000	6.652.400	5.995.400
Gesammtmenge	8.588.800	10.044.900	9.589.800	7.995.600	8.518.100

[1] Die österreichischen Districte von Südtyrol mit eingerechnet.

Anm. [2] [3] [4] [5] [6] [7] s. nächste Seite.

In den Quantitäten dieser für die europäische Seiden-Industrie bestimmten Mengen von Rohstoff ist also nach der Erreichung des Culminationspunktes im J. 1874 wieder die Rückkehr in die früheren normalen Bahnen erfolgt.

Um die gesammte Menge der Rohseiden-Gewinnung richtig zu beurtheilen, muss man natürlich auch den Verbrauch der aussereuropäischen Länder, d. i. vor Allem von Ostasien selbst, dann von Transkaukasien, Vorderasien u. s. w., und dasjenige in Betracht ziehen, was direct nach Amerika geliefert wird.

In China werden seit einem Jahrzehnt stetig grössere Mengen von Rohseide gewonnen; die Gesammt-Ausfuhren und der einheimische Verbrauch wachsen in dieser Zeit unausgesetzt; erstere betrugen:

im Jahre	1868	. .	3.861.000	Kilogr.	im Werthe von	152,9	Mill. Mark
"	"	1869	. .	3.222.000	"	"	"	"	·119,90	"	"
"	"	1870	. .	2.769.517	"	"	"	"	118,62	"	"
"	"	1872	. .	3.819.956	"	"	"	"	148,92	"	"
"	"	1874	. .	4.135.175	"	"	"	"	116,17	"	"
"	"	1875	. .	4.488.071	"	"	"	"	116,9	"	"
"	"	1876	. .	5.621.000	"	"	"	"	189,9	"	"

In den letzten drei Jahren setzt sich dieser gesammte Export, wovon, wie man aus dem Vergleiche mit den Zahlen der europäischen Zufuhren sieht, im J. 1876 ein ziemlich grosser Theil nach Amerika und anderen aussereuropäischen Gebieten gelangt ist, aus folgenden einzelnen Positionen zusammen:

	im J. 1874		im J. 1875		im J. 1876	
	Piculs[1]	Werth H.Teals	Piculs[1]	Werth H.T.	Piculs[1]	Werth H.T.
Seide, roh u. gezw.	68.350	19.455.986	74.183	19.489.225	76.291	30.542.016
" Ausch. u. Abf.	8.749	431.322	8.583	346.991	10.331	493.736
" grobe u. wilde	6.399	403.299	5.731	618.053	3.095	366.183
" Cocons . . .	1.685	211.479	3.070	241.015	3.199	251.965
Im Ganzen	85.183	20.502.086	91.567	20.695.284	92.916	31.653.900

[1]) 1 Picul = 60,47 Kilogr.; 1 Haikuan Tael nach dem Courswerthe auf London gerechnet.

---

[2]) Die europäischen Vilajets von Volo, Salonik und Adrianopel.

[3]) Anatolien, d. i. besonders die Umgebung von Brussa, sowie der Küstenstrich und Kadschaily.

[4]) Georgien und Korassan.

[5]) Nach dem Rapport der „Société d'agriculture d'Alger" in der „Correspondance Algérienne", Août 1877.

[6]) Nur die Export-Mengen aus Shangai und Canton, ohne die unten erwähnte, den eigenen Consum China's dienenden Mengen.

[7]) Export aus Calcutta ohne eigenen Consum.

Was den einheimischen Seidenverbrauch in China selbst betrifft, so gab der „North China Herald" kürzlich eine approximative Schätzung der in den Seidenmanufactur-Districten von Nanking, Chinkiang, Soochow, Hoochow, Szan Zah, Hangchow, Sewhing und Foochow in jedem der letzten 10 Jahre verarbeiteten Menge; dieselbe betrug in allen diesen Districten zusammen von 1866 bis 1868 nur 23.000 Ballen oder circa 1.150.000 Kilogr., stieg aber im Jahre 1872—73 auf 40.000 Ballen oder 2 Mill. Kilogr., und betrug in der Saison 1875—76 51.500 Ballen oder 2.575.000 Kilogr. Diese Menge zu den Exporten hinzugerechnet ergibt für die Seidenzucht in China ein Erträgniss von mindestens $8_{,2}$ Mill. Kilogr., welches im Jahre 1877 zu den niedrigsten Preisen gerechnet, einen Handelswerth von etwa 260 Millionen Mark repräsentirt. Die wirkliche gesammte Production und deren normaler Werth ist aber jedenfalls viel höher.

In Japan folgte dem enormen Aufschwunge des J. 1872—73 (mit 25.886 Ballen zu 80 Catties) eine Periode des Rückganges und der Verluste, welche sich besonders im J. 1870 fühlbar machte und erst in der Saison 1876—77 beendet wurde. In der oben angegebenen europäischen Importziffer ist der ganze Export Japan's inbegriffen, da in den letzten Jahren nur wenige (62 — 115) Ballen nach Amerika versendet wurden. Die Exporte betrugen nach der „Japan Weekly Mail":

in der Saison (1. Juli b. 30. Juni)	Ballen[1]	im Werthe von Mill. Mark	in der Saison (1. Juli b. 30. Juni)	Ballen[1]	im Werthe von Mill. Mark
1867-68	12.306	$29_{,1}$	1872-73	14.428	$31_{,6}$
1868-69	14.984	$42_{,3}$	1873-74	14.520	$27_{,2}$
1869-70	14.436	$39_{,1}$	1874-75	11.941	$18_{,6}$
1870-71	8.467	$21_{,6}$	1875-76	13.591	$19_{,1}$
1871-72	14.635	$36_{,7}$	1876-77	21.217 circa	$55_{,0}$

[1] 1 Ballen wird zu 80 Cattys gerechnet, hat also, da 1 Catty $= 592_{,6}$ Gr., das Gewicht von $47_{,4}$ Kilogr.

Die plötzliche Zunahme dieser Ausfuhren im zweiten Halbjahre (Juli-Dezember) 1876, während dessen 18.185 Ballen im Werthe von $47_{,6}$ Mill. Mark verschifft wurden, hängt mit der europäischen Missernte und der damaligen Preissteigerung der Seide um 125 Procent zusammen und genügte, um dem japanischen Seidenhandel einen bis in das J. 1877 fortdauernden Impuls zu verleihen.

Gegenüber dem normalen Preise von 400—420 Doll. per Picul ($133^{1}/_{3}$ Pfd. engl.) Maebash Seide Nr. 2 wurden im Juli 1876 650 bis 690 Doll., im August 750—850 Doll., im September die schwindelhaften Notirungen von 1000, 1200 und sogar 1300 Doll. per Picul erzielt und die Vorräthe von Yokohama zu diesen Preisen aufgenommen; im Dezember 1876 waren die Preise wieder wie im Juli. In der Geschichte des japanischen Seidenhandels steht eine so wilde Bewegung ganz beispiellos da.

Auch für Japan ist es, wie für China, unmöglich über die Gesammt-Production an Seide und Cartons genaue Angaben zu machen, da die vorhandenen Erhebungen der japanischen Statistik ungemein von einander abweichen und bald 40.000 bald 90.000 oder gar 200.000 Ballen als Ergebniss der jährlichen Seiden-Ernte anführen. Nach vielfachen genauen Nachforschungen glaubt E. Bavier die ganze Seidenproduction auf 36.500 Ballen, d. i. circa 1.730.000 Kilogr. veranschlagen zu können, wovon 21.500 Ballen, d. i. 1.019.100 Kilogr. regelmässig der einheimischen Industrie verbleiben, während der Rest dem Aussenhandel zufällt. Mit diesem Anschlage stimmen einerseits die durchschnittlichen Exporte von 1868 bis 1876 überein, andererseits werden sie durch die Behauptung bestätigt, dass die japanische Regierung jährlich 1.200.000 Cartons zurückbehalten lässt, bevor sie die Ausfuhr von Seidensamen gestattet; denn diese Zahl von Cartons gibt zu 22 Kilogr. Cocons per Carton 26.400.000 Kilogr. Cocons, was der Menge von 1.760.000 Kilogr. Rohseide entspricht[1]).

Diesen beiden hervorragenden Seidenländern des äussersten Ostens von Asien sei, der Vollständigkeit wegen, noch als drittes Siam angereiht, dessen Zufuhren in der Lyoner Zusammenstellung fehlen und welche wir nicht einfügten, weil sie uns nur für das J. 1876 bekannt sind. In diesem Jahre hat nämlich Bangkok zum erstenmale wieder, nach langer Unterbrechung, am europäischen Seidengeschäfte theilgenommen. Die aus der Gegend von Korat, wo einzig und allein in Siam Seidenzucht betrieben wird, stammende Rohseide wurde in der Menge von 528 Piculs, d. i. 30.888 Kilogr. nach Frankreich exportirt; die schlechte Qualität lässt die Fortsetzung der Ausfuhren nicht erwarten.

Die Seidenzucht Ostindiens beschränkt sich auf Bengalen; die in anderen Landestheilen, Assam, Mysore, im Punjab u. s. w.

---

[1]) Eine neue Schätzung des japanischen Ministerium des Innern gibt als Productionsmengen an: 1.200.000 Kg. Rohseide im Werthe von 6,11 Mill. Doll., Cocons im Werthe von 4,19 Mill. Doll. und 2.600.000 Seidenraupeneier im Werthe von 1,13 Mill. Doll.

gemachten Versuche zur Einbürgerung dieses Erwerbszweiges wollten bisher nicht glücken. Ueberhaupt scheint der Seidenzucht und Seidenweberei weder von Seite der Bevölkerung noch von der Regierung die wünschenswerthe Sorgfalt und Pflege zugewendet zu werden. Die Anzeichen des Verfalles der Seidenkultur in Indien liegen so offen zu Tage, dass die neueste officielle „Review" nicht umhin kann, die Besorgniss auszusprechen, der Absatz von Seide nach dem Auslande werde binnen Kurzem gänzlich aufhören, wenn nicht bald eine Besserung in der Qualität erzielt wird, und dass man überzeugt ist, Indien dürfe nicht hoffen, jemals ein grosses Seidenland zu werden. Nur die wiederhohlten Ausfälle in der europäischen Cocon-Ernte haben in letzterer Zeit noch den Export des höchst mittelmässigen Productes ermöglicht; die Mengen betrugen im J. 1876—77 1.417.893 Pfd. a. d. p., d. i. um 8% mehr als im Vorjahre, stehen aber hinter den Exporten früherer Jahren (z. B. 1872—73 2.392.230 Pfd.) noch weit zurück.

Für die Seiden-Gewinnung in Kleinasien sind die oben (unter Türkei und Syrien) gegebenen Daten massgebend; in den Filanden des Lybanon hat man es durch Einführung der europäischen Spinnweise dahin gebracht, dass regelmässig 140—150.000 Kilogr. dort erzeugter Rohseide auf dem Markte von Marseille mit den feinsten Gespinnsten anderer Länder in Concurrenz tritt.

Das asiatische Russland endlich, dessen Seidenproduction in der oben benutzten Uebersicht der Lyoner Handelskammer unter der Bezeichnung „Georgien" und cumulativ mit Persien und Korassan offenbar zu niedrig geschätzt wird, besitzt im Kaukasus, wie neuere Berichte bestätigen, ein dem Seidenbau ungemein günstiges Gebiet. Nach N. v. Nasackin ist der Seiden-Export aus Transkaukasien während des Jahrzehntes 1862—1872 nur einmal (1867) auf 85.221 Kilogr. gesunken, hat aber in einzelnen Jahren (bes. 1864) bis zu 653.000 Kilogr. betragen; in jüngster Zeit soll die Ausfuhr bis auf 800.000 Kilogr. Rohseide gestiegen sein.

Resumiren wir sämmtliche vorangehende Daten, so gelangen wir zu folgender

Schätzung der Rohseiden-Gewinnung aller Länder.

Seiden-Ernte 1877 in Europa	2.522.700 Kilogr.
Mittlere Ernte in China	8.200.000 „
„ „ „ Japan	1.750.000 „
Export 1876 aus Transkaukasien . . .	800.000 „

Mittlerer Export von Ostindien . . . 600.000 Kilogr.
Export 1876 aus Kleinasien u. Persien ca. 170.000 „
„ „ von Siam . . . . 31.000 „
„ „ aus Algier . . . . ca. 19.000 „

Zusammen 14.092.700 Kilogr.

Die europäische Seidenzucht, welche im J. 1877 ungefähr 30
Percente aller in Europa verarbeiteten Rohseide lieferte, erscheint
doch an dieser Gesammt-Gewinnung nur mit 18 Percenten betheiligt,
während der Rest zumeist auf die Länder des äussersten Ostens
Asiens entfällt.

2. **Seiden - Handel und Verbrauch.** In dem europäischen
Seiden-Handel und auch in der industriellen Verarbeitung der Rohseide hat F r a n k r e i c h seine Superiorität über England in den
letzten zwei Jahren noch weiter befestigt. Schon von 1870 bis
1875 gelangten je $4_{,1}$ bis 5 Millionen Kilogr. Rohseide in Frankreich zu Markte; im Jahre 1876 wurden in Marseille allein 20.000
Ballen mehr Seide importirt, als im J. 1875. Der namhafte Rückgang der französichen Einfuhren im J. 1877 ist als Folge der
reicheren europäischen Ernte und der Geschäfts-Depression anzusehen. Die Conditionirungen in Lyon und Marseille betrugen zwar
mehr als die Hälfte aller in Europa überhaupt conditionirten Seide,
aber der Einfluss der wirthschaftlichen Krise trat allenthalben in
gewaltigen Einschränkungen des Seiden-Verbrauches hervor. So
wurden in Lyon im J. 1875 4.601.813 Kilogr., im J. 1876 5.820.472
Kilogr., dagegen im J. 1877 nur 3.380.873 Kilogr. conditionirt; die
im J. 1876 in Frankreich eingeführte Rohseide bewerthete sich mit
$543_{,8}$ Mill. frcs., jene von 1877 nur mit $270_{,2}$ Mill. frcs.; und demgemäss folgte einer Ausfuhr von Rohseide für $172_{,3}$ und von Seidenwaaren für 295 Mill. frcs. im J. 1876, eine solche von nur $142_{,2}$
Mill. frcs. resp. 275 Mill. frcs. im J. 1877.

Noch ärger wurde E n g l a n d betroffen, dessen Rohseiden-Ein-
fuhr von 6 Mill. Pfd. engl. (im Werthe von $5_{,8}$ Mill. Pfd. Sterl.) im
J. 1876 auf $4_{,1}$ Mill. Pfd. (im Werthe von $4_{,1}$ Mill. Pfd. Sterl.) im
J. 1877 sank, und dessen Seidenindustrie unter der Concurrenz
Frankreichs so sehr leidet, dass schon protektionistische Gelüste
laut werden. Nächst Frankreich und England fällt die grösste
Quote des Seidenverbrauches auf I t a l i e n, wo in Mailand, Turin,
Florenz, Bergamo, Como Lecco u. s. w. im J. 1874 über $4_{,2}$ Mill.

im J. 1875 über 7,₅, und im J. 1876 über 5,₃ Mill. Kilogr. Grège und gezwirnte Seide conditionirt wurden. Die deutsche Seidenindustrie hat in Crefeld und Elberfeld je in diesen beiden Jahren 621.496 resp. 684.282 Kilogr., die schweizerische in Zürich und Basel 871.538 resp. 1.062.929 Kilogr., die österreichische endlich 101.800 resp. 107.432 Kilogr. Seide (roh und gezwirnt) zur Conditionirung gebracht.

Obgleich diese Mengen keineswegs das gesammte Quantum der industriell verarbeiteten Rohseide umfassen, bieten sie doch einen Maassstab zur Beurtheilung der Stufe, auf welcher die Seidenindustrie in den einzelnen Staaten Europa's steht.

Was schliesslich das Emporblühen dieses Industriezweiges in den Vereinigten Staaten von Amerika betrifft, so geht es nicht so rasch, als man gehofft hatte, von Statten; die gesammte dort importirte Menge von Rohseide betrug im J. 1875—76 1.355.000 und im J. 1876—77 1.186.000 Pfd. (engl.); und es wurden nach dem „Annual Report of the Silk Association of Amerika" im J. 1876 überhaupt Seidenwaaren im Werthe von nur 26,₁₀ Mill. Dollars erzeugt, wobei der Werth der gezwirnten Seide mit 12,₇ Mill. Doll. und die Erhöhung derselben in der Industrie auf 13.₉ Doll. veranschlagt ist.

VI. Andere Textilstoffe.

Unter den mannigfachen übrigen Textilstoffen aus dem Pflanzenreiche, welche in neuerer Zeit überhaupt industriell verarbeitet werden, nehmen nur drei eine hervorragende Bedeutung in Anspruch: Flachs, Jute und Hanf. Wir wollen daher von der ganzen Reihe der ausserdem noch zur Verspinnung oder Verwebung gelangenden Fasern wie Coir (Cocosnussfasser) Sunn-Hanf, Aloefaser, Chinagras, Rheafiber u. s. w., welche zumeist nur Specialitäten weniger Kulturgebiete sind, absehen, und bloss die drei wichtigsten Textilstoffe ins Auge fassen.

1. **Flachs.** Nur die europäischen Länder haben eine namhafte Production des Rohstoffes der Leinenindustrie, und auch unter diesen erzeugen nur Russland, Belgien und die Niederlande mehr, als sie für die eigene Verarbeitung bedürfen. Britisch Ostindien,

Vereinigten Staaten von Amerika und einige andere ausser-
ropäische Gebiete besitzen zwar ebenfalls einen nicht unbedeu-
ıden Flachsbau; allein derselbe wird fast ausschliessend zum Be-
fe der Gewinnung von Leinsaamen und nicht von Bastfaser be-
eben. Aus technischen Gründen, welche besonders den beim
echen und Schwingen des Flachses eintretenden und nur annähe-
ıgsweise berechenbaren Gewichtsverlust betreffen, sowie wegen
r Schwierigkeit der directen Erhebung der rohen Erntemengen
die Productions-Statistik nicht genau und verlässlich. Nur we-
ȿe Staaten, wie Irland und Oesterreich machen unmittelbare Ein-
.erhebungen, andere wie Belgien, Frankreich u. s. w. begnügen
h mit der Angabe der Durchschnittserträge des Jahres per Hect-
ȿ und wieder für andere, besonders für das wichtige Russland
ıd bloss Schätzungen vorhanden; für dieses Gebiet zeigen die Han-
Isausweise übrigens, dass es durch seine Exporte, welche in den
zten Jahren zwischen 9 und 10 Mill. Pud (circa 3 bis 3,₃ Mill.
ll-Ctr.) betrugen, den hervorragendsten Antheil an der Versorgung
r britischen und deutschen Leinenindustrie nimmt.

Nach dem 1877er Jahresberichte der „Flax Supply association"
Belfast, ist die Ausdehnung und der Ertrag der Flachskultur in
n europäischen Staaten folgender:

Flachsbau in Europa.

	Ausdehnung Acres (zu 0,₄₀₅ Hectar)	Einheits-Ertrag in Stones (zu 6,₃₅ Kilogr.)	Total-Ertrag Tons (zu 1016 Kilogr.)
Russland	1.928.568	20,₀₀	241.071
Deutschland	530.642	22,₅₀	74.621
Frankreich	194.571	.34,₆₁	42.368
Oesterreich	253.323	21,₁₈	34.009
Belgien	140.901	33,₅₉	29.580
Italien	201.023	18,₁₁	22.791
Irland	123.362	28,₇₁	22.159
Holland	48.027	31,₇₇	9.536
Schweden	37.500	20,₀₀	4.688
Ungarn	19.903	20,₀₀	2.488
Dänemark	17.686	20,₀₀	2.211
Aegypten	15.000	20,₀₀	1.875
Grossbritannien	7.481	28,₅₀	1.333
Griechenland	957	20,₀₀	119
Zusammen	3.518.944	—	488.849

Wir haben diesen, mit unseren eigenen Quellen im Wesentlichen

übereinstimmenden Daten nur beizufügen, dass die Flachsernte in
Oesterreich im J. 1876 443.985 mctr. Ctr., d. i. 43.700 Tons, also
um 9.700 Tons mehr betragen hat, als oben nach älteren Angaben
eingesetzt ist. Da es höchst wahrscheinlich ist, dass die meisten
Zahlen über die Ausdehnung der Kultur zu niedrig sind, so lässt
sich die Flachsproduction in Europa wohl mindestens auf 500.000
Tons oder 10.160.000 Zoll-Ctr. annehmen. Ueber die Verarbeitung
dieses Rohstoffes kann erst unten im Zusammenhange mit Hanf und
Jute ein Ueberblick gegeben werden.

2. Hanf. Die bedeutendsten Productionsgebiete in Europa sind
Russland, dessen Export in den letzten Jahren regelmässig zwischen
$1_{,2}$ und $1_{,8}$ Mill. Zoll-Ctr. betragen hat; ferner Italien mit einer
durchschnittlichen Jahresproduction von 1.010.000 Zoll-Ctr., Ungarn
mit einer mittleren Hanfernte von circa 1.400.000 Zoll-Ctr., Oesterreich, dessen Hanfernte im Jahre 1876 466.908 Zoll-Ctr., Holland,
dessen Hanfbau im Jahre 1875 1.771.812 Zoll-Ctr. betrug, Frankreich mit nahezu 1 Mill. Zoll-Ctr., ebenso Spanien, Deutschland,
Finnland, Dänemark, Schweden und Norwegen, von welchen Productionsgebieten jedoch entweder nur veraltete oder ganz ungenaue
Daten vorliegen, so dass wir auf deren Wiedergabe und die Zusammenstellung einer tabellarischen Uebersicht verzichten müssen.
Nach den wenigen hier mitgetheilten Anhaltspunkten beträgt die
europäische Hanf- (Bast-) Erzeugung mindestens 10 bis 11 Mill.
Zoll-Ctr., übersteigt also quantitativ diejenige von Flachs.

3. Jute. Für die Production dieser, im europäischen Verkehre
noch jungen Textilpflanze (die Fasern von mehreren Corchorus-
Arten, namentlich C. capsularis) hat bekanntlich Bengalen durch
seine Bodenbeschaffenheit und sein feuchtes Klima ein natürliches
Monopol; diese Provinz ist nicht nur das einzige Land in Britisch
Ostindien, sondern auch in der ganzen Welt, wo nennenswerthe
Mengen dieser Pflanzenfiber gewonnen werden. Der Anbau von Jute
in Siam, Annam und dem südlichen China ist verhältnissmässig un-
bedeutend. Die Geschichte und Statistik des gesammten Productionszweiges lässt sich also ziemlich genau verfolgen. Im J. 1828
wurden 364 Ctr. roher Jute im Werthe von 62 Pfd. Sterl., und um
das J. 1856 bereits gegen 700.000 Ctr. im Werthe von nahezu
300.000 Pfd. Sterl. aus Ostindien ausgeführt, indem in jener Zeit

die durch den Krimkrieg veranlasste Stockung der russischen Hanf-
und Werg-Ausfuhr zu dem Ersatzmittel der Jute drängten; in jedem
der 5 Jahre 1872 bis 1876 betrug der Export das acht- bis zehnfache dessen, was er vor zwanzig Jahren war.

Export von roher Jute aus Ostindien

im Jahre	1873-74	6.127.279	Ctr. engl.	im Werthe von	3.436.000	Pfd. St.		
„ „	1874-75	5.493.957	„ „	„ „	„	3.246.882	„	„
„ „	1875-76	5.206.579	„ „	„	„	2.803.339	„	„
„ „	1876-77	4.533.255	„	„	„ „	„ 2.636.664	„	„
I. Sem.	1877-78	1.572.960	„	„	„	„ 1.022.217	„	„

Die Abnahme der Exportmenge seit 1873—74 bedeutet nicht
etwa einen Rückgang dieser Kultur, von welcher in den 16 geeig-
netsten Districten Bengalens 876.324 Acres Land für den auswärtigen Consum bepflanzt sind, sondern der Rückgang erklärt sich
vollständig aus der Thatsache, dass immer mehr rohe Jute in Indien selbst verarbeitet und sodann als fertige Waare exportirt wird.
Die Herstellung von Säcken und Emballagen (Gunny Bags und
Gunny Cloth) durch die in Bengalen selbst zumeist von britischen
Firmen etablirten Etablissements, nimmt regelmässig einen grösseren
Umfang. Um die Mitte des J. 1876 sollen in Bengalen schon 4500
Jutestühle (Power-looms) im Gange gewesen sein, welche monatlich 8, d. i. jährlich 96 Mill. Jute-Säcke herstellten. Diese Power-
loom-bags, dann Cloth, Rope und Twine repräsentiren in den in-
dischen Handels-Ausweisen

	im J. 1875—76	. .	489.181	Pfd. Sterl.	Werth,
und	„ 1876—77	. .	719.478	„	„ „

Der Verkauf von roher Jute allein hat Ostindien im verflossenen
12jährigen Zeitraume (1865—1877) ungefähr 30 Mill. Pfd. Sterl.
eingebracht; rechnet man die Gespinnste und Gewebe dazu, so steigt
dieser Betrag auf 34—35 Mill. Pfd. Sterl. Die Hauptabnehmer für
Rohjute sind Grossbritannien und Irland (Dundee, London und Glas-
gow) und die Vereinigten Staaten von Amerika (Massachusetts und
Rhode Island), wo die grössten Spinnereien etablirt sind, dann nebenbei der europäische Continent und China. Die zunehmende Verwendung der Jute-Säcke zeigt sich darin, dass die Zahl der Exporte nach Amerika rasch von 2,9 auf 12,8 Mill. Stücke, jene nach
England von 835.399 auf 1.874.893 St. stieg. Ausser diesen für
fremde Länder bestimmten, benöthiget Ostindien selbst zur Embal-

lage seiner eigenen Stapelartikel wie Baumwolle, Weizen, Reis,
Zucker, Sämereien u. s. w. eine immer wachsende Zahl von Säcken.
Die junge Jute-Industrie hat daher im Umfange schon die alte
Leinen-Industrie überflügelt.

Ueber die **Verarbeitung** von Flachs, Hanf und Jute liegen
für die neueste Zeit folgende statistische Daten vor.

Leinen-, Hanf- und Jute-Industrie in Europa.

	Anzahl der Spindeln	Anzahl der Kraftstühle	Handstühle
Irland	918.182	20.958	?
Frankreich	500.000	23.036?	64.910
Oesterreich-Ungarn . .	414.676	500	60.000
Deutschland	326.538	8.000	?
England	291.735	5.624	?
Belgien	289.000	4.755	?
Schottland.	275.119	18.529	?
Russland	150.000	2.000	11.460
Italien	55.000	750	?
Schweiz	9.000	—	?
Holland	7.700	1.200	?
Schweden	3.810	98	?
Spanien	—	1.000	?
Zusammen .	3.240.760	86.450	—

Der Uebergang von der Handweberei zur Maschinenweberei
geht am raschesten in Irland, Frankreich und Deutschland vor sich,
während Oesterreich-Ungarn, Italien, Belgien und Russland noch
mehr an den Handstühlen und der Hausweberei festhalten. Die
Belfaster Berichte zeigen übrigens den bedeutenden Einfluss der
Krise, welcher sich in der Reduction der beschäftigten Spindelzahl
und in der geringen Vermehrung der Kraftstühle gegenüber früheren
Perioden äussert.

Umlaufsmittel.

Die Massen-Production von Welthandelsgütern, welche wir an den hervorragendsten Vertretern bisher verfolgt haben, setzt einen grossartigen Apparat von Umlaufs- und Verkehrsmitteln in der Weltwirthschaft voraus, um die Vertheilung an alle Punkte der Consumtion bequem, billig, schnell und regelmässig zu bewerkstelligen. Dazu gehört vor Allem derjenige Theil der ganzen Circulationsmaschine, welcher durch ein gut geordnetes Geld- und Creditwesen geschaffen wird. Die Fragen, welche die Statistik hinsichtlich dieses Theiles möglichst genau zu beantworten hätte, beziehen sich einerseits auf die Menge und Art der Umlaufs- oder Tauschwerkzeuge, andererseits auf die Grösse der Umsätze, welche mittelst dieser Werkzeuge zu bewältigen sind. Die erste Frage lenkt zu Untersuchungen über den Vorrath und die fortwährende Production der Edelmetalle, über deren Verwendung als Geldstoff in den verschiedenen Landeswährungen und zu anderen Zwecken, über ihren Ersatz durch Papiergeld, Credit und die damit zusammenhängenden Formen der Compensation und Abrechnung. Die zweite Frage findet dagegen ihre Beantwortung in der Statistik des Verkehrs und Welthandels, wovon wir in den späteren Abschnitten sprechen.

I. Statistik der Edelmetalle.

Für die wichtigsten volkswirthschaftlichen Probleme ist in der neueren Zeit in der Statistik der Edelmetalle der Aufschluss gesucht worden. Zuerst wurde das Problem gestellt — und es muss bis jetzt als ungelöst betrachtet werden — welcher Zusammenhang zwischen der Theuerung der meisten Kategorien von Gütern und den Preisen der Edelmetalle besteht. Von einer Seite wurde behauptet, dass die Theuerung vorzugsweise auf einer, durch die zunehmende Menge von Gold und Silber veranlassten Entwerthung des Metallgeldes beruhe, also eine Reflex-Erscheinung sei, wogegen Andere die Ansicht vertraten, die Kaufkraft des Edelmetallgeldes sei in dem letzten Vierteljahrhunderte unverändert geblieben und die Theuerung sei eine Folge der specifischen Erhöhung der Productionskosten der Güter selbst, also eine primäre Erscheinung. Ein zweites Problem ergab sich aus der enormen Verschiebung der Werthsrelation zwischen Gold und Silber, welche in den Jahren 1875—1877 auf den Edelmetallmärkten Dimensionen annahm, wie sie geschichtlich noch nie vorher verzeichnet wurden. Ein drittes Problem endlich, mit welchem sich die Staatsverwaltungen seit mehreren Jahren unablässig beschäftigen, liegt in der Wahl des richtigen Währungssystemes; die Gegensätze der Einwährung (Monometallismus), und der beiden denkbaren Arten der Doppelwährung (Alternativ-Währung und eigentlicher Bimetallismus) stehen sich noch immer so unvermittelt gegenüber, dass die amerikanische Staaten-Regierung jetzt die Klärung derselben durch eine Währungs- und Münz-Conferenz versucht, bei welcher „die Annahme eines gemeinsamen Verhältnisses zwischen Gold und Silber zum Zwecke der internationalen Einführung des Gebrauches einer Metall-Doppelwährung in der Normirung eines feststehenden relativen Werthes zwischen diesen Metallen" angestrebt wird.

Die gesammte Discussion über diese Probleme und über die mit denselben zusammenhängenden complexen Zustände des Geld- und Preiswesens entbehrt bisher eines sicheren Stützpunktes, weil die positiven Daten für die Beweisführung weder aus der Geschichte der Edelmetalle noch aus deren Statistik erbracht werden konnten. Wenn man die Production, den Vorrath und den Verbrauch der beiden Edelmetalle genauer kennen würde, als es leider bisher der Fall ist, so könnte man nicht bloss die geschehenen Veränderungen besser erklären, sondern auch eine weitaus verlässlichere Prognose für die nächste Zukunft stellen, als mit dem völlig unzulänglichen Materiale, das thatsächlich heute vorliegt. Jedesmal, so oft ein Reformbedürfniss vorlag, mussten von Seite der Regierungen und Parlamente specielle Enquêten eingeleitet werden; die Delegirten der lateinischen Münzconferenz (1876), das englische Silber-Comité (1876) und die amerikanische Münz-Commission (1877) haben solche vereinzelte Erhebungen eingeleitet; niemals aber hat man radicale Besserungen der statistischen Grundlagen durchgeführt. Der IX. internationale statistische Congress zu Budapest (1876) hat zwar nach dem Antrage des Verfassers dieser Uebersichten beschlossen, „eine fortlaufende und genaue Statistik der Production der Edelmetalle und eine directe Erhebung des in den Kulturstaaten vorhandenen Vorrathes von Münze und Barren" zum Gegenstande der Vorarbeiten der Permanenz - Commission und der Verhandlung in seiner nächsten (X.) Session zu machen; ehe jedoch die zu hoffende Reform der Statistik der Edelmetalle durchgeführt sein kann, werden Jahre vergehen und wir müssen uns wohl noch lange mit vielfach abweichenden Angaben begnügen.

1. Vorrath und Production der Edelmetalle.

Ueber den aus früheren Jahrhunderten stammenden Vorrath von edlen Metallen liegen nur annäherungsweise Daten vor, deren gründliche Revision erst zu gewärtigen ist, und welche vorläufig mit grösster Vorsicht aufzunehmen sind.

Für die Zeiten vor der Entdeckung Amerika's versuchte W. Jacob eine Schätzung, welche neuestens von Ad. Soetbeer kritisirt und so sehr in Zweifel gezogen worden ist, dass sie eben nur als höchst problematische Grösse und nur als Nothbehelf erscheinen kann, um einen ungefähren Anhaltspunkt zu haben; W. Jacob nun meinte, man dürfe den zur Zeit der Entdeckung Amerikas in Europa vorhanden gewesenen Edelmetall - Vorrath auf etwa 35 Mill. Pfd. Sterl., d. i. 700 Millionen Mark veranschlagen. Für die Periode vom J. 1492 bis 1803 ist A. v. Humboldt zu dem Ergebnisse gelangt, dass in den spanischen und portugiesischen Besitzungen in Amerika 1348,₅ Mill. Pesos Gold und 4358,₂ Mill. Pesos Silber producirt worden seien, wovon bis zum J. 1803 ungefähr 5445 Mill. Pesos (nahezu 24.000 Mill. Mark) Edelmetall nach Europa gebracht worden seien; wie Soetbeer nachweiset, ist jedoch diese Summe um circa 771 Mill. Pesos, d. i. 3400 Mill. Mark zu hoch veranschlagt, also auf ungefähr 20.600 Mill. Mark zu ermässigen. Für die relativ am wenigsten wichtige Periode von 1803 bis zur Entdeckung des Goldreichthums in Californien haben J. T. Danson und M. Chevalier gründliche Untersuchungen angestellt, welche indessen auch

neuestens von Del Mar wesentlich modificirt wurden; man kann
nach dieser Quelle die Gesammtproduction jener 45 Jahre auf 1182
Mill. Doll., d. i. 4728 Mill. Mark Silber und 446,, Mill. Doll., d. i.
1786,₃ Mill. Mark Gold veranschlagen. In den Jahren 1848 bis
1876 endlich wurden circa 1394 Mill. Doll., d. i. 5576 Mill. Mark
Silber und 3381,₅ Mill. Doll., d. i. 13.526 Mill. Mark Gold gewonnen.

Die Gesammtsumme der Production ist nach Del Mar:

	Silber Mill. Mark	Gold Mill. Mark
Edelmetall-Gewinnung in Amerika von 1492—1800	17.040	7.489
" " in Amerika, Europa u. Afrika, soweit die westlichen Erdtheile damit versorgt wurden, in der Periode von 1800—1876 . . .	10.685	13.526
Gesammt-Production . .	27.725	21.015

Diese Angabe weicht von denjenigen, welche früher gewöhnlich
verbreitet waren, nicht unwesentlich ab, denn nach den Daten von
Jakob, A. v. Humboldt und M. Chevalier würde die Menge des Silbers
32.719 Mill. Mark, jene des Goldes 26.929 Mill. Mark betragen. Es liegen
jedoch gute Gründe vor, um die von Del Mar angenommene weitaus
kleineren Beträge für richtiger zu halten. Würde man voraussetzen
— was unrichtig wäre — dass die gesammte Production auch als
Vorrath intact vorhanden ist, so ergäbe sich folgendes Verhältniss:

	geschätzter Edelmetall-Vorrath	Jahres-ausbeute
um das J. 1550 circa	800 Mill. Mark	12 Mill. Mark, d. i. etwa 1¹/₂ %
im J. 1846 "	34.000 " "	335 " " " " 1 %
" " 1876 "	48.740 " "	664 " " " " 1¹/₃ %

Daraus geht hervor, dass die Jahresausbeute heute gegenüber
dem muthmasslichen gesammten Metallschatze der Erde keinen
grösseren Einfluss auf die eigene Preisbewegung der beiden edlen
Metalle zusammengenommen ausüben dürfte, als in früheren Jahren
vor der Entdeckung der reichen Lagerstätten in Californien und
Australien. Die Frage des Vorrathes ist indessen die heikelste und
am wenigsten für die Lösung reife in der ganzen Edelmetall-Sta-
tistik. Wenn noch so grosse Differenzen bestehen, wie zwischen
der Schätzung desselben auf 48.740, 60.000 und auch wieder nur
43.400 Millionen Mark, so ist die Unsicherheit genügend ersichtlich.

Etwas genauere Daten liegen über die Production der neueren
Zeit allein vor, besonders seitdem die amerikanische Silber-Com-

mission sich in der ausführlichsten Weise mit Erhebungen in allen
Ländern der Erde beschäftigte und dieselben in ihrem Report zu-
sammenfassen liess. Wir werden die für die Production wichtigsten
Gebiete zuerst einzeln kurz ins Auge fassen, um daran die Uebersicht der Totalgewinnung zu reihen.

Den grössten Antheil an der Edelmetall - Gewinnung nimmt
Nordamerika. Die zehn westlich von der Rocky-Mountains ge-
legenen Staaten und Territorien, unter diesen voran Nevada und
Californien, liefern besonders wieder seit 1874 namhaft steigende
Mengen von Silber und Gold. Die Angaben der Productionsgrössen, welche regelmässig in die Oeffentlichkeit gelangen, sind
nach so verschiedenen und theilweise ganz unzuverlässigen Methoden
erhoben, dass zwischen den acht verschiedenen Quellen, welche der
amerikanische Silber-Report anführt, Differenzen bis zu 16 Mill.
Dollars vorkommen. Um diese zu beheben, hat Del Mar selbst aus
den Aufschreibungen der Bullion-Books der sämmtlichen Bergwerks-
Gesellschaften eine summarische Zusammenstellung der Silberproduction für die Jahre 1871—1876 gemacht, welche als eingehende
und directe Erhebung vor allen früheren statistischen Zahlen den
Vorzug verdient, leider aber nicht die Goldproduction von ganz
Nordamerika, sondern nur diejenige der Nevada umfasst, so dass
das Uebrige aus dem officiellen Bericht des Minencommissärs, Rossiter W. Raymond, sowie aus den Angaben von Wells Fargo and
Co. ergänzt werden muss.

Nach Del Mar betrug in Dollars:

(000 ausgelassen also 4.077 = 4.077.000).

Gold-Gewinnung

	1871	1872	1873	1874	1875	1876
Im Comstock-Gang . .	4.077	6.310	10.494	12.580	11.740	18.003
Rest der Nevada . . .	1.485	2.143	2.678	1.650	2.257	1.333
Nevada	5.562	8.453	13.172	14.230	13.997	19.341

Silber-Gewinnung

	1871	1872	1873	1874	1875	1876
Im Comstock-Gang . .	6.230	6.613	11.037	11.881	14.492	20.570
Rest der Nevada . . .	7.881	9.954	8.094	3.521	16.718	7.463
I. Nevada	14.111	16.567	19.131	15.402	21.210	28.033
II. Rest d. Ver. Staaten	4.000	2.000	6.000	10.000	9.000	10.151
III. Totale d. Ver. Staaten	18.111	18.567	25.131	25.402	30.210	38.184

Zur Erläuterung dieser Zahlen sei hinzugefügt, dass der Comstock-Gang in der Nevada nicht nur in diesen letzten vier Jahren, besonders durch die Consolidated Virginia- und California-Minen, den grössten Theil der Edelmetalle in den Vereinigten Staaten lieferte, sondern dass er auch für die ganze Vergangenheit und noch für die allernächste Zukunft eine hohe Bedeutung besitzt. Seit dem Beginne des kräftigeren Abbaues im J. 1860 hat dieser Gang bis zum Schlusse des Jahres 1877 ungefähr 275 Mill. Doll. Bullion geliefert. Anfangs gewann man nur das Gold und der Werth der Silbererze war unbekannt, jetzt ist der gewonnene Silberwerth höher, als der des Goldes. Ueber das Verhältniss des Antheiles der beiden edlen Metalle in den Erzen des Comstockganges wurden die verschiedensten Zahlen aufgestellt, und je nach den Annahmen der Percente differirten auch die statistischen Daten über die absoluten Productionsmengen. Nach den Erhebungen der amerikanischen Silber-Commission und neuesten Angaben von Valentine sollen im J. 1871 $60{,}_8$ $^0/_0$, im J. 1872 $51{,}_2$ $^0/_0$, im J. 1873 51 $^0/_0$, im J. 1874 $49^0/_0$, im J. 1875 $55{,}_5$ $^0/_0$, im J. 1876 $53^0/_0$ und im J. 1877 $47{,}_2$ $^0/_0$ Silber und der Rest Gold zu rechnen sein. Ueber die fernere Zukunft spricht sowohl Prof. Suess nach eingehender Kritik der geologischen und technischen Betriebsverhältnisse, als Del Mar die Besorgniss aus, dass der Ertrag nicht lange mehr nachhalten werde und der Letztere glaubt überhaupt die Silberproduction der Vereinigten Staaten auf nicht höher als 25 Mill. Doll. jährlich für die künftigen Jahre veranschlagen zu dürfen. (?)

Die Uebersicht der Gesammt-Production nach den anderen verfügbaren Quellen, welche man in Betreff der Silbergewinnung leicht aus der oben mitgetheilten Tabelle Dell Mar's corrigiren könnte, ergibt:

Edelmetall-Gewinnung der Vereinigten Staaten.

	Nach der officiellen Statistik von Rossiter W. Raymond			Nach den Angaben von Wells Fargo and Co.		
	(in Dollars 000 ausgelassen, also 43.500 = 43.500.000).					
Jahre	Gold	Silber	Zusammen	Gold	Silber	Zusammen
1871	43.500	22.000	65.500	34.398	19.286	53.684
1872	36.000	25.750	61.750	38.109	19.924	58.033
1873	36.000	35.750	71.750	39.206	27.483	66.689
1874	42.150	30.300	72.450	38.466	29.699	68.165
1875	42.000	35.600	77.600	39.968	31.635	71.603
1876	48.850	38.500	87.350	42.886	39.293	82.179
1877	51.000	45.000	96.000	44.880	45.846	90.726

Es unterliegt keinem Zweifel, dass die von Rossiter W. Raymond in den „Statistics of mines and mining" gegebenen, obgleich officiellen Daten weit über die Wahrheit hinausreichen und dass jene von Wells Fargo and Co. mehr Anspruch auf Glaubwürdigkeit haben. Schliesslich sei hinzugefügt, dass der Export von Edelmetallen aus den Vereinigten Staaten im J. 1877 105 Mill. Dollars, d. i. die grösste seit dem J. 1851 verzeichnete Summe betragen hat.

Zu der Production der Vereinigten Staaten ist noch dasjenige hinzuzurechnen, was in Britisch Columbien und dem Nordwesten von Mexiko gewonnen wird und, weil es über San Francisco gelangt, häufig überhaupt unter der Rubrik „Nordamerika" mit verzeichnet ist; es beträgt:

Edelmetall-Gewinnung von Britisch Columbien und einem Theil von Mexiko

(in Dollars 000 ausgelassen, also 15.000 = 1.500.000).

		Gold	Silber	Zusammen
im Jahr 1871	. .	1.500	1.000	2.500
„ „ 1872	. .	1.350	603	1.953
„ „ 1873	. .	1.250	869	2.119
„ „ 1874	. .	1.637	800	2.437
„ „ 1875	. .	1.777	2.409	4.186
„ „ 1876	. .	1.442	2.214	3.656
„ „ 1877	. .	1.249	1.361	2.610

Nächst den Vereinigten Staaten kommen die englischen Colonien in Australien für die Goldproduction zumeist in Betracht. Von der gesammten australischen Goldregion ist Victoria seit dem J. 1851 weitaus der ergiebigste District gewesen; der Ertrag stieg erstaunlich rasch von 1.974.975 Unzen im J. 1852 auf 2.895.991 Unzen (im Werthe von 12 Mill. Pfd. St.) im J. 1856, sank jedoch von da an fast ununterbrochen bis unter 1 Mill. Unzen. Der Mining Registrar gab den Ertrag des J. 1875 mit 1.068.418 Unzen, jenen des J. 1876 mit 963.017 Unzen und des J. 1877 mit nur 792.839 Unzen an. Diese Abnahme wird durch die Liste der Exporte, Münzungen und Bankbestände bestätiget und äussert sich auch schon in der Verminderung der in den Goldfeldern beschäftigten Arbeiter von 147.358 Männern im J. 1858 auf 38.882 im J. 1877; sie ist der thatsächlichen Verarmung oder Erschöpfung der Lagerstätten zuzuschreiben. Nächst Victoria ist Neu Seeland besonders deshalb hervorzuheben, weil die Goldproduction vom J. 1861, da sie ernstlich in Angriff genommen wurde, bis 1876 einen sehr bedeutenden

Aufschwung erfuhr. Nach dem „London Mining Journal" betrug die gesammte vom 1. April 1857 bis 31. Dezember 1875 verschiffte Goldmenge 7.955.295 Unzen im Werthe von fast 31 Mill. Pfd. St. Die Exporte in den beiden letzten Jahren, für welche Daten vorliegen, beliefen sich

im J. 1875 auf 355.322 Unzen im Werthe von 1.507.776 Pfd. St.
und „　1876 „　318.365 „　　„　　„　　„　1.238.359 „

In Bezug auf die Höhe der Production verdienen noch Neu-Südwales und Queensland genannt zu werden. Die gesammte Goldgewinnung von Neu-Südwales vom J. 1851 bis zum Schlusse des J. 1875 wird auf 8.436.000 Unzen im beiläufigen Werthe von 33 Mill. Pfd. St. beziffert, ist jedoch in rascher Abnahme begriffen, und in Queensland sind die Ergebnisse der Ausbeute von 1870 bis 1875 wieder weitaus günstiger geworden. Resumiren wir die Daten der Productionsstatistik der letzten Zeit, soweit sie uns bisher vorliegen, so ergibt sich:

　　　Edelmetall-Gewinnung in Australien im J. 1875.
Victoria	1.068.418	Unzen
Neu-Seeland	355.322	
Neu-Süd-Wales	230.883	
Queensland	359.076	
Tasmanien	3.010	
Süd-Australien	1.000 ?	
Zusammen . .	2.017.709,	d. i. ca. 7 Mill. Pfd. St.

Dass diese Erhebungen der Bergwerksbehörden unvollständig sind, geht aus dem Vergleiche derselben mit den Handelsausweisen und Münzungen in Sydney und Melbourne hervor. Da der grösste Theil australischen Goldes als Barren, aber auch ein anderer Theil gemünzt ausgeführt wird, so dürfen zwar die beiden Summen nicht zusammengerechnet werden, wohl aber kann man zuversichtlich sagen, dass die Gesammtproduction an Gold grösser ist, als der Export, und etwas kleiner, als die Summe des Exportes und der Ausmünzungen. Diese betrugen nun:

　　　Gold-Exporte und Ausmünzungen in Australien.
	Netto Export	Ausmünzungen
im Jahr 1871 . . .	7,60 Mill. Pfd. St.	2,61 Mill. Pfd. St.
„ „ 1872 . . .	7,59 „ „	2,71 „ „
„ „ 1873 . . .	9,35 „ „	2,31 „ „
„ „ 1874 . . .	6,50 „ „	3,30 „ „
„ „ 1875 . . .	6,50 „ „	4,01 „ „
„ „ 1876 . . .	5,00 „ „	3,76 „ „

Es ist daher anzunehmen, dass die Production im Jahre 1875 über 8 Mill. Pfd. St. und im J. 1876 über 6 Mill. Pfd. St. Gold lieferte. Unter den übrigen für die Gewinnung von edlen Metallen wichtigen aussereuropäischen Gebieten sind Mexiko und einige Staaten von Südamerika anzuführen. Kein Land der Erde hat, wie E. Suess sagt, den Menschen so viel Edelmetall geliefert, wie Mexiko. Die Münzstätten dieses Landes haben von 1699 bis 1863 allein 2195 Millionen Piaster oder etwa $9^1/_2$ Milliarden Mark in Silber und 103 Millionen Piaster, d. i. fast $^1/_2$ Milliarde Mark in Gold geliefert: aber die Production im Grossen begann schon um mehr als ein Jahrhundert früher und ist stets grösser gewesen, als die Prägestätten angaben, weil die Münzregalität mit dem hohen Schlagschatze und den entsprechenden hohen Ausfuhrzöllen stets den Schmuggel veranlasste und die Controlen sehr mangelhaft eingerichtet waren. Auch die neuesten Daten leiden, obwohl die Abgaben sehr erniedrigt worden sind, unter diesen Mängeln. Für 1873 schätzt eine officielle Quelle die Silberproduction auf $19,_7$ Mill. Piaster, d. i. 85 Mill. Mark, und die Ausfuhr auf $24,_1$ Mill. Piaster, d. i. 104 Mill. Mark, während die Goldgewinnung nur etwa 938.000 Piaster oder 4 Mill. Mark betrug. Die Erhebungen der amerikanischen Enquête bestätigen für die neueste Zeit die oben mitgetheilten Ziffern von circa 90 Mill. Mark Silber und 4 Mill. Mark Gold, wogegen Soetbeer etwas höhere Ziffern annimmt.

Im Westen Südamerika's setzt sich der Edelmetall-Reichthum fort; in der Republik Columbia (vormals Neu-Granada) ist eine nicht unbedeutende, auf $2,_7$ Mill. Doll. Gold und 450.000 Doll. Silber geschätzte Production (Ausfuhr 1875: 3.160.184 Doll. Edelmetall, geprägt und ungeprägt). Peru hat als Silberproductionsland bekanntlich eine alte historische Bedeutung; in dem Districte von Cerro de Pasco allein wurden seit der Entdeckung (1630 bis 1849) 475 Mill. Doll. gewonnen. Die Minen, welche unter spanischer Herrschaft den grössten Reichthum geliefert hatten, insbesondere das berühmte Revier von Potosi, gehören aber seit 1778 zu Bolivia. Ueber beide Gebiete, jenes von Peru und Bolivia, liegen aus neuerer Zeit keine statistischen Daten von irgend welcher Verlässlichkeit vor. Etwas mehr wissen wir von Chile, dessen Goldproduction in der letzten Zeit auf ein Minimum zurückgegangen ist, dessen Silbergewinnung jedoch rasch ansteigt und gegenwärtig auf 3 Mill. Doll. geschätzt wird.

Im östlichen Amerika wurden in der Argentinischen
Republik, deren Berge noch wenig durchforscht sind, im J. 1875
4000 Unzen, d. i. circa 250.000—300.000 Mark Gold und 450.000
Unzen, d. i. 2,₃ Mill. Mark Silber gewonnen. Was Brasilien
betrifft, so äussert sich der amerikanische Ministerresident in
Rio de Janeiro, dass es, wegen Mangels einer Statistik, unmöglich
sei, Daten über den jährlichen Ertrag der Edelmetallbaue oder über
die Handelsbewegung zu geben. Das „London Mining Journal“ gibt
die Production der einzigen bedeutenden Bergwerksgesellschaft für
1875—76 mit 71.174 Unzen Gold im Werthe von 5 Mill. Mark an.
In Nova Scotia endlich wurden im J. 1875 10.957 Unzen Gold
aus Gängen und 251 aus Wäschen etwa im Goldwerth von 800.000
Mark gewonnen.

Wir übergehen die unbedeutenden kleineren Gebiete und resumiren aus den approximativen, leider sehr unzuverlässigen Schätzungen, dass Mexiko, das westliche und östliche Südamerika und Nova
Scotia zusammen etwa 100—110 Mill. Mark Silber und 10—12 Mill.
Mark Gold gewinnen, also jedenfalls seit zehn Jahren in ihren Edel-
medall-Erträgen zurückgegangen sind.

Da sich die Productionsmengen von Ostasien (wo Japan im
J. 1874 eine Menge von 14.000 Unzen Gold und 312.000 Unzen
Silber auswies) und von Afrika der statistischen Erhebung ent-
ziehen, wenden wir uns nun zu den europäischen Ländern. Unter
diesen beansprucht Russland die grösste Bedeutung. Bekanntlich
ist dort in der neueren Zeit wieder, wie im grauesten Alterthume,
die Gewinnung von Gold aus dem im Ural (Gouv. Perm, Orenburg
und Ufa), in Sibirien, in der Kirgisensteppe und in Turkestan, sowie
im Amurlande vorkommenden Goldsande in grösserem Massstabe
eingeleitet worden; ebenso werden Silbergruben in mehreren Theilen
des Landes mit lohnendem Erfolge betrieben. Die Ausbeute von
Gold soll nach dem Gutachten competenter Fachmänner wesentlich
steigerungsfähig sein und betrug nach officiellen Angaben in den
letzten zehn Jahren:

Goldgewinnung in Russland   Mill. Mark

im Jahre 1865	1521 Pud	30 Pfd.	= 49.852 Münzpfde.,	d. i.	69,₅₄	Werth
„ „ 1870	2156 „	23 „	= 70.648	(à 1395 M.)	„	98,₅₅	„
„ „ 1871	2399 „	27 „	= 78.613	„	„	109,₆₆	„
„ „ 1872	2330 „	30 „	= 76.378	„	„	106,₅₃	„
„ „ 1873	2124 „	29 „	= 69.606	„	„	97,₁₀	„
„ „ 1874	2073 „	10 „	= 67.920	„	„	94,₇₅	„

Dagegen scheint die Gewinnung von Silber stationär zu bleiben, da auch die Ausbeute der Silbererze im Ural aufgegeben wurde. Sie beträgt:

Silbergewinnung in Russland:

im Jahre 1869 25.200 Münzpfunde (à 90 M.) 2,₂₇ Werth Mill. Mark
„   „   1870 28.400   „   -   „   2,₅₆ „   „   „
„·   ··   1871 27.080   „   „   2,₁₁ ··   ·· ··
„   „   1874 24.700   „   „·   2,₂₂ ··   ·· ··

Was die übrigen, für die Edelmetall-Production minder wichtigen Länder betrifft, so ist hinsichtlich der europäischen Staaten für die Goldproduction Ungarn und Siebenbürgen, für die Silbergewinnung Deutschland von grösster Wichtigkeit; die Production ist in der letzten Zeit in Bezug auf Gold nahezu constant geblieben, dagegen in Betreff des Silbers in Deutschland und Oesterreich gestiegen. Man rechnet überhaupt die europäische Goldgewinnung auf circa 4600 Münzpfunde im Werthe von 6,₆ Millionen Mark und die Silbergewinnung auf circa 600.000 Münzpfunde im Werthe von 41 bis 45 Mill. Mark. Davon entfielen im J, 1876 auf Oestereich-Ungarn 3806 Münzpfunde Gold und 95.000 Münzpfunde Silber, und auf das Deutsche Reich im J. 1874 311.000 Münzpfunde Silber. Nächst Deutschland folgt Spanien mit einer Production von 65.966 Münzpfunden Silber im J. 1872. Da die einzelnen Jahres-Erträge wegen ihrer ziemlichen Gleichheit von geringerem Interesse sind, geben wir das übersichtliche Bild der Durchschnittsgewinnung nach W. v. Lindheim:

Durchschnittswerth der Edelmetallproduction in Europa (ohne Russland) in den Jahren 1864—74

	Gold	Silber
Deutschland . . .	423.424 Mark	18.842.312 Mark
Ungarn	4.327.971 „	4.142.852 „
Frankreich . . .	1.750.236 „	6.586.540 „
Spanien	— „	4.946.841 „
Grossbritannien . .	66.427 „	3.917.545 „
Oesterreich . . .	48.771 „	2.861.658 „
Schweden	26.315 „	188.553 „
	6.643.144 Mark	41.486.301 Mark

Die Totalsumme der Edelmetallproduction in den vorangeführten Ländern der Erde ergäbe also nach den hier einzeln begründeten Daten:

	Gold	Silber
Ver. Staaten von Nordamerika (1876)	171,₅ Mill. Mark [1])	152,₁₇ Mill. Mark [1])
Australisches Gebiet (1876) circa . .	120,₀ „ „	— „ „
Russland (1874)	94₇ „ „	2,₂ „ „
Mexiko u. übriges Amerika circa .	15,₈ „ „	118,₈ „ „
Europäische Staaten (Durchschnitt)	6,₆ „ „	41,₅ „ „
	408,₆ Mill. Mark	315,₂ Mill. Mark

Die Zusammenstellungen des amerikanischen Silber-Reports stimmen in Bezug auf Silber mit diesen Zahlen überein, weichen dagegen, weil sie das asiatische Russland nicht berücksichtigen, in der Angabe der Goldmenge ab; sie lauten wie folgt:

Edelmetallproduction in der westlichen Welt
(Amerika, Europa und Afrika):

Jahr	Gold	Silber
1870	427,₆ Mill. Mark [1])	206,₁ Mill. Mark [1])
1871	428,₀ „ „	244,₀ „ „
1872	398,₁ „ „	260,₈ „ „
1873	388,₈ „ „	280,₈ „ „
1874	363,₂ „ „	286,₀ „ „
1875	390,₀ „ „	280,₀ „ „
1876	360,₀ „ „	304,₀ „ „

Die Differenzen bei der Goldproduction klären sich um so eher auf, als die betreffende Zahl des amerik. Berichtes einer Schätzung des Sir Hector Hay entnommen ist, welche, wie auch Soetbeer nachwies, in dem Anschlage der auf Asien und Afrika entfallenden Summen viel zu gering ist.

Für den letzten 25jährigen Zeitraum gibt Ad. Soetbeer folgende sorgfältig richtig gestellte Schätzung:

Edelmetall-Gewinnung von 1851—1875.

	Gold		Silber	
	Kilogr. = Werth Mill. Mark		Kilogr. = Werth Mill. Mark	
Australien . . .	1.793.000 . .	5.002,₁₇	—	
Verein. Staaten .	1.840.500 . .	5.134,₉₉	5.200.000 . .	963,₀₀
Mexiko u. Südamer.	238.900 . .	666,₅₃	18.020.000 . .	3.243,₆₀
Russland . . .	667.860 . .	1.863,₃₃	403.000 . .	72,₅₄
Andere Länder .	77.050 . .	214,₉₇	6.674.000 . .	1 201,₃₂
Zusammen	4.617.310 . .	12.882,₂₉	30.297.000 . .	5.480,₁₆

[1]) 1 Dollar wurde für Gold und Silber gleich 4 Mark, 1 Pfd. St. gleich 20 Mark angenommen.

Innerhalb dieser Periode traten in den Werthssummen folgende Veränderungen ein:

Jahre		Gold Mill.Mark	Silber Mill.Mark	zusammen Mill.Mark	Procentual-Verhältniss Gold	Silber
1851—55	durchschnittlich .	556,7	168,8	725,9	76,8	23,2
1856—60	„ .	552,2	164,0	716,2	77,1	22,9
1861—65	„ .	498,9	199,11	698,0	71,5	28,5
1866—70	„ .	519,9	236,9	756,3	68,5	31,5
1871—75	„ .	448,9	336,0	784,9	57,2	42,8
1876	„ .	408,6	315,2	723,8	56,5	43,5

Das seit Entdeckung der Goldfelder in Californien und Australien bis gegen das Jahr 1865 ziemlich stetig andauernde Verhältniss von drei Viertheilen Gold zu einem Viertheile Silber hat sich also von 1865 an zu verändern angefangen und in Folge der Ergiebigkeit der Minen in Nevada seit 1871 bedeutend verschoben. Die Silbermenge beträgt jetzt relativ doppelt so viel, als im Durchschnitte des Decenniums von 1851—60. Dieses grössere Angebot hat ohne Zweifel dazu beigetragen, dass die wesentlich noch durch andere Umstände hervorgerufene Entwerthung des Silbers in der neueren Zeit eingetreten ist; es hat sie aber nicht allein und als primäre Ursache veranlasst, denn sonst müsste in den Jahren 1851—1860, als die Goldproduction ebenso rapid zugenommen hatte, eine gleichartige Entwerthung des Goldes eingetreten sein, was doch nicht der Fall war. Jene anderen und viel wirksameren Ursachen sind klar und bestimmt in den seit 1870 eingetretenen Veränderungen der Nachfrage nach Gold und in der Demonetisirung des Silbers zu finden, welche wir nun näher betrachten.

2. Verwendung der Edelmetalle.

Die Nachfrage nach Gold und Silber hängt wesentlich von drei selbstständig zu verfolgenden Factoren ab: erstens von dem Gebrauche derselben als Münze oder Barren im Umlaufe und als Deckungsmittel oder Baarschatz in dem europäisch-amerikanischen Verkehrsgebiete; zweitens von dem Abfluss nach Indien und den übrigen Ländern Ostasiens; drittens von ihrem Verbrauche in den Kunstgewerben und Industrien in den Ländern der abendländischen Kultur. Die beiden ersten Factoren bilden den entschei-

denden Theil, wenn es sich darum handelt, grosse Veränderungen
in den Verhältnissen der Edelmetalle zu erklären und sie sind es
auch, welche in der letzten Zeit zumeist die gewaltigen Perturba-
tionen der Gold- und Silberpreise hervorgerufen haben; der gewerbliche Verbrauch bewegt sich constanter und kann niemals excessive
Nachfragen veranlassen, da die Erfahrung im Gegentheil lehrt, dass
billigere Marktpreise des einen oder des anderen Edelmetalles zu
einer umfangreicheren kunst-technischen Verwendung desselben Anlass geben, so dass eher ein regulirender Einfluss von dieser Seite
zu gewärtigen wäre.

A. Die Edelmetalle im Münzvorrath und zu Geldzwecken in den Staaten der abendländischen Kultur.

Was erstens die Verwendung von Gold und Silber zu Zwecken
der Münzung oder der Fundation des Geldwesens betrifft, so
verfügt kein einziger Staat der Welt über statistische Daten, welche
die Höhe des Münzvorrathes und der metallischen Baarbestände
anderer Form mehr als approximativ bezeichnen würden. Nach
einem schätzungsweisen Anschlag von Ruggles sollen überhaupt bis
zum Jahr 1866 in Grossbritannien, Frankreich und den Vereinigten
Staaten von Amerika 12.540 Millionen Mark in Gold ausgeprägt
worden sein; wie viel davon auf Umprägungen alter Münzen entfällt,
wie viel effectiv noch im Umlauf vorhanden, war nicht zu ermitteln,
sondern man konnte sich nur sagen, dass diese Ausprägungen ungefähr mehr als die Hälfte des ganzen seit dem Jahre 1500 gewonnenen Goldes absorbirt hätten. Ebenso unsicher ist die Angabe des
Directors Dolmar vom Statistischen Bureau in Washington, der für
das Jahr 1867 die gesammte Menge der in Europa und Amerika
wirklich circulirenden Goldmünzen auf 10.962 Mill. Mark
veranschlagte. Einer Berechnung endlich, die ich selbst im J. 1874
auf Grund von sorgfältig gesammelten Angaben über den thatsächlichen Münzvorrath der bedeutendsten europäischen Staaten (also ohne Amerika) angestellt habe und welche für Gold- und
Silbermünzen zusammen den Betrag von nur 9282 Millionen Mark
ergaben, kann auch bloss der Werth einer Approximation beigelegt
werden. Die amerikanische Silber-Commission hat in ihre an alle
Regierungen gerichtete Umfrage auch den Punkt aufgenommen, dass
die Statistik der Ausmünzungen soweit als möglich in der Zeit zu-
rückreichend angegeben werden soll; sie hat aber keine Zusammen-

stellung der eingetroffenen Antworten vorgenommen, sondern sich
darauf beschränkt, folgende aus Privatquellen genommene Tabelle
in den Beilagen des Berichtes zu publiciren:

**Schätzung der Bevölkerung und des Münzvorrathes
in der westlichen Welt.**

	Bevölkerung	Gold und Silber in Verwendung als Geld	
		überhaupt	per Kopf der Bevölkerung
im J. 1839 (nach Storch) .	265 Mill. Einw.	1420 Mill. Doll.	5 Doll.
„ 1850 (n. Mc. Culloch)	300 „ „	2500 „ „	8 „
„ 1860 (Schätzung) . .	330 „ „	2800 „ „	8½ „
„ 1870 (nach E. Seyd) .	370 „ „	3600 „ „	9½ „
„ 1877 (Schätzung) . .	390 „ „	3700 „ „	9½ „

Unter den einzelnen Ländern ist zunächst vom Deutschen
Reiche in Folge der, nach Gesetz vom 4. Dezember 1871, durchgeführten Münzreform Näheres bekannt. Ende 1871 war nach einer
amtlichen Aufstellung in allen einzelnen deutschen Staaten zusammen
ein Ueberschuss der älteren Ausprägungen über die Einziehungen
von 531.₅ Mill. Mark Goldmünzen und 1798.₇ Mill. Mark Silbermünzen nachzuweisen. Die seitherigen Münzoperationen haben jedoch gezeigt, dass die Goldmünzen bis auf eine verhältnissmässig
geringe Summe schon im Privatverkehr eingeschmolzen waren, so
dass davon nur 90.₉ Mill. Mark erübrigten und dass ebenso von den
Silbermünzen durch Einschmelzen, Export, Verlorengehen u. s. w.
ein Drittel in Abgang gekommen, also nur mehr circa 1350 Mill.
Mark vorhanden waren. So ergab sich Ende 1871 der thatsächliche
Vorrath an einheimischen Münzsorten in Deutschland (ohne Elsass-
Lothringen) wie folgt:

Goldmünzen	90.960.000 Mark
Deutsche Silbermünzen aller Art	1350.203.000 „
Oesterreichische u. andere ausländ. Münzen ca.	100.000.000 „
Fonds der Hamburger Bank	35.945.000 „
Edelmetall in Barren in anderen Banken circa	15.000.000 „
Münz-Metall zusammen	1592.108.000 Mark

Für fünf Jahre später, nämlich März 1877, veranschlagt Soetbeer den Münz- und Barrenvorrath Deutschlands wie folgt:

Reichsmünzen im Ganzen	1600.000.000 Mark
Aeltere Landesmünzen	560.000.000 „
Oesterreichische Thaler	60.000.000 „
Gold in Barren u. fremden Münzen bei Banken .	50.000.000 „
Zusammen	2270.000.000 Mark

In diesem Zeitraume hat sich also der Vorrath von Metall-
münzen und Barren um circa 678 Mill. Mark erhöht, wobei jedoch
zu erwägen ist, dass sich nicht der gesammte Betrag im Umlaufe
befindet, sondern davon in Abzug zu bringen sind die 120 Millionen
Mark Goldmünzen, die im Reichskriegsschatze aufbewahrt werden,
und vermuthlich über 100—200 Mill. Mark Goldmünzen, welche seit
1874 in's Ausland exportirt und nicht wieder zurückgebracht wurden.
Wir übergehen vorläufig die dem Umlaufe dienende Menge von Papiergeld und Banknoten, weil wir zunächst nur die Einflüsse der Münz-
verwendung auf den Edelmetallmarkt in's Auge fassen, und wenden uns
daher gleich zu der wichtigsten Veränderung, nämlich der Demonetisation des Silbers und Einführung der Goldwährung.

Durch die grosse, mit eben so viel Geschick als Consequenz
durchgeführte Münzreform wurden bekanntlich Massen von Silber
auf den Markt geworfen, welche das Angebot dieses Edelmetalls
ebenso beeinflussen mussten, wie die neu producirten Silbererze selbst,
während umgekehrt eine mächtige und fortdauernde Nachfrage nach
Gold zum Zwecke der Ausmünzung und der Dotirung des Metall-
bestandes der Reichsbank eintrat. Von Anfang 1872 bis Ende September 1877 gelangten nämlich an früheren Landes-Silbermünzen
zur Einziehung 906,₈ Mill. Mark und es blieb damals noch ein
Betrag von etwa 390 Mill. Mark übrig, wovon bis Mitte 1878 wohl
schon circa 120 Mill. Mark, zusammen also in $6^1/_2$ Jahren circa
1020 Mill. Mark, eingezogen worden sein dürften. Da die Ausprägungen der neuen ein bis fünf Mark- und Pfennig-Münzen bis Ende
Mai 1878 nur 425,₁₅ Mill. Mark Silber erforderten, so ist die durch
die deutsche Münzreform bis jetzt frei gewordene Silbermenge auf
ungefähr 600 Mill. Mark Silber anzuschlagen. Was dagegen die
Goldanschaffungen anlangt, so waren die früher im Umlauf be-
findlichen Landesgoldmünzen schon Ende Juli 1877 vollständig eingezogen, und es wurden überhaupt bis Ende Mai 1878 1596,₁ Mill.
Mark neue Goldmünzen geprägt, was einem Mehrbedarf von rund
1500 Mill. Mark entspricht. [1]

---

[1] Die von der deutschen Reichsbank vom 3. Januar 1876 bis Mitte
Mai 1878 angekauften 28,₉ Mill. Mark Goldmünzen und 253 Mill. Mark Gold
in Barren sind grösstentheils (für 256,₉ Mill. Mark) in obiger Summe inbegriffen und belasten nur mit einem Reste von etwa 20—25 Mill. Mark
den Goldmarkt.

Dazu hatte die französische Kriegsentschädigung allerdings 219 Mill. Mark beigetragen, aber der Rest musste durch Ankauf von Napoleonsd'or, anderen fremden Goldmünzen und Barren-Metall beschafft werden. Zu diesen Thatsachen treten als verstärkende und im gleichen Sinne wirkende Momente die Massregeln hinzu, welche in den Ländern der lateinischen Münzconvention, d. i. in Frankreich, Belgien, Italien und der Schweiz seit dem J. 1873 ergriffen wurden. Die Münzconvention vom 23. Dez. 1865 hatte die Ausprägung von Silbercourant auf Fünffrancs-Stücke beschränkt, was bei dem hohen Silberpreis der Jahre 1850—1865 berechtigt war; nun begann aber mit dem im J. 1869 sinkenden Silberpreise die Gefahr einer totalen Verdrängung der Goldmünzen selbst durch diese Fünffrancs-Stücke, so massenhaft wurden sie geprägt. Man veranschlagt den Münz-Vorrath dieser Staaten auf mehr als 2 Milliarden Francs in Silber, wovon auf Frankreich allein 1200—1500 Mill. Francs entfallen, und wovon dort wieder im J. 1877 865 Mill. Frcs. im Baarschatze der Bank waren. Um nun dem mit fortschreitender Entwerthung des Silbers immer mehr drohenden Einströmen desselben in die Münzvereinsstaaten vorzubeugen, in welchen das Doppelwährungsgesetz eine feste Werthsrelation stipulirte, die mit den Marktpreisen nicht mehr übereinstimmte, beschränkten die französische und die belgische Regierung schon gegen Ende 1873 im Verwaltungswege die Ausprägung silberner Fünffrancs-Stücke; im Januar 1874 beschlossen diese beiden Staaten mit Italien und der Schweiz eine Zusatzübereinkunft zum Münzvertrage vom 23. Dez. 1865, wodurch für das J. 1874 in allen Ländern des Fünffrancs-Systems die gesammte Ausprägung dieser Silbermünzen vertragsmässig auf das Maximum von 120 Mill. Frcs. beschränkt wurde; für die Jahre 1875 und 1876 wurde das Maximum dieser Silberprägungen durch neue Uebereinkünfte auf 150 und 200 Mill. Frcs. mit dem weiteren Vorbehalte beschränkt, dass für das J. 1877 höchstens bis zum Belaufe von zusammen 60 Mill. Frcs. von den Regierungen Münzbons für Silber ausgegeben werden dürfen. Die Macht der Thatsachen übertraf jedoch noch diese legalen Abmachungen; denn die Schweiz verzichtete schon im J. 1875 gänzlich auf das Recht der Herstellung von Silbermünzen, der Präsident der französischen Republik stellte dieselben ebenfalls im Aug. 1876 bis auf Weiteres ein und Belgien folgte diesem Beispiele im Dez. 1876.

Der Erfolg dieser Massregeln drückt sich darin aus, dass der
Bedarf an Silber zu Münzzwecken in dem wichtigen Verkehrsgebiet
des lateinischen Münzvereines seit 1874 bedeutend abgenommen,
der Bedarf an Gold ebenso zugenommen hat. Frankreich hatte
noch in den Jahren 1872 und 1873 keine Goldmünzen, sondern nur
für 389 resp. 76,5 Mill. Frcs. Silbermünzen, Italien hatte in den
letzten zehn Jahren fast gleichviel Gold und Silber, Belgien in den
letzten 40 Jahren (1832—1877) doppelt soviel (471 Mill. Frcs.)
Silber als Gold (234 Mill. Frcs.) geprägt. Dagegen betrugen die
Ausprägungen in Frankreich, Belgien, Italien und der Schweiz

	Silbermünzen	Goldmünzen
im Jahr 1874 . .	120 Mill. Frcs.	90,7 Mill. Frcs.
„ „ 1875 . .	140 „ „	319,8 „ „

Vom J. 1876 ist bekannt, dass Frankreich für ungefähr 51
Mill. Frcs. Silber und für 160 Mill. Frcs. Goldmünzen, Italien für
ungefähr 30 Mill. Frcs. und die Schweiz nur für 2¹/₂ Mill. Frcs.
Silber ausgeprägt haben, so dass hier der Totalbedarf an Silber
auf höchstens 100 Mill. Frcs. zu schätzen ist. Es wurde mithin in
diesen Ländern in den 3 Jahren 1874—1876 weitaus weniger Silber,
als in den Vorjahren, dagegen im J. 1875 dreimal soviel Gold, als
im J. 1874, zu Münzzwecken aus dem Markte genommen. Wie
sehr aber die Nachfrage nach Gold dort noch in Zunahme begriffen
ist, geht aus dem Berichte Feer-Herzog's hervor, welcher constatirt,
dass in den Cassen der Banken aller Staaten der Münz-Union Gold
aufgehäuft und in diesem Metalle die Reserven angelegt werden. Der
Baarschatz der Bank von Frankreich betrug im Laufe des Jahres
1877 2069,8 Mill. Frcs. im Minimum und 2281,3 Mill. Frcs. im
Maximum, und davon waren durchschnittlich 1177 Mill. Frcs. Gold.

Wenn schon die vorangeführten grossen Thatsachen genügen
würden, um erhöhte Nachfrage nach Gold und verminderten Bedarf
von Silber in Europa zu bewirken, so sehen wir, dass in kleineren
Dimensionen Aehnliches auch in den scandinavischen Reichen
und in anderen Ländern unseres Erdtheiles vor sich ging. Dänemark, Schweden und Norwegen, durch eine Convention vom.
18. Dezember 1872 zu einem Münzbunde vereint, haben innerhalb
drei Jahren den Uebergang von der früheren Silberwährung zur
neuen (Kronen-) Goldwährung vollzogen und in Folge dessen Gold
angekauft, Silber auf den Markt geworfen. Die Beträge sind nicht
sehr hoch, aber sie fallen zu den Uebrigen mit in die Wagschale.

Dänemark hat in dieser kurzen Zeit 26,$_7$ Mill. Kronen (zu 1,$_{125}$ Mark) Gold und nur 17,$_9$ Mill. Kr. Silber ausgeprägt, es hat in der Periode 1871—1875 für Münzzwecke eine Mehreinfuhr von Gold im Werthe von 44$^1/_2$ Mill. Kronen und eine Mehrausfuhr von Silber im Werthe von 10$^1/_2$ Mill. Kronen bewerkstelligt und diese Operationen bis Ende 1876 fortgesetzt, so dass es nun über einen Münz- und Barren-Vorrath von 51 Mill. Kr. Gold und nur 17,$_7$ Mill. Kr. Silber verfügt. In Schweden sind vom Mai 1873 bis Mitte 1876 20,$_7$ Mill. Kr. Gold- und nur 8,$_9$ Mill. Kr. Silbermünzen geprägt worden und der Baarschatz der Bank von Schweden, sowie der Privatbanken bestand im J. 1876 aus 10,$_1$ Mill. Kr. Gold und nur 3,$_6$ Mill. Kr. Silber. In Norwegen endlich wurde in Folge Einführung der Goldwährung nach Verkäufen von circa 20 Mill. Mark Silber der Münzvorrath der Bank im August 1876 auf 18 Mill. Mark (4,$_1$ Mill. Sp.-Th.) Gold bei nur etwa 6 Mill. Mark Silberumlauf gebracht. In Holland wurde die Silber-Ausmünzung von Oktober 1873 bis Mai 1874 sistirt, von da an bis 3. Dez. 1874 zeitweilig gestattet und nachher wieder bis Ende Dezember 1877 untersagt, ohne dass indessen die gesetzliche Anerkennung der factisch bestehenden Goldwährung erfolgt wäre; die Generalstaaten nahmen zwar im Principe die Goldwährung an, vertagten jedoch die definitive Entscheidung im Hinweise auf eine anzustrebende internationale Entscheidung der Währungsfrage. Russland, dessen Münzumlauf gänzlich durch die Papierwährung verdrängt ist, hat trotzdem für auswärtige Zwecke in den Jahren 1872—1875 dreimal soviel Gold- als Silbermünzen prägen lassen und gleich Oesterreich-Ungarn die neueren Anlehen in Gold contrahirt. In dem letzteren Staate nahmen allerdings die für eigene und fremde Zwecke erfolgten Ausprägungen auch in den Jahren 1873 bis 1877 stets nahezu das Dreifache von Silber als von Gold in Anspruch, und betrugen überhaupt vom J. 1857 bis 1877 337 Mill. fl. Silber gegen 128 Mill. fl. Gold. In Spanien endlich wurde durch königl. Decret vom 20. Aug. 1876 die Absicht erklärt, das Silber auf Zahlungen bis zu 150 Pesetas zu beschränken und Gold im Umlaufe zu erhalten, sobald es in genügender Menge vorhanden sein wird; zugleich wurde die Ausprägung von Silber mit Ausnahme desjenigen für Rechnung der Regierung untersagt.

Aus diesen Ländergebieten Europa's vereinigten sich also in einem engbegrenzten Zeitraume grosse Nachfrage nach Gold und grosses Angebot von Silber. Die alten Goldwährungsländer Gross-britannien und Portugal aber fuhren gleichzeitig in ihren normalen Ausprägungen fort.

In Grossbritannien und Irland wurde für Ende 1876 der Münzvorrath geschätzt, wie folgt:

$$
\begin{array}{lr}
\text{Gold in der Bank} \ldots \ldots & 28 \quad \text{Mill. Pfd. St.} \\
\text{Goldmünzen im Umlauf} \ldots & 105 \quad \text{„} \quad\quad \text{„} \\
\hline
\quad\quad \text{Gesammte Goldmenge} & 133 \quad \text{Mill. Pfd. St.} \\
\text{Silbermünzen im Umlaufe} \ldots & 16_{,5} \quad \text{„} \quad\quad \text{„} \\
\hline
\quad\quad \text{Gesammter Metallvorrath} & 149_{,5} \quad \text{Mill. Pfd. St.}
\end{array}
$$

Da um das J. 1844 der Goldmünzen-Umlauf auf 60 Mill. Pfd. Sterl. geschätzt wurde, dürfte in diesen 32 Jahren der Münzbedarf 45 Mill. Pfd. Sterl. Gold aus dem Markte genommen haben, während umgekehrt eine ebenfalls beträchtliche Abnahme der Silber-münzvorräthe wahrscheinlich ist. Ueberhaupt betrugen die Aus-münzungen:

	Goldmünzen	Silbermünzen
von 1858—1865 . .	41.539.000 Pfd. St.	2.867.500 Pfd. St.
„ 1866—1876 . .	51.833.000 „	6.147.700 „
zusammen .	93.372.000 Pfd. St.	9.015.200 Pfd. St.

In diesem 19jährigen Zeitraume sind also in Grossbritannien mehr als zehnmal soviel Gold-, wie Silber-Münzen ausgeprägt worden. Ein Theil dieser Münzen dient zugleich für Umlaufszwecke in Portugal, wo nach officiellen Angaben die gesammte Goldcirculation ausschliessend aus englischen Sovereigns besteht.

Nebst diesen Ländern der abendländischen Kultur sind es endlich auch die Vereinigten Staaten von Nordamerika, welche durch ihren neuerlichen Eintritt in die Action einen schon fühlbaren Einfluss auf die künftige internationale Ordnung des Geldwesens nehmen. Das Bestehen der Papiervaluta hatte die Vereinigten Staaten vom J. 1861 bis vor Kurzem nur als Productions- nicht aber als Consumtions-Gebiet für Edelmetalle wichtig erscheinen lassen, und die seit dem J. 1792 dort bestehende Doppelwährung war für die ganze Münzfrage gleichgiltig geworden. Als aber das Gesetz vom 12. Febr. 1873 die weitere Ausprägung von Fünf-Dol-lar-Stücken untersagte und Gold als alleiniges Währungsgeld er-klärte, begann sich der Einfluss zuerst in dem Sinne geltend zu machen, dass auch in diesem grossen Verkehrsgebiete im Falle der

Aufnahme von Baarzahlungen eine bedeutende Nachfrage nach Gold zu gewärtigen war. Diese Voraussetzung wurde umso begründeter, da eine Congressacte vom 14. Januar 1875 bestimmte, dass vom 1. Januar 1879 angefangen, Münze und einlösbare Nationalbank-Noten gesetzliches Zahlungsmittel sein sollten. Das zwischenzeitig einge- tretene Sinken des Silberpreises rief die Besorgniss der Bergwerks- Besitzer in der Nevada in solchem Grade wach, dass ihre Partei zusammen mit den Vertretern der Doppelwährung die bekannte Bland'sche Silber-Bill im August 1876 einbrachte; das Ende langer Vorerhebungen, Berathungen, Beschlüsse und wiederhohlter Vetos des Präsidenten, war die am 28. Februar 1878 erfolgte Annahme des die. nominelle Doppelwährung und factische Silberwährung ein- führenden Gesetzes. Nach dem Inhalte desselben findet wieder die sistirt gewesene Ausprägung von Silber-Dollars, wie im Gesetze vom J. 1837 vorgeschrieben, statt, und diese Münze soll ihrem Nennwerthe nach gesetzliches Zahlungsmittel (legal tender) sein. Durch diese Massregel, deren eingehendere Kritik wir uns hier versagen müssen, wurden die Münzstätten der Vereinigten Staaten sofort Abnehmer für monatlich mindestens 2 und höchstens 4 Mill. Doll. Silber, und die Aussicht auf stetige Aufnahme von Silber zu Prägungszwecken hat bereits mit dazu beigetragen, den Silberpreis auf einem etwas höheren Niveau zu erhalten. Um die Bedeutung dieses Verkehrs- gebietes für Edelmetall-Verbrauch zu Münzungszwecken beiläufig zu kennzeichnen, fügen wir bei, dass nach einer gut begründeten Schä- tzung von W. L. Fawcett der Münzvorrath anzunehmen ist:

	Münze in den Banken	Münze im ganzen Lande
im J. 1854 . . .	59,₁ Mill. Doll.	240 Mill. Doll.
„ 1859 . . .	—	259 „
„ 1870 . . .	6,₁₀ (?) „	121 „
„ 1876 . . .	6,₁₀ (?) „	102 „

Die gesammten Ausprägungen haben in dem Zeitraume von der Organisation des Vereinigten-Staaten-Münzamtes (1793) bis zum Ende des Fiscaljahres 1876 939 Mill. Doll. Gold- und 180,₃ Mill. Doll. Silbermünzen betragen; davon ist jedoch die Goldprägung zu- meist eine Form für den Goldexport in's Ausland zur Umprägung, und unter den Silberprägungen befanden sich in jedem der letzten Jahre mehrere Millionen Trade Dollars für den Handel mit Ost- asien. Erst neuestens wird die Silberprägung den Zweck der Ver-

mehrung der eigenen Geldmenge des Landes erfüllen; sie stieg deshalb von 10 Mill. Doll. im J. 1875 auf 19,₁ Mill. Doll. im J. 1876
und 28,₇ Mill. Doll. im J. 1877; in den beiden letzten Jahren waren
darunter 7 resp. 9 Mill. Trade Dollars, der Rest Landesgeld.

B. Abfluss der Edelmetalle nach den Ländern des Orients.

Die Ausfuhr von Edelmetall nach Britisch Indien, Ceylon, Siam,
China und Japan hat seit 40 Jahren solche Dimensionen angenommen, dass der Marktpreis des Silbers und Goldes in Europa davon
wesentlich beeinflusst werden musste. Diesem Abströmen ist die
steigende Tendenz des Silberpreises in der Periode 1851—1865 und
die Erhaltung desselben auf normaler Höhe von 1866—1870 zuzuschreiben, wogegen die eingeschränktere Aufnahme des weissen Edelmetalles in Ostasien während der Jahre 1870—1876 den Einfluss ausübte, den Rückgang des Silberpreises nicht aufzuhalten; im J. 1877
endlich sehen wir durch abermalige Steigerung des ostasiatischen
Bedarfes auch abermals die Silberpreise etwas regulirt.

In den Jahren 1835—1876 sind von der gesammten, in runder
Summe 7500 Mill. Mark betragenden Silbergewinnung der Erde
nahezu 4800 Mill. Mark nach Indien verschifft und davon nach officiellen Aufstellungen in Indien selbst rund 4100 Mill. Mark zurückbehalten worden; dagegen sind von der gleichzeitigen, in runder
Summe 14.200 Mill. Mark betragenden Goldgewinnung nur ungefähr 2200 Mill. Mark nach Indien verschifft und factisch 2045 Mill.
Mark zurückbehalten worden: also absorbirte der Abfluss nach Indien nahezu zwei Dritttheile alles neu producirten Silbers und nur
etwas über ein Siebentheil alles Goldes. Die Fluctuationen dieses
Abflusses zeigt folgende Uebersicht:

Bewegung der Netto-Importe von Gold und Silber in Indien.

Verwaltungsjahre v. 1. April — 31. März		Gold in Mill. ℳ	Silber in Mill. ℳ
1835—36	. . . . . .	6,₁₇	32,₁₂
1836—46	durchschnittlich	6,₁₆	39,₁₆
1846—56	„	24,₁₅	42,₁₃
1856—66	. . . . . .	103,₁₂	221,₁₂
1866—67[1])	. . . . . .	76,₁₈	139,₁₂

[1]) 11 Monate.

Verwaltungsjahre v. 1. April — 31. März	Gold in Mill. ℳ	Silber in Mill. ℳ
1867—68	92,0	111,6
1868—69	103,0	172,3
1869—70	111,8	146,1
1870—71	45,6	18,3
1871—72	71,2	120,2
1872—73	50,8	14,3
1873—74	27,6	49,0
1874—75	37,1	92,8
1875—76	30,8	81,2
1876—77	4,1	143,9

Die Sendungen nach Indien sind stets der bedeutendste Posten des Abflusses nach Ostasien, allein es nehmen auch die anderen Staaten des fernen Orientes Edelmetalle in nicht geringer Menge auf, welche seit 1873 theils von San Francisco direct nach China und Japan gelangen, theils aus den englischen und Mittelmeerhäfen dorthin verschifft werden. Die letzteren betrugen nach den Jahresberichten der Londoner Edelmetall-Makler in den letzten 25 Jahren:

Gesammt-Edelmetallsendungen
aus England und den Mittelmeerhäfen nach dem Orient

	Gold Mill. ℳ	Silber Mill. ℳ
im Durchschnitte 1851—1866	34,1	202,2
im Jahre 1867	29,4	41,0
„ 1868	130,6	71,2
„ 1869	52,5	131,3
„ 1870	41,7	44,6
„ 1871	65,6	77,8
„ 1872	67,8	130,6
„ 1873	59,1	69,6
„ 1874	54,3	155,8

daher im Durchschnitte von 1867 bis 1874 62,7 Mill. Mark Gold d. h. fast das Doppelte des Durchschnittes von 1851—1866, und nur 90,2 Mill. Mark Silber, d. h. beiläufig nicht einmal die Hälfte des Durchschnittes von 1851 bis 1866.

Im Jahr 1875 erreichten die Silbersendungen nach Ostasien den niedrigsten Stand mit 74 Mill. Mark, hoben sich aber in den beiden letzten Jahren wieder ungemein rasch, wie nachstehende einer speciellen statistischen Aufstellung von Pixley and Abell entnommenen von den vorigen etwas abweichenden, neuesten Daten zeigen:

Silbersendungen

von Europa über Southampton und die Mittelmeerhäfen nach dem Oriente			von San Francisco nach China u. Japan	
im J. 1873	. .	49.960.000 Mark	34.160.000	Mark
„ 1874	. .	141.860.000 „	30.600.000	„
„ 1875	. .	74.280.000 „	30.600.000	„
„ 1876	. .	218.280.000 „	45.840.000	„
„ 1877	. .	340.140.000 „	67.660.000	„

Die Ursachen des Rückganges der Silbersendungen von 1867 bis 1874 lagen in der zunehmenden Vorliebe jener Verkehrsgebiete für Gold, in einer leisen Abnahme der indischen Netto-Exporte von Landesproducten und Manufacten und endlich darin, dass ein grosser Theil derjenigen Forderungen Indien's, welche früher durch Baarzahlungen beglichen wurden in den letzten Jahren durch Regierungswechsel und Gegenforderungen England's, welche sich aus Anlehen, Vorschüssen u. s. w. ergaben, saldirt wurden. Als nun im J. 1876 der bedeutende Rückgang des Silberpreises auf den europäischamerikanischen Märkten eintrat, erfolgte die Reaction in Indien in solcher Weise, dass es lohnender wurde, in diesem Silberwährungslande Einkäufe zu machen, als anderwärts; der Aussenhandel Indien's stieg von 1007 Mill. Rupien des J. 1874—75 auf 1025 Mill. Rup. im J. 1875—76, und 1117 Mill. Rup. im J. 1876—77. Die Export-Ueberschüsse aber hoben sich in diesen drei Jahren von $151_{,1}$ auf $181_{,1}$ Mill. Rup., so dass grossentheils die abendländischen Staaten eine Gegenleistung für 300 resp. 360 Mill. Mark zu beschaffen hatten. Dazu kam, dass die indische Hungersnoth im J. 1876—77 bedeutende Subventionen der britischen Regierung nöthig machte, welche ebenfalls Silber nach dem Osten ablenkten und endlich, dass zusammenhängend damit, die Regierungs-Wechsel auf Indien von der enormen Summe des Jahres 1873 mit $13_{,9}$ Mill. Pfd. Sterl., d. h. $278_{,6}$ Mill. Mark auf $8_{,6}$ Mill. Pfd. Sterl. oder $172_{,6}$ Mill. Mark vermindert wurden. Das Zusammentreffen dieser Umstände verstärkte also wieder den Silberabfluss nach dem Osten in der allerletzten Zeit. Konnte man vor einigen Jahren vermuthen, dass die frühere Bedeutung des Orientes für den Abfluss der Edelmetalle überhaupt nachgelassen hat und speciell für die Aufsaugung des in Amerika producirten und durch die Währungsänderungen in Europa freiwerdenden Silbers nicht mehr in dem ehemaligen Umfange wirksam ist, so werden jetzt wieder, besonders von Seite der amerikanischen Silberwährungs-Partei, die grössten Hoffnungen gehegt, dass die asiatische Silber-Nachfrage als ausgleichendes Element eintreten werde.

C. Verbrauch von Gold und Silber im Kunstgewerbe und in den Industrien.

So unzureichend die statistischen Daten sind, welche über die Verwendung der edlen Metalle zu technischen und industriellen Zwecken vorliegen, so müssen wir derselben dennoch kurz gedenken. weil man in der neueren Zeit zu der Ueberzeugung gekommen ist. dass durch diese constante Quelle des Verbrauches ein nicht unbedeutender Theil des jährlichen neuen Zuwachses von Gold und Silber stets aus dem Markte genommen wird. Die Literatur wendet sich nun mit besonderer Vorliebe der Untersuchung der Quoten zu, welche auf diesem Wege und durch Abnützung consumirt werden. So hat Prof. Suess nachzuweisen gesucht, dass die Ansprüche der europäischen Industrie an Gold und Silber viel grösser sind, als man in der Regel glaubt. Er führt als positive Daten folgende an: Die in Oesterreich punzirten Goldwaaren betrugen im J. 1872 6 Mill. Mark, im J. 1875 $3_{,9}$ Mill. Mark; die Silberwaaren betrugen im J. 1872 $5_{,4}$ Mill. Mark und im J. 1875 $3_{,6}$ Mill. Mark. Für Frankreich liegt eine Schätzung Wolowski's vor, für 1850—1869 mit einem durchschnittlichen Jahresverbrauch von 33 Mill. Mark Gold und $14_{,3}$ Mill. Mark Silber. Für England sind nach Schätzungen in Birmingham allein jährlich 250—300.000 Unzen d. i. für 24 Mill. Mark Gold erforderlich, und das ganze Land verbraucht jährlich weit über 80 Mill. Mark. In diesen drei Ländern Europa's allein wäre also der technische Consum von Gold und Silber auf circa 140—150 Mill. Mark zu veranschlagen. W. L. Fawcett wählt einen kühnen aber methodischen Weg zur beiläufigen Schätzung der Gesammtmenge; er erinnert zunächst an die Annahme W. Jacob's, welcher den Verbrauch beider Edelmetalle in den Kunstgewerben für das J. 1830 auf 30 Mill. Doll. veranschlagt: dann an M. Culloch's Schätzung für das J. 1857 mit 80 Mill. Doll. Gold und Silber für die Bewohner von Europa, Nordamerika und Australien; er selbst gibt nach seinen Erhebungen den Verbrauch von Seite der Juwelenarbeiter, Uhrmacher u. s. w. in Nordamerika einschliesslich der in den Ver. Staaten importirten Geschmeide auf $7_{,5}$ Mill. Doll., und jenen der Goldschläger, Vergolder, Zahnärzte, Photo-

graphen etc. auf 2.₅ Mill., d. i. zusammen 10 Mill. Doll. Gold jährlich an. Nach dem Masstabe des relativen Verbrauchs, welcher
daraus für jeden Einwohner der Verein. Staaten resultirt, schätzt
er den industriellen Verbrauch der abendländischen Welt auf 87
bis 100 Mill. Doll. Gold und 18—20 Mill. Doll. Silber jährlich, wobei allerdings nicht zu ermitteln ist, wieviel von diesem Verbrauche
auf die Umschmelzung schon vorhandener Geräthschaften und Geschmeide und auf die chemische Wiedergewinnung des in den Gewerben vorher consumirten Edelmetalles entfällt. Der amerikanische
Gesandte in London, Mr. Edwards Pierrepont, gibt in seiner Ant-
wort auf das Questionnaire der Münzcommission an, dass jährlich
12—13 Mill. Pfd. Sterl. Gold in der ganzen Welt für gewerbliche
Zwecke verbraucht werden, wovon die Hälfte ganz und gar dem
Verkehr entzogen erscheint. Die englische Silbercommission endlich
schätzte den jährlichen Silberverbrauch in England, Frankreich,
Deutschland und den Vereinigten Staaten auf 26,₅ Mill. Doll., wovon zwei Fünftheile auf die Erhaltung der Silbermünze und drei
Fünftheile also etwa 16 Mill. Doll., d. i. 64 Mill. Mark auf Ge-
werbe und Kunstindustrie entfallen sollen.

Wir beschränken uns auf diese Auswahl aus den neuesten
Schätzungen, welche den Verbrauch von Gold in den Gewerben und
im Kunsthandwerke auf ungefähr 240—400 Mill. Mark, jenen von Silber
auf 80—100 Mill. Mark veranschlagen, also zu grosse Differenzen ergeben, also dass sie zu bestimmten Schlussfolgerungen berechtigten.
Namentlich ist jede Berechnung der Quoten, welche dem jährlich
neu gewonnenen Edelmetalle auf diesem Wege entnommen werden,
deshalb unstatthaft, weil alle gewerblichen Unternehmungen sich
auch des gemünzten oder schon vorher als Geschmeide und Geräthe in
Verwendung gestandenen Goldes und Silbers bedienen, also eine
bereits einmal als consumirt vorkommende Menge wieder consumiren. Doppelzählungen sind nirgends wahrscheinlicher, als bei An-
schlägen dieser Art.

3. Die Werthsrelation der Edelmetalle.

Die vorangehenden statistischen Erhebungen gewähren uns, so
wenig exact die ziffermässigen Daten über die einzelnen massgebenden Factoren sein mögen, dennoch ausreichende Anhaltspunkte, um

jene grossen Verschiebungen der Werthsrelation zu erklären, welche seit dem Jahre 1873 das Geldwesen der ganzen Welt in den Zustand grösster Unsicherheit gebracht und die Währungsfrage zum Anlasse der schärfsten Discussionen und Parteigegensätze gemacht haben. Die rasche Erniedrigung des Silberwerthes von 1861 bis November 1876 und die seither erfolgte Rückkehr der Werthsrelation beider Edelmetalle in eine etwas normalere Lage geht einerseits aus der von 1861 bis 1870 gestiegenen, dann zwei Jahre lang constant gebliebenen und seit 1872 verminderten Production von Gold bei gleichzeitig zunehmendem Bedarfe desselben zu Münzprägungen, andererseits aus der vom J. 1863 wachsenden und in den Jahren 1873 bis 1876 ihren Höhepunkt erreichenden Silbergewinnung bei gleichzeitiger Demonetisirung des Silbers in Europa und Amerika und geringerem Bedarfe desselben im Oriente hervor, wogegen sich, vom Jahre 1876 angefangen, diese relevanten Factoren einige Zeit hindurch zu Gunsten des Silbers durch namhaften Mehrbedarf im Oriente bei gleichbleibender Production in Amerika wieder änderten.

Ein Resumé mag ein möglichst präcises Bild dieser wechselnden Erscheinungen geben. Die Verschiebung des Werthes zu Gunsten des Goldes und zwar rapid seit 1873 bis Juli 1876 zeigt sich in den Notirungen des Silberpreises in London, welchen wir die Werthsrelationen beifügen:

Jahr	Preis von Barren-Silber per Unze Standard	Werths-relation	Jahr	Preis von Barren-Silber per Unze Standard	Werths-relation
1863	$61^3/_8$ Pence	$1:15_{,38}$	1871	$60^1/_2$ Pence	$1:15_{,59}$
1864	$61^3/_8$ „	$1:15_{,38}$	1872	$60^5/_{16}$ „	$1:15_{,67}$
1865	$61^1/_{16}$ „	$1:15_{,40}$	1873	$59^1/_4$ „	$1:15_{,91}$
1866	$61^1/_8$ „	$1:15_{,11}$	1874	$58^5/_{16}$ „	$1:16_{,16}$
1867	$60^9/_{16}$ „	$1:15_{,35}$	1875	$56^7/_8$ „	$1:16_{,69}$
1868	60 „	$1:15_{,72}$	1876	53 „	$1:17_{,71}$
1869	$60^7/_{16}$ „	$1:15_{,63}$	1877	$54^{13}/_{16}$ „	$1:17_{,102}$
1870	$60^7/_{16}$ „	$1:15_{,63}$			

Speciell im Jahre 1876, wo der Umschwung eintrat, waren die monatlichen Silberpreise in London:

im Januar	$55^5/_8$ Pence		im Juli	49 Pence
„ Februar	$54^3/_8$ „		„ August	$51^3/_4$ „
„ März	$53^1/_4$ „		„ September	$51^5/_8$ „
„ April	$53^3/_4$ „		„ October	$52^3/_8$ „
„ Mai	53 „		„ November	$53^1/_4$ „
„ Juni	$51^1/_4$ „		„ Dezember	$56^5/_8$ „

Die Ursachen dieses Rückganges von durchschnittlich 61 auf 52³/₄ Pence im Jahrespreise, — wobei wir den tiefsten Stand an einem Tage im Juli 1876 mit 46³/₄ Pence gar nicht in Betracht ziehen, — oder der Depression des Werthsverhältnisses von früher durchschnittlich 1 : 15,₅₀ bis auf 1 : 17,₇₀ liegt in dem nachstehenden Zusammentreffen relevanter Umstände:

1) in der Demonetisation des Silbers durch das deutsche Münzgesetz vom J. 1871 und jenes der Scandinavischen Reiche vom J. 1872, sowie dem Einstellung oder Beschränkung der Silberprägungen in Frankreich (bis 31. März 1879), in Belgien, der Schweiz und Italien in den J. 1874—76, in Holland im Jahr 1873—74 und Ende 1874—77, in Spanien im J. 1876;

2) in der gleichzeitigen Einschränkung der Silberabflüsse nach Ostindien;

3) in der wirklich namhaften Steigerung der Silberproduction in Amerika, welche durch übertriebene Angaben über die Ausbeute des Comstock-Ganges auf den Märkten einen noch grösseren Einfluss ausübte, als bei genauer Kenntniss derselben nöthig gewesen wäre;

4) in der raschen Beseitigung eines grossen Theiles des Papiergeldumlaufes im deutschen Reiche und dem Bedarf an Gold zur Münzprägung als Ersatz für Silber und Banknoten;

5) in dem amerikanischen Münzgesetz vom J. 1875, welches für den Anfang 1879 die Wiederaufnahme der Baarzahlungen in Gold, also neuen grossen Bedarf an diesem Metalle annehmen liess.

Wir können von diesen Factoren ziffermässig sagen, dass durch die Münzprägungen in Deutschland, in den Staaten des lateinischen Münzvereins und in den scandinavischen Ländern in den Jahren 1872 bis 1876 mindestens um 1600 bis 1700 Mill. Mark mehr Gold erforderlich wurde, als in früheren normalen Jahren, während umgekehrt durch die Aenderung der europäischen Währungs- und Geldverhältnisse ein anormales und unerwartetes Quantum von etwa 600 Mill. Mark, sowie durch die amerikanische Production ein Plus von ca. 50 Mill. Mark Silber auf den Markt gebracht wurde, welches sich durch die Einschränkung des ostasiatischen Bedarfes um jährlich 30—100 Mill. Mark gegen frühere Zeiten erhöhte. In diesem Quinquennium der Silber-Entwerthung und Gold-Höherbewerthung trafen also der Mehrbedarf von 1600 bis 1700 Mill. Mark Gold mit einem Minderbedarf von etwa 900 bis 1100 Mill. Mark Silber zusammen, die Verschiebung der Werthsrelation war daher eine wirthschaftliche Nothwendigkeit.

Die Rückkehr dieser Verhältnisse in eine etwas normalere Lage drückt sich schon zu Ende 1876 durch die oben angeführten höheren Notirungen des Silberpreises in London aus und wird durch den weiteren Stand derselben ersichtlich:

Londoner Silberpreise
im monatlichen Durchschnitte 1877

(Pence pro Unze Standard)

1877 Januar .	$57^1/_2$	1877 Juli . . .	$54^1/_8$
Februar .	$56^3/_4$	August . .	$54^1/_4$
März . .	55	September .	$54^1/_2$
April . .	$53^7/_8$	October . .	55
Mai . .	$54^1/_4$	November .	54
Juni . .	$53^5/_8$	Dezember .	$53^3/_4$

So waren überhaupt im J. 1877 geringere Variationen erfolgt, als im Vorjahre, denn die Grenzen des Silberpreises lagen, wenn wir statt der monatlichen Durchschnitte selbst die wöchentlichen Maxima und Minima in Betracht ziehen, zwischen $58^1/_4$ Pence (im Jan.) und $53^1/_4$ Pence (im März); die Werthsrelation aber stellte sich bei dem durchschnittlichen Jahrespreise von $54^{13}/_{16}$ Pence auf $1:17._{02}$. Im J. 1878 aber dauert das gleiche Niveau ziemlich unverändert fort, indem im Febr. Notirungen zu $54^1/_4$—55 d., im März $55^1/_8$—$54^1/_8$ d., im Apr. 54 d., im Mai $54^1/_4$—$53^5/_{16}$ und im Juni $53^1/_2$ d. verzeichnet sind.

Das Silber ist also noch immer gegenüber dem normalen Preise der ganzen Periode 1831 — 1875 von 59 bis $61^1/_4$ Pence per Unze Standard um 10 Procente entwerthet; noch immer ist die Werthsrelation gegenüber dem von 1800 bis 1870 ziemlich constanten Verhältnisse von $1:15._{59}$ namhaft gesunken; aber jene perturbirenden Schwankungen, welche im J. 1876 bis zur Entwerthung um 26 Procent und zu einer äussersten Depression der Werthsrelation auf $1:20._{20}$ geführt hatten, sind vorläufig durch die oben geschilderte Zunahme der Nachfrage und Abnahme des Ausgebotes behoben.

4. Währungszustände.

Zur richtigen Beurtheilung des legalen und factischen Gebrauches der Edelmetalle als Währungsmünzen geben wir die nachstehende Uebersicht, in welcher allerdings mehrere Staaten mit vorwiegendem

Papiergeld-Umlauf vorkommen; dennoch aber wird diese Zusammenstellung, welcher die Bevölkerungszahlen beigefügt sind, einen nahezu richtigen Einblick in die Bedarfsverhältnisse gewähren, wie sie
factisch bestehen oder durch Wiederaufnahme der Baarzahlungen
entstehen könnten.

1. Goldwährungs-Länder.

Deutsches Reich . . . . mit	42,₇	Mill. Einw.
Verein. Staaten von Amerika (bis 28. Febr. 1878)	33,₉	,, ,,
Grossbritannien und Irland . . . . . mit	33,₈	,, ,,
Brasilien . . . . ,,	10,₁	,, ,,
Persien . . . . ,,	5,₁₀	,, ,,
Schweden . . . . ,.	4,₁	,. ,,
Portugal . . . . ,,	4,₁₀	,, ,,
Niederlande (factisch) . . . . ,,	3,₁₀	,, ,.
Canada . . . . ,.	3,₁₇	,, ,,
Britische Colonien in Australien . . . ,,	2,₁₅	,, ,,
Dänemark . . . . ,,	1,₉	,, ,,
Norwegen . . . . ,,	1,₈	,, ,,
Argentinische Republik . . . . . ,,	1,₈	,, ,,
Britische Colonien in Afrika (Capland) . ,,	0,₁₇	,, ,,
Zusammen	155,₂	Mill. Einw.

Von dieser ganzen Gruppe sind vorläufig wegen des gesetzlichen
Papiergeld-Umlaufes die Vereinigten Staaten von Nordamerika
(wo nach den Münzgesetzen von 1873 — 74 das Silber demonetisirt
ist, die Baarzahlungen aber im Jahre 1879 nach dem neuen Silber-
währungsgesetz vom 28. Februar 1878 wieder aufgenommen werden
sollen), ferner Brasilien und die Argentinische Republik ab-
zurechnen; ferner gelten die Daten nur theilweise für Persien, wo
zwar nominelle Goldwährung gilt, aber Gold- und Silbermünzen
actuell als Geld dienen. Es liesse sich also die unter der Herrschaft der Goldwährung factisch und legal stehende Bevölkerung annäherungsweise etwa mit 100 Mill. beziffern.

2. Silberwährungs-Länder.

China . . . . mit	405,₁₀	Mill. Einw.
Britisch-Indien . . . . ,,	188,₁	,,
Russland . . . . ,,	51,₃	,,
Oesterreich-Ungarn . . . . ,,	37,₁	,,
Mexiko . . . . ,,	9,₃	,,
Siam . . . . ,,	5,₁₇	,,
Central-Amerika (?) . . . . ,,	2,₈	,,
Peru (?) . . . . ,,	2,₁₇	,,
Ecuador (?) . . . . ,,	1,₁	,,
Zusammen	703,₁	Mill. Einw.

Von diesen Staaten haben Russland und Oesterreich gesetzlichen Papiergeld-Umlauf, entfallen also; in den Staaten von Centralamerika, in Ecuador und Peru herrscht ein Mittelding zwischen Silber- und Doppelwährung, und der Bedarf der ostasiatischen Bevölkerung in Indien, in China, Siam, sowie jener der oben nicht gezählten Bevölkerung von Birma, Java u. s. w. ist nicht mit demselben Massstabe der Geldcirculation zu rechnen, wie dies bei den europäischen Völkern gilt, weil noch vielfach Naturalwirthschaft gilt. Die scheinbar sehr grosse Zahl von restlich 610 Millionen Menschen, die sich des Silbergeldes bedienen, ist also factisch bedeutend zu reduciren.

3. Doppelwährungs-Länder.

Frankreich . . . . mit	36,9	Mill. Einw.
Japan . . . . „	33,7	„
Italien . . . . „	27,8	„
Spanien (Uebergang zur Goldwährung) . „	16,5	„
Europ. Türkei . . . . „	8,5	„
Belgien . . . . „	5,3	„
Aegypten . . . . „	5,2	„
Rumänien . . . . „	5,1	„
Columbia . . . . „	2,8	„
Schweiz . . . . „	2,7	„
Algier . . . . „	2,1	„
Chile . . . . „	2,1	„
Finnland . . . . „	1,9	„
Venezuela . . . . „	1,8	„
Griechenland . . . . „	1,1	„
Paraguay und Uruguay . . . . . „	0,5	„

Zusammen 154,6 Mill. Einw.

Auch diese letztere Zahl erfordert eine Einschränkung und zwar erstens dadurch, dass Italien Zwangs-Papiergeld hat, also doch das Metallgeld nicht jene effective Bedeutung besitzt, wie in den übrigen Staaten des lateinischen Münzvereins und zweitens durch die oben erörte Einschränkung des Silberumlaufes in dem gesammten Gebiete des lateinischen Münzvereins, in Folge dessen die legalen Doppelwährungs-Länder thatsächlich doch viel mehr zur Goldwährung als zum Bimetallismus zu rechnen sind, wenn es sich um einen statistischen Calcul des Edelmetallbedarfes für Münzzwecke handelt.

Wir schliessen diese kurze Skizze mit der ausdrücklichen Betonung des Umstandes, dass die Bevölkerungszahlen erst dann ein klares Bild geben würden, wenn man auch den relativen Münzbedarf jedes Staates zu Münzzwecken kennen würde: eine Grösse, die niemals constatirt worden ist.

II. Geldsurrogate und Credit.

Um die Entwickelung des Circulationswesens im Zusammenhang
mit dem Bedürfnisse der Production und des Weltverkehrs richtig
zu beurtheilen, muss ausser der Vermehrung des Geldstoffes und
Münzvorrathes, womit wir uns in dem vorangehenden Abschnitte beschäftigt haben, jene Gruppe von Umlaufsmitteln in Betracht gezogen werden, welche als Geldsurrogate in doppelter Form func-
tioniren: als Papiergeld im engeren Sinne mit gesetzlicher Währung,
und als Banknoten, d. i. Creditpapiere, welche ohne Zwangscours
und mit Einlösbarkeit das Metallgeld im Verkehre ersetzen. Diese
letzteren bilden den Uebergang zu der allgemeinen und weit verzweigten Anwendung des Credites als Circulationsmittel in der
Form des Wechsel-, Contocorrent-, Giro-, Lombard-Credites u. s. w.
sowie den Abrechnungen oder Clearings der daraus hervorgehenden
Forderungen und Schulden. Um den Einfluss der wechselnden
Mengen von Metall- und Papiergeld auf die Waarenpreise zu prüfen,
wäre eine genaue Kenntniss dieser sämmtlichen den Geld-Umlauf
ersetzenden Credit-Geschäfte unerlässlich, und Diejenigen, welche
glauben, durch eine blosse Zusammenstellung der Menge alles circulirenden Münz- und Papiergeldes schon die „Quantitäts"-Frage
statistisch zu lösen, geben sich einem grossen Irrthume hin, denn
sie übersehen, dass die allergrössten Beträge des Welthandels durch
den eigentlichen kaufmännischen und Bank-Credit, durch Wechsel,
Checks, Anweisungen u. s. w. zur Saldirung gelangen. Leider lässt
sich jedoch der Umfang, in welchem diese Art von Verkehrswerk-
zeugen in Wirksamkeit tritt, nur annäherungsweise verfolgen, weil
ein guter Theil der Creditoperationen der Kaufmannswelt nicht con-
trollirbar ist. Die Anhaltspunkte und Symptome zur Schätzung derselben liegen nur in der Statistik der Wechsel-Portefeuilles der
Bankinstitute und in den Aufschreibungen der Clearing-Houses; was
privater Buchcredit, Lombard- und Depotcredit u. s. w. ist, oder
als Wechsel nicht bei Banken eingereicht, sondern in den Privat-
Portefeuilles behalten wird, entzieht sich wohl für immer der statistischen Verzeichnung.

1. Banknoten- und Papiergeld-Circulation.

Der Banknoten- und Papiergeld-Umlauf hat in den dreissig Jahren, die seit der Entdeckung der reichen Goldminen in Amerika und Australien verflossen sind, nicht nur keine Einschränkung erfahren, sondern er ist im Gegentheile in einem so bedeutenden Masse erweitert worden, dass man nicht anstehen kann, darin ein einflussreiches Element zur Beurtheilung der Geldentwerthungsfrage zu erblicken.

Die von dem statistischen Congresse im Haag (1869) beschlossene internationale Statistik der Bank- und Credit-Institute, deren Ausarbeitung das unter C. Bodio's ausgezeichneter Leitung stehende italienische Bureau unternommen hat, wird eine wesentliche Lücke der Kenntnisse ausfüllen. Die bisher erschienenen Theile umfassen allerdings erst einige Länder (Schweden, Norwegen, Oesterreich-Ungarn und Belgien) und reichen nur bis Ende 1876, allein ihre Fortsetzung und die zu hoffende Ergänzung durch spätere monatliche Bulletins verspricht für die Zukunft eine fortlaufende Beobachtung dieses Kreises von weltwirthschaftlichen Erscheinungen zu bieten.

Nach einer auf kritischer Sichtung des Materiales ruhenden statistischen Untersuchung über „die neueste Entwickelung der Banknoten- und Papiergeld-Circulation in den hauptsächlichsten Kulturländern der Gegenwart" von Dr. H. Paasche[1]) hat in der für die Edelmetall-Zuflüsse entscheidenden Periode 1846—1873 der ungedeckte Notenumlauf in den sechs bedeutendsten Wirthschaftsgebieten um 6882 Mill. Mark (im Maximum) zugenommen; dieser Zuwachs hat in keiner Weise Edelmetall-Baarschätze gebunden; er ist daher als eine reine Vermehrung der Umlaufmittel anzusehen. Die Fluctuationen innerhalb dieses ganzen Zeitraumes zeigt die auf der folgenden Seite gegebene, die wichtigsten Jahre umfassende Uebersicht:

---

[1]) In den Jahrbüchern für Nationalökonomie und Statistik von Dr. J. Conrad XVI. 5 u. 6.

I. Umlauf von ungedeckten Geldsurrogaten in den sechs Hauptländern

(in Millionen Mark)

Jahres-Durch-schnitte	Bank von Eng land [1]	Frank-reich [1]	Österr.-Ungarn [2]	Deutsch-land [1]	Russ-land [3]	Ver. Staaten [2] von Nord-Amerika	Summe	Zunahme gegen 1846-50
1846-50	$118_{,26}$	$57_{,10}$	$364_{,61}$	$5._{73}$	$620_{,00}$	$239._{69}$	$1166_{,00}$	—
1855	$131_{,89}$	$237._{15}$	$656_{,34}$	$32_{,70}$	$763_{,31}$	$354_{,00}$	$2175_{,69}$	$1009_{,69}$
1860	$135_{,18}$	$189_{,85}$	$771_{,39}$	$166._{50}$	$1909_{,24}$	$392_{,38}$	$3564._{51}$	$2398_{,51}$
1866	$177_{,27}$	$200._{00}?$	791_{55}	$249._{00}$	$1840_{,31}$	$2567._{51}$	$5825._{67}$	$4659_{,67}$
1870	$63_{,57}$	$156_{,06}$	$1159_{,35}$	$432_{,30}$	$1900._{10}?$	$1782._{77}$	$5494_{,05}$	$4328_{,05}$
1871	$29_{,01}$	$1128_{,00}$	$1105_{,25}$	$367_{,60}$	$1900._{0}$	$1865_{,28}$	$6395_{,91}$	$5229_{,91}$
1872	$65_{,91}$	$1322._{02}$	$1103_{,65}$	$500._{00}$	$1900._{0}?$	$2098._{53}$	$6991._{11}$	$5825_{,11}$
1873	$67_{,37}$	$1676_{,67}$	$1118_{,28}$	$426_{,00}$	$1900._{0}?$	$2060._{00}$	$7248._{52}$	6082_{52}
1874	$67_{,27}$	$1134_{,96}$	$999_{,35}$	$340._{00}$	$1837_{,79}$	$1996_{,17}$	$6345._{56}$	$5179._{56}$
1875	$75_{,56}$	$727_{,72}$	$996_{,65}$	$377_{,52}$	$1800._{0}?$	$1900_{,00}$	$5877._{45}$	$4711_{,45}$
1876[1]	$-33_{,28}$	$393_{,09}$	$1029_{,18}$	$297_{,00}$	$1708_{,9}$	$1684._{1}?$	$5090._{79}$	$3840_{,39}$
1877[1]	$51_{,60}$	$230_{,18}$	$971_{,00}$	$304_{,10}$	$2759_{,8}$	$1256._{0}?$	$5573_{,28}$	$4407_{,28}$

Diese Summen umfassen noch bei Weitem nicht die gesammte Banknoten- und Papiergeld-Circulation der civilisirten Welt, aber sie repräsentirten doch die überwiegende Menge derselben. Rechnet man zu derselben die für die letzte Zeit bekannte ungedeckte Noten-circulation der übrigen grösseren Länder, so ergibt sich eine viel höhere Summe. Es betrug nach den neuesten uns zugänglichen Daten:

---

[1] Ungedeckte Banknoten.

[2] Ungedeckte Bank- und Staatsnoten.

[3] Ungedecktes Staatspapiergeld.

[4] Die Daten von 1876 und 1877 sind für England und Frankreich Durchschnitte, dagegen für Oesterreich-Ungarn, Deutschland, Russland vom Ende, und für die Verein. Staaten, soweit es die nicht völlig klaren Vorlagen gestatten, vom 1. Novbr. der betreffenden Jahre. Ueberhaupt berechnet nach dem Werthe von 1 Pfd. St. = 20 Mark, 1 Fr. = 0,8 Mark, 1 Fl. = 2 Mark, 1 Rubel = $3_{,23}$ Mark und 1 Doll. = $4_{,26}$ Mark.

Ungedeckter Notenumlauf in den übrigen Ländern:

in Italien[1] . . . . Ende 1877 1006,1 Mill. M.
„ Belgien[2] . . . . „ 181,8 „
„ Niederlande[2] . . . . „ 123,6 „
„ Schweiz[3] . . . . „ 34,2 „
„ Schweden[4] . . . . „ 66,5 „
„ Norwegen . . . . . Durchschnitt 1876 8,2 „
Zusammen 1420,7 Mill. M.
Dazu die oben nachgewiesene ungedeckte
Circulation der 6 Hauptländer . . . . . . 5573,3 „
Totale dieses Umlaufes zu Ende 1877 . . 6994,0 Mill. M.

Um die Einflüsse des Staats- und Bankgeldes auf die Menge der Circulationsmittel noch vollständiger beurtheilen zu können, als aus der Summe der unbedeckten Geldsurrogate, wird es zweckmässig sein, auch eine Uebersicht der überhaupt emittirten Notenmenge zu geben, weil sich aus derselben die Grenzen der zeitweilig wechselnden Expansionen und die Quantität der effectiv verwendeten Umlaufswerkzeuge entnehmen lassen.

II. Papiergeld- und Noten-Umlauf in den 6 Hauptländern
ohne Rücksicht auf Deckungsverhältnisse
(in Millionen Mark).[5]

	1860	1870	1871	1872	1873	1874	1875	1876	1877
Bank v. Engl.	439,9	478,7	500,8	517,6	521,4	533,1	554,9	555,1	558,7
„ v. Frankr.	599,7	1152,0	1639,1	1908,9	2287,9	2051,6	1964,2	1986.8	1985,4
Österr.Natnb.	949,7	593,8	634,7	636,7	717,9	587,5	572,5	591,8	564,6
„ Staatsnot.	—	795,2	757,2	752,0	688,1	690,6	693,9	710,9	691,8
Deutsch.Bnk.	463,3	851,1	1058,7	1342,0	1352,0	1325,0	1050,1	990,1	918,0
Russ.Creditb.	2307,1	2316,1	2343,5	?	2541,1	2305,9		2293,0	3339,1
Ver.St.Bknot.	882,0	1253,9	1270,9	1364,9	1441,6	1458,6	1407.5	1370,0 [6]	1349,6 [6]
„ Staatsnot.	—	1915,0	1910,7	1838,3	1769,9	1851,0	1772,2	1672,0	1588,5
Zusammen	5641,9	9356,8	10115,0	?	11319,9	?	?	10170,0	10995,7

[1] Die Noten der 6 dem Consorzio angehörenden Banken und die Staats- (Syndicats) Noten.
[2] Nur Banknoten im Umlaufe.
[3] 22 Concordatsbanken, da von den übrigen die Fundation nicht bekannt ist.
[4] Reichsbank und 27 Privatbanken (Enskilda bankernas).
[5] Hinsichtlich des Zeitpunktes resp. Durchschnittes gelten die oben (Note [5]) gemachten Bemerkungen.
[6] Wir setzen hier die Circulationsmenge, nicht die „ausstehenden" Noten ein.

Rechnet man wieder für die allerletzte Zeit zu der eben nachgewiesenen ungedeckten

Umlaufsmenge der 6 Hauptländer . . . . mit 10.995,₇ Mill. $\mathcal{M}$.
diejenige von Italien . . . .   Ende 1877   „   1.251,₁   „
   „   BritischeLandbanken Ende 1876   „   366,₉   „
   „   Niederlande . .   Ende 1877   „   340,₀   „
   „   Belgien . . . .   „   „   261,₈   „
   „   Schweden . . .   Ende 1876   „   99,₇   „
   „   Schweiz . . .   Ende 1877   „   60,₉   „
   „   Norwegen . . .   Ende 1876   „   44,₁   „
       so ergibt sich der Total-Umlauf mit 13.420,₈ Mill. $\mathcal{M}$.

Zur Ergänzung des dadurch gewonnenen Einblickes dient endlich eine nach denselben Gesichtspunkten gewonnene Uebersicht der
Baarschätze, wobei wir von den übrigen Deckungsmitteln absehen
und nur darstellen wollen, wie viel Edelmetall in Form von Münze
und Barren in den Kassen der Banken oder des Staates gleichzeitig
aufgehäuft war:

III. Metallischer Baarschatz in den 6 Hauptländern
(in Millionen Mark).

	1860	1870	1871	1872	1873	1874	1875	1876	1877
Bank v. Engl.	304,₈	415,₁	471,₈	451,₇	454,₀	445,₉	478,₅	588,₁	507,₁₁
„ v. Frankr.	409,₈	996,₈	511,₁	585,₉	611,₀	916,₆	1236,₅	1593,₇	1754,₉
Österr.Nat-B.	178,₃	228,₆	287,₀	285,₉	287,₇	278,₇	268,₈	273,₂	275,₁₀
DeutscheBnk.	296,₇	396,₀	654,₀	777,₀	847.₀	744,₀?	609,₉	610 ₉	553?
Russ.Rchs.-B.	272,₃	?	?	?	703,₁		?	584,₁₁	579,₉
Ver. St. Bank.	358,₃	85,₃	110,₉	127,₉	81.₀	115,₁₁	72,₁₁	140,₂	96,₇
„ Staatscasse	21,₃	477,₇	473,₁	345,₅	315,₆	392,₁	?	287,₉	569,₁₁
Zusammen	1841,₅	?	?	?	?	?	?	4078,₁	4335,₇

Zu diesem Baarschatze der 6 Hauptländer
von Ende 1877 . . . . mit 4335,₇ Mill. $\mathcal{M}$.
hinzugerechnet jenen der Banken in Italien . .   „   245,₀   „
   „   Bank von Belgien . . .   „   80,₀   „
   „   Niederl. Bank . . .   „   216,₁   „
   „   Schweizer Banken . .   „   26,₆   „
   „   Schwedischen „ (1876)   „   33,₂   „
   „   Norwegischen „ (1876)   „   36,₃   „
       ergibt das Totale dieser Metallbestände mit 4973,₂ Mill. $\mathcal{M}$.

Wie die vorhergehenden Tabellen und Totalziffern erkennen
lassen, verfügt die Weltwirthschaft ausser über den präsumtiven

Münzvorrath von circa 15 Milliarden (S. 157) noch über einen davon unabhängigen ungedeckten Noten- und Papiergeld-Umlauf von
circa 7 Milliarden, also zusammen über Geld und Geldsurrogate
in der enormen Masse von 22—23 Milliarden Mark. Diese
Umlaufsmittel haben im Jahre 1873 ihren Höhepunkt erreicht und
betrugen damals noch um circa 1,₆ Milliarden Mark mehr als jetzt;
die Krise und die mit derselben verbundene Stagnation des Ge-
schäftsverkehrs hat eine von 1874 bis Ende 1876 rasch verlaufende
Einschränkung des Bedarfes an Geldsurrogaten zur Folge gehabt,
welche noch immer andauert und nur durch den ausnahmsweisen
Geldbedarf der russischen Regierung für Kriegszwecke theilweise
verdeckt wird.

Dass diese bedeutende Restriction eine Folge des verminderten
Bedarfes und zugleich eine Wirkung des abnehmenden Vertrauens
ist, ergibt sich klar aus der gleichzeitigen Ansammlung von edlen
Metallen in den Baarschätzen der grossen Banken. Aus diesen bei-
den Faktoren und aus den Fluctuationen des Umlaufes im Ganzen
(Tab. II.) entnimmt man übrigens, dass bei dem Wiederaufleben des
Handels und Wandels die Mittel leicht beschafft sein werden, um
die Circulation nicht in's Stocken gerathen zu lassen.

2. Wechselcredit und Clearing.

Da sich die geschäftlichen Transactionen im Weltverkehre zumeist des Wechsels als Zahlungs- und Abrechnungsmittel bedienen, so
fügen wir eine summarische Uebersicht des Standes der Wechselportefeuilles der grossen Banken als symptomatischen Massstab dieser
Seite des Creditlebens bei. Die Unmöglichkeit, überall jährliche Durchschnitte zu berechnen, hat uns zu dem Auskunftsmittel gedrängt.
diese Grössen je für das Ende eines jeden Jahres zusammenzustellen,
und wir beanspruchen für diese Zahlen nicht mehr, als die approximative Giltigkeit zur Beurtheilung der auffälligsten Fluctuationen.

IV. Wechsel-Portefeuille
der bedeutendsten Zettelbanken[1])
(in Millionen Mark).

	1868	1872	1873	1874	1875	1876	1877
Bank v. England . .	370	480	456	423	446	350	369
Bank v. Frankreich .	394	816	954	648	510	393	518
Deutsche Not.-Bank.	348	920	809	773	746	725	689
Österr. Nat.-Bank . .	164	334	362	284	257	293	215
Belgisch. Nat.-Bank .	116	218	217	217	215	194	182
Niederl. Nat.-Bank .	65	135	99	134	117	107	108
Amerik. Nat.-Banken	2622	3534	4012	4056	4185	3959?	3774
Zusammen	4079	6437	6909	6535	6476	6021	5855

Der enormen Erweiterung, welche die Wechselportefeuilles in den hervorragendsten Wirthschaftsgebieten von nur 4 Milliarden Mark im J. 1868 auf nahezu 7 Milliarden im J. 1873 erfuhren und welche die Signatur der Ueberspeculation an sich trägt, folgte mit dem Ausbruch der Krise ein stetiger Rückgang bis auf $5_{,8}$ Milliarden Mark. Dieser war von einer ganz unerhörten Erniedrigung der Discontosätze begleitet, welche zuletzt im Jahre 1876 — 77 mit 2 Procent in London und Paris ihren Tiefpunkt erreichte und auf demselben erstaunlich lange stehen blieb. Nach E. de Laveleye hat der durchschnittliche Zinsfuss der europäischen Bankplätze (London, Paris, Amsterdam, Berlin, Wien, Frankfurt, Brüssel) im J. 1875 noch $4_{,01}$ Proc., im J. 1876 nur $3_{,52}$ Proc. und im J. 1877 $3_{,55}$ Proc. betragen; in diesem Durchschnitte sind aber die höheren Discontosätze von Wien ($4^1/_2$ Proc.), Frankfurt und Berlin ($4^1/_2$ bis $5^1/_2$ Proc.) ebenso in die Mittelwerthsberechnung einbezogen, wie die niedrigen von London, Amsterdam und Paris, obwohl diese letzteren offenbar viel entscheidender für die wirthschaftliche Lage sind, als die ersteren und gerade die grösste Erniedrigung erfahren haben.

Zusammenhängend mit den Wechselportefeuilles lassen sich die namhaften Schwankungen verfolgen, welche in den J. 1867 — 1877 in den Abrechnungen der kaufmännischen Credite in den Clearinghouses zu London und Newyork eintraten. Nach den Berichten von Sir John Lubbock haben die Gesammtumsätze in London, wie die

---

[1]) Für 1868 gelten die Zahlen per 30. Juni, für alle anderen Jahre per Ende Dezember; bei den amerikanischen Banken per 1. Oktober und zwar die Summe der loans and discounts.

nachstehende Uebersicht zeigt, seit 1873 um 934 Mill. Pfd. Sterl.,
d. i. 187 Milliarden Mark! abgenommen, im verflossenen Jahre aber
doch wieder eine kleine Erhöhung erfahren; dieselben betrugen:

vom 1. Mai bis 30. April	Mill. Pfd. St.	An den stärksten Abrechnungstagen der Stock-Exchange
1867—68	3.257,$_1$	444,$_1$
1868—69	3.534,$_0$	550,$_6$
1869—70	3.720,$_6$	594,$_8$
1870—71	4.018,$_5$	635,$_9$
1871—72	5.359,$_7$	942,$_1$
1872—73	6.003,$_3$	1032,$_4$
1873—74	5.993,$_6$	970.$_9$
1874—75	6.013.$_3$	1076,$_6$
1875—76	5 407,$_2$	962.$_6$
1876—77	4.873,$_0$	718,$_8$
1877—78	5.066,$_5$	745,$_7$

Auch hier also das rasche Ansteigen vom Jahre 1868—1873
und in den letzten Jahren das Abfallen; die täglichen Umsätze am
4. jedes Monates (kaufmännische Abrechnung) betrugen im J. 1873
bis 1874 noch 272,$_8$ Mill. Pfd. Sterl., jene an den Liquidationstagen
im Jahre 1874—75, wie man oben sieht, noch 1076 Mill. Pfd. Sterl.,
dagegen dieselben Umsätze im Jahre 1877—78 nur 224, resp. 745
Mill. Pfd. Sterl.

Im Clearinghouse zu Newyork, welches in Bezug auf die absolute Höhe des Verkehrs jenes zu London bereits namhaft übertoffen
hat, denn in demselben wurden von 1869—1875 um 35,$_3$ Milliarden
Dollars mehr umgesetzt als in London, lässt sich die nämliche Erscheinung verfolgen: es betrug hier die

Totalsumme der Umsätze:

im J. 1868	. . . 32.351,$_9$ Mill. Doll.		im J. 1873	. . . 31.199,$_1$ Mill. Doll.	
„ 1869	. . . 36.602,$_8$	„	„ 1874	. . . 25.807,$_1$	„
„ 1870	. . . 28.127,$_9$	„	„ 1875	. . . 25.708,$_1$	„
„ 1871	. . . 31.906,$_1$	„	„ 1876	. . . 22.783,$_8$	„
„ 1872	. . . 37.876,$_1$	„	„ 1877	. . . 24.687,$_7$?	„

Wir fügen schliesslich bei, dass jene Depression des Verkehrs,
welche sich in den bisher angeführten Ziffern seit 1873 äussert, in
den Gründungen und Emissionen einen ganz besonders eclatanten
Ausdruck gefunden hat, dessen Umfang man schon wiederholt approximativ zu veranschlagen versuchte. Ohne dass wir diese Summen hier wiedergeben, weil sie uns wenig verlässlich scheinen, wollen
wir doch den Zusammenhang der Thatsache als solchem mit dem
Credit- und Umlaufswesen erwähnen.

Die Verkehrsmittel.

Die grossartige Entfaltung der Weltwirthschaft, deren hervorragendste Merkmale wir bisher darzustellen versucht haben, wäre ohne die moderne Gestaltung des Verkehrswesens undenkbar. Massenproduction, Massenabsatz, Arbeitstheilung und internationaler Gütertausch sind correlate Thatsachen, deren jede zugleich Ursache und Wirkung ist. Die unerhörte Steigerung der productiven Thätigkeit hat die alle Erwartungen übertreffende, rasche Vermehrung der Communications-Anstalten veranlasst, und umgekehrt bewirkte wieder der Ausbau des Eisenbahnnetzes, die Vermehrung der Handelsflotte, die Zunahme der Telegraphenlinien und die Verbesserung des Postdienstes einen neuen Aufschwung der Weltindustrie, deren Erzeugnisse auf immer neuen und zahlreicheren Märkten nun absatzfähig wurden. Diese organischen Wechselbeziehungen von Production und Verkehr in grossen Umrissen zu verfolgen, sei der Zweck der folgenden Abschnitte. Wir müssen uns darauf beschränken, die Fortschritte der jüngsten Zeit mit wenigen Strichen zu skizziren, um den Rahmen einer statistischen Uebersicht nicht zu überschreiten.

I. Eisenbahnen.

Das Eisenbahnnetz der ganzen Erde hat seit dem unscheinbaren Anfange, welchen die Aufzeichnungen für das Jahr 1830 mit 332 Kilometer angeben, eine Ausbreitung im geographischen Sinne und nach der Länge der Linien erfahren, welche gewiss selbst die kühnsten Vertheidiger der vor einem halben Jahrhunderte neuen Erfindung nicht vorauszusagen gewagt hätten. Auf allen Continenten und Inselgruppen, in allen Ländern, die von der europäischen Kultur berührt wurden, haben auch die Schienenstrassen ihren Platz gefunden. Es ist von hervorragendem Interesse, zu verfolgen, wie allenthalben jene Hindernisse, welche sich früher dem Eisenbahnbau unüberwindlich entgegenzustellen schienen, technisch und ökonomisch behoben sind und wie nur mehr die Unternehmungslust und das Kapital den Entwickelungsgang des Eisenbahnwesens bestimmen. Wenn diese Umstände sich günstig gestalten, so werden die kühnsten Projekte verwirklicht und Werke in Angriff genommen, deren Grossartigkeit auch den fernsten Nachkommen die Bewunderung für unser Zeitalter abringen wird.

In Europa wurden schon vor vielen Jahren die mächtigsten Gebirgswälle der Alpen und Apenninen durch Eisenbahnen durchbrochen; zu den Uebergängen über den Semmering und Brenner und zu der im Jahre 1871 vollendeten Durchbohrung des Mont Cenis wird sich im Laufe einiger Jahre das vierte Riesenwerk, die Gotthardbahn, gesellen; wenn auch die ursprünglichen Anschläge irrig waren, wenn die Kosten dieses internationalen Baues statt der präliminirten 187 volle 290 oder 300 Mill. Francs betragen dürften und die Durchführung grösseren Schwierigkeiten begegnen wird, als man voraussehen konnte, so werden dennoch die Regierungen der Schweiz, von Italien und Deutschland das einmal begonnene Werk nicht unvollendet lassen, sondern es höchstens auf einen längeren Zeitraum ausdehnen. So ungünstig die jetzige Periode Unternehmungen dieser Art ist, so ist sie dennoch nicht arm an neuen Plänen und Vorarbeiten. Wenn wir auch die Projecte der Tunellirung des Simplon und der Durchbohrung des Montblanc nur als Curiosa erwähnen, so wird doch die Ausführung eines anderen, noch vor Kurzem in das Reich der abenteuerlichen Ideen verwiesenen Projectes, der directen unterseeischen Verbindung von Frankreich und England, ernstlich vorbereitet. Die technischen Untersuchungen, welche seit dem J. 1875 von den Ingenieuren der „Société du tunnel sous-marin" über die geologische Beschaffenheit des Meeresgrundes im Kanal La Manche angestellt wurden, lauten so günstig, dass wahrscheinlich nur der Wiedereintritt einer besseren Zeit des Erwerbes und der Speculation abgewartet wird, um an die Ausführung zu schreiten.

Neben diesen, auf engem Raume sich vollziehenden, intensiven Aufwendungen von Arbeit und Kapital sind die Eisenbahnen im hohen Norden und im äussersten Osten unsres Erdtheiles als Pioniere der Kultur gewissermassen im extensiven Sinne zu nennen. Das Projekt einer Eisenbahn, welche Lappland durchziehen soll, ge-

hört nicht mehr in das Reich der Phantasie; die Norwegischen und
Schwedischen Schienenwege rücken in immer höhere Breitengrade
hinauf, Russland breitet die Eisenarme zugleich nach Osten und
Norden aus und die orientalischen Bahnen werden mit dem Wieder-
Eintritte des Friedens gewiss rasch ihrer Vollendung zugeführt
werden.

Um nur einige Hauptzüge dieser, das grösste Interesse der Gegenwart erweckenden Verkehrsentwickelung zu skizziren, erinnern
wir daran, dass Russland bis zum Ausbruche des orientalischen
Krieges mit unbeirrter Consequenz seinen politisch-strategischen und
commerciellen Bestrebungen in den Eisenbahnen Ausdruck gegeben
hat. Vom Jahre 1865 bis Ende 1877 sind nicht weniger als 15703
Werst oder 16755 Kilom. dem Verkehr übergeben worden, indem

die Länge der Eisenbahnen

im J. 1865 nur . . 3578,$_5$ Werst
zu Ende 1870 bereits . 10091,$_5$ „
„ 1875 . . . 17698,$_1$ „
und „ 1877 . . . 19281,$_{10}$ „

betrug. Die grösste Erweiterung haben die wichtigen Transversal-
wege von der Ostsee bis zum Pontus und vom Pontus bis zur
Kaspischen See erfahren. Erst jüngst wurde den baltischen Bahnen
durch die Dörpt'sche Zweigbahn wieder eine Strecke von 107 Werst
hinzugefügt; die Krim und die kaukasische Statthalterschaft sind in
das russische Bahnnetz einbezogen und besonders diese asiatischen
Verbindungsglieder erregen mit Recht die Aufmerksamkeit aller
Welt. Russland hat bereits im Oktober 1872 im südlichen Kaukasus die 300 Kilom. lange Eisenbahn von Poti nach Tiflis eröffnet,
welche als Gebirgsbahn in Asien jedenfalls als Unicum gelten darf,
und die Häfen des kaspischen mit denen des schwarzen Meeres direct verbinden wird, sobald die im Frühjahre 1876 in Angriff genommene Linie Baku-Tiflis vollendet sein wird. Ein im Jahr 1875
sanctionirtes Eisenbahngesetz ermächtigte den Communicationsmini-
ster zur Concessionirung oder Inangriffnahme des Baues von 8000
Werst (8550 Kilom.) Bahnen, welche in drei Jahresloose getheilt
sein sollten. Das erste derselben, 2400 Werst umfassend, soll die
Verbindung des holz- und kohlenarmen Volhynien und Podolien mit
dem grossen Donetz-Kohlenlager herstellen; das zweite, die Uralbahn,
umfasst das grossartige Project einer Verbindung von Orenburg
mit Tobolsk-Irkutsk und die Durchschneidung der Barabinzischen

Steppe, sowie Sibiriens; davon waren trotz des Rückschlages, welchen der Krieg und die bedrängte finanzielle Lage mit sich brachten, doch an der Ural'schen Bergbahn schon grosse Arbeiten vollendet, und überhaupt standen im J. 1877 volle 2017 Werst im Bau. Die Trace des dritten Baulooses ward noch nicht festgestellt, es dürfte die transkaukasischen Bahnen umfassen. Schon die bisherigen Schritte, deren Weiterführung durch den Krieg gehemmt wurde, aber nach dem Frieden bald wieder fortgesetzt werden dürfte, bekunden den festen Willen, das russische Reich von der Ostsee bis zur Wolga, vom Azow'schen Meere bis an die Kaspi-See, und von dort mit Central- und Ostasien zu verknüpfen, um hier dem englischen Einflusse auch durch die Verkehrsmittel entgegenzuarbeiten und sich den Besitz der neu erworbenen Khanate zu sichern.

Was die orientalischen Bahnen in Europa betrifft, so ist natürlicher Weise durch die politischen Ereignisse in der letzten Zeit ein völliger Stillstand eingetreten. So viele Linien während der Jahre 1872—1875 in der europäischen Türkei dem Verkehre übergeben worden sind, so fehlen doch noch immer die wichtigsten Verbindungsglieder derselben mit dem Westen; im J. 1872 wurden die Linien von Dedéaghatsch nach Adrianopel und von Banjaluka bis zur österreichischen Grenze, im Jahre 1873 jene von Adrianopel nach Sarembay, von Constantinopel nach Adrianopel und die wichtige Strecke Salonich-Mitrovitza, sowie östlich als Anschluss an die Adrianopeler Bahnen die Linie von Tirnova nach Jamboli, im Ganzen in drei Jahren 1270 Kilometer Bahnen dem Verkehr übergeben. Die Bedeutung dieses sonst hochwichtigen Vordringens der Schienenstrassen in fruchtbare und· kulturfähige Gebiete unseres Erdtheiles wird aber dadurch geschmälert, dass, wie ein Blick auf die Karte lehrt, die Verbindung auf der bosnischen Linie von Banjaluka bis Mitrovitza, jene der bulgarischen von Jamboli nach Schumla (Rustschuk) und endlich der serbischen von Belgrad nach Usküp oder Bellova (Philippopel) noch nicht besteht, also Westeuropa noch immer von diesem Verkehrsnetze der Türkei ausgeschlossen ist. Unzweifelhaft wird es eine der ersten Aufgaben nach dem Eintritte des Friedens sein, im europäischen Interesse den Ausbau grosser Transversallinien hier zu sichern. Die im Herbste 1877 inmitten des Krieges mit russischen Kapitalien und als Militär-Eisenbahn erstaunlich rasch construirten russisch-rumänischen Linien Galatz-Bender und Frateschti-Zimnicea haben zwar dem orientalischen Netze einen Zuwachs von circa 350 Kilometer gebracht, besitzen indessen keine bleibende Verkehrswichtigkeit.

Wenn wir die Blicke nach dem weiteren Oriente richten, so sind in den asiatischen Provinzen der Türkei bis jetzt nur 394 Kilometer Bahnen im Betriebe; ausser der Linie Scutari-Ismid haben die seit mehr als einem Decennium eröffneten Linien Smyrna-Aidin (128 Kilom.) und Smyrna-Kassaba (98 Kilom.) im Jahre 1876 durch die Strecke von Kassaba nach Ala-Schehr (76 Kilom.) einen geringen Zuwachs erfahren. Der kaiserliche Hat des Sultans Abdul Aziz vom 5. August 1875, welcher den Ausbau der Bahn von Ismid nach Bagdad (2790 Kilom.) auf eigene Kosten anordnete und Anatolien überhaupt ein Bahnnetz von 6000 Kilometer schenken wollte, (!) ist bisher ohne practischen Erfolg geblieben, obgleich der Verbindung Syriens mit dem Euphratthale die Zukunft nicht abgesprochen werden kann. Ehe eines der gross gedachten Projecte der asiatischen Weltbahnen in Angriff genommen wird, dürften indessen noch so viele Jahre verstreichen, dass es heute wenig zeitgemäss wäre, dabei länger zu verweilen.

In Ostindien ging, unbeirrt von der Stagnation des europäischen Wirthschaftslebens, die Entwickelung des Eisenbahnnetzes auch in den letzten Jahren regelmässig vorwärts. Die erste Eisenbahn wurde im Jahre 1853 von Bombay nach Tannah in der Länge von 22^1/$_2$ Meilen (engl.) eröffnet; im J. 1859 standen schon 524, im J. 1869 4166, im J. 1875 6497 Meilen (engl.) im Betriebe und jetzt hat das Eisenbahnnetz dieses Landes bereits eine Ausdehnung von nahezu 6800 Meilen. Die Hauptlinien verbinden die entferntesten Punkte des Landes unter einander, sowie mit den grossen Handelsplätzen an den Küsten des arabischen Meeres und an dem Busen von Bengalen. Sogar Britisch Burma wird bald eine Eisenbahn von Rangoo nach Prome besitzen. Das ursprünglich (1850) von Earl Dalhousie auf 6000 Meilen projectirte Eisenbahnnetz der britischen Colonie wurde im J. 1875 auf 15600 Meilen (24940 Kilom.) erweitert, und davon wurden schon 9415 Meilen concessionirt; zwar ist noch nicht die Hälfte der ganzen projectirten Länge vollendet, aber schon der grössere Theil in Angriff genommen, und ungefähr 106 Mill. Pfd. St. sind von den zehn mit Zinsengarantie in's Leben gerufenen Privatgesellschaften und vom Staate, welcher 12 verschiedene Linien im eigenen Betriebe hat, auf das Eisenbahnnetz Ostindiens aufgewendet worden. In Ceylon wurden im J. 1867 die

ersten paar Kilometer Schienenstrassen eröffnet, im J. 1876 aber
waren die Linien Colombo-Kandy (73,₇₅ engl. Meilen), Peradenya-
Gampola (7,₇₃ Meilen) und Gampola-Nawalopitiya (9,₂₅ Meilen) in
der Gesammtlänge von 90³/₄ Meilen oder 146 Kilom. in vollem und
sehr rentablem Betriebe.

Weiter im Südosten von Asien finden wir in Java 261 Kilom.
der Niederländisch-ostindischen Eisenbahnen, darunter die zwei wichtigen Verbindungslinien Samarang-Djokjokarta (165 Kilometer) und
Batavia-Buitenzorg (55 Kilom.). Unter den zwei Reichen des fernsten Orientes endlich hat Japan sich schon vollständig mit der
Einführung des europäischen Eisenbahnsystems vertraut gemacht,
während nur China — der einzige Staat der Erde — sich noch
hartnäckig demselben zu verschliessen sucht. In Japan wurde nebst
der älteren Linie Tokio-Yokohama (29 Kilom.) im Sommer 1876 durch
die Vollendung der Linie Hiogo-Osaka-Kioto eine Eisenbahnverbin-
dung von 75,₅ Kilom. hergestellt und der Betrieb dieser Bahnen
wird mit grösster Präcision und Sorgfalt geleitet. Die Projekte für
neue Linien an den Biwa-See, welche für den Theehandel ungemein
wichtig wären, oder zwischen Tokio und Takasake, der Bay von
Osaka und dem an der Nordküste liegenden Hafen von Touruga
wurden lebhaft aufgenommen, sollen aber gegenwärtig wegen der
finanziellen Bedrängniss des Landes wenig Aussicht auf Realisirung
haben. In China konnte man zwar das bedeutungsvolle Ereigniss
verzeichnen, dass am 1. Juli 1876 der erste Schienenstrang dem
Verkehr übergeben wurde; es war dies die von englischen Unternehmern erbaute Eisenbahn von Shanghai nach Kangwan, deren
Fortsetzung das wichtige Handelsemporium Shanghai mit dem 9¹/₄
engl. Meilen entfernten Hafen von Woosung verbinden sollte. Allein
die sanguinischen Hoffnungen der Europäer in Betreff der Durchführung dieses gewaltigen Angriffs gegen den chinesischen Starrsinn
haben sich bisher leider nicht erfüllt. Im Oktober 1876 wurde berichtet, dass der Weiterbau und bald auch der Betrieb eingestellt
werden musste, und man beabsichtigte, da der Widerwille der Bevölkerung nicht zu brechen schien, das ganze Material dieser ersten
chinesischen Eisenbahn auf die Insel Formosa zu übertragen, wo
ohnedies schon eine Linie die Kohlengruben von Kelung mit der
Küste verbindet. Indessen scheint in allerletzter Zeit dennoch eine
neue Phase eingetreten zu sein; denn, wie die „Straits Times" berichten, hätten die Chinesen die ganze Bahn Shanghai-Woosung von

den Engländern käuflich an sich gebracht, um sie in eigene Regie
zu nehmen, und sich entschlossen, dieselbe bis zur Handelsstadt
Sutscheu binnen Jahresfrist zu vollenden. Eine in Europa zu con-
trahirende Anleihe von 12 Mill. Taels sollte der chinesischen Regierung die dazu nöthigen Mittel bieten. Würde das Eisenbahnwesen
in China Eingang finden, so wäre dies von der ausserordentlichsten
Tragweite für die europäische Industrie und für die künftige Erschliessung dieses ausgedehnten, dicht bevölkerten Wirthschaftsgebietes.

Wenden wir uns nach dieser, die Zukunft des europäischen
Handels und die Uebertragung europäischer Kultur-Elemente nach
dem Osten direct berührenden Betrachtung zu dem Erdtheile, dessen
Eisenbahnnetz dasjenige von ganz Europa im Jahre 1877 eingeholt
hat, zu Amerika. In keinem anderen Lande der Welt hat die
Ueberspeculation zu so drohenden Ausschreitungen geführt, wie in
den Eisenbahn-Unternehmungen der Vereinigten Staaten. Mit
überstürzender Eile wurden in den Jahren 1869—1872 die grossen
continentalen Linien vom Westen bis an die Küsten des Pacificischen
Oceans und zugleich unzählige kleine Linien erbaut, die sich seither
eine ruinöse Concurrenz bereiteten. Zu Anfang 1873 machte sich
eine Abnahme des Eisenbahnfiebers bemerkbar; aber selbst die schon
vollendeten oder zur Vollendung drängenden Linien waren dem Bedürfnisse des Verkehrs weit vorangeeilt. Die Rentabilität derselben
war bald ernstlich in Frage gestellt und die Eisenbahn-Krise,
welche die bekannte socialistische Katastrophe des Jahres 1877 —
den furchtbaren Eisenbahnstrike bei der Baltimore- und Ohio-Com-
pagnie — zur Folge hatte, war unausbleiblich. Die äussersten Endpunkte dieser ganzen Erscheinung lassen sich in folgenden Zahlen
ausdrücken. Im Jahre 1830 bestanden in den Vereinigten Staaten
nur 26 engl. Meilen Bahnen; im J. 1850 schon nahezu 9800 engl.
Meilen und in den letzten Jahren betrug die Länge des Schienennetzes, resp. die Erweiterung desselben:

Ende des Jahres	Länge im Betriebe		Jährlicher Zuwachs	
1869	47.208 engl. Meil.		4953 engl. Meil.	
1870	52.898	„	5690	„
1871	60.568	„	7670	„
1872	66.735	„	6167	„
1873	70.784	„	4049	„
1874	72.695	„	1911	„
1875	74.614	„	1919	„
1876	77.470	„	2856	„
1877	79.669	„	2821	„

Dieses nahezu 80.000 engl. Meilen oder 128.000 Kilometer umfassende Eisenbahn-Netz haben die Vereinigten Staaten mit den grössten finanziellen Opfern erkauft. In den zehn Jahren 1867 bis 1876 hatten die Eisenbahnen viermal so rasch zugenommen, als die Volkszahl, und dieses Missverhältniss trat so furchtbar hervor, dass von 1872—1876 die Deroute hereinbrach und in diesen vier Jahren mehr als 800 Millionen Dollars in Eisenbahn-Fallimenten verloren gingen. Im J. 1877 griffen Concurse, Executionen und Sequestrationen in solchem Umfange um sich, dass nach amerikanischen Angaben im Ganzen eine Milliarde Dollars als in Eisenbahneffecten geopfert anzusehen ist. Auch in Canada ist durch die Krise der rasche Ausbau der zu Ende 1874 in Construction begriffenen circa 1800 Kilometer Bahnen gehemmt worden; dennoch ist von Anfang 1873 bis Mitte 1876 das Bahnnetz um 2829 Kilometer erweitert worden, indem die Intercolonial-Eisenbahn und jene in Neu-Braunschweig auf namhaften Strecken fortgeführt wurden. In Südamerika wurde in der Argentinischen Republik im November 1876 die Tucuman-Linie eröffnet, deren Fortsetzung gleich jener der Andenbahn bis an die Landesgrenze beabsichtigt ist und schon Erfolge in der Erschliessung des Innern zeigt. Peru hat durch die kühnen Gebirgsbahnen der westlichen Cordilleras und durch den Bau der Linie Payta-Piura die Schätze seiner Bergwerke in Verkehr gebracht und verfügt nun schon über mehr als 1600 Kilometer Bahnen und ebenso rasch hat Chile in den letzten Jahren seine Bahnen in's Innere geführt. Brasilien endlich, welches in dieser Staatengruppe noch besonders genannt zu werden verdient, arbeitet mit den grössten Anstrengungen an der Erweiterung seines Schienennetzes. Die Dom Pedro-Bahn wurde im Juli 1877 von Rio bis San Paolo eröffnet; um diese Zeit waren überhaupt im ganzen Lande bereits 2360 Kilometer und Ende 1877 2600 Kilom. im Betriebe, während noch weitere 1200 Kilom. im Bau standen.

Ueber die Fortschritte des Eisenbahnwesens in den übrigen Erdtheilen erwähnen wir endlich nur in Kürze die hervorragendsten Thatsachen. Unter den Australischen Colonien haben Neu-Seeland und Neu-Südwales in den Jahren 1876 und 1877 bedeutende Eisenbahnbauten vollendet. Inmitten der unermesslichen Fläche des stillen Oceans hat eine der Gesellschafts-Inseln, Tahiti, eine 4 Kilometer lange Bahnlinie erhalten. In Afrika machte von den ägyptischen Bahnen die Sudan-Linie von Wadi Halfa bis El

Ordeh (Dongola), deren Länge auf 355 Kilometer veranschlagt ist, in den letzten Jahren langsame, aber stetige Fortschritte und Mitte 1877 war schon die Strecke zwischen Wadi Halfa und Sigyaya im nubischen Nilthale befahrbar. In Natal schritt der Bau der Eisenbahn von Durban nach Pietermaritzburg während des J. 1877 so rüstig vorwärts, dass deren Vollendung im Jahre 1879 gehofft wird. Für Algier ist im März 1877 vom französischen Parlamente die Concession jener Verbindungsglieder gegeben worden, welche die grosse, 1312 Kilom. lange Centrallinie herzustellen haben, die von der Grenze Marocco's bis zu jener von Tunis reichen soll; da auch die Financirung gelang, wird seit Mitte 1877 an den algierischen und nordtunesischen Bahnen mit aller Macht gearbeitet und die letzteren werden mit der schon bestehenden Linie Tunis-Goletta bis an's Meer reichen.

So spannt sich in der That das Schienennetz gleich eisernen Reifen um den ganzen Erdball. Die geographische Ausbreitung geht mit der enormen Zunahme der Länge der Linien gleichen Schrittes vor. Ueber die Letztere geben wir zunächst eine den 16jährigen Zeitraum 1860—1876 umfassende Uebersicht, welche wir nach unseren eigenen früheren Zusammenstellungen und nach den Arbeiten von E. Behm, Dr. Wagner und Prof. G. Stürmer gewonnen haben:

Entwickelung des Eisenbahnnetzes der Erde

		Länge		Jährlicher Zuwachs	
		Kilometer	Geogr. Meil.	Kilometer	Geogr. Meil.
im J.	1860	106.886	d. i. 14.404	—	d. i. —
„	1865	145.114	„ 19.565	7.656	„ 1.032
„	1870	211.859	„ 28.550	13.333	„ 1.797
„	1871	235.375	„ 31.719	23.516	„ 3.169
„	1872	251.032	„ 33.830	15.657	„ 2.110
„	1873	270.071	„ 36.396	19.039	„ 2.566
„	1874	283.090	„ 38.150	13.019	„ 1.754
„	1875	294.400	„ 39.677	11.310	„ 1.527
„	1876	309.666	„ 41.732	15.266	„ 2.055
„	1877	321.272	„ 43.298	11.606	„ 1.566

Die höchste Zahl der jährlich eröffneten Eisenbahnlinien entfällt auf die Jahre 1871 bis 1873, wogegen in Folge der Krise die Jahre 1874 und 1875 einen namhaften Rückgang des Baues zeigen, welchem wieder im J. 1876 ein nicht unbedeutender, durch das Billigerwerden der Eisenmaterialien und Maschinen veranlasster Aufschwung folgt.

Eine streng synchronistische Darstellung des Eisenbahnbaues der letzten dreissig Jahre ist nicht für alle Länder der Erde, wohl aber für die europäischen Staaten möglich und zeigt ebenfalls den Culminations-Punkt dieser Unternehmungen in der Periode 1860 bis 1875.

Entwickelung des Eisenbahnnetzes in Europa.

Länge der Eisenbahnen am Schlusse der Jahre

(in Kilometern) [1]

	1845	1855	1865	1875	1876	1877
Deutschland	2.143	7.826	13.900	27.995	29.149	30.303
Grossbritannien u. Irland	4.082	13.414	21.386	26.819	27.247	27.540
Frankreich	870	5.529	13.577	21.596	22.508	23.383
Russland	144	1.044	3.926	18.592	19.875	20.467
Oesterreich-Ungarn . .	1.058	2.829	6.397	16.766	17.486	18.058
Italien	128	912	3.982	7.709	7.942	8.210
Spanien	—	443	4.761	5.836	5.980	6.199
Schweden	—	37	1.302	3.540	4.237	4.791
Belgien	577	1.333	2.250	3.499	3.589	3.710
Schweiz	4	208	1.321	2.055	2.378	2.565
Niederlande	156	314	865	1.900	1.968	1.974
Türkei	—	—	66	1.537	1.537	1.537
Dänemark	—	30	419	1.266	1.366	1.446
Rumänien	—	—	—	1.233	1.233	1.233
Portugal	—	36	700	1.036	1.070	968 (?)
Norwegen	—	68	278	557	667	802
Griechenland . . .	—	—	—	12	12	13
Europa . .	9.162	34.023	75.130	141.948	148.244	153.198

Jährlicher Zuwachs
im Durchschnitte   2486,1   4110,7   6681,8   6296,9

In den einzelnen Jahren von 1870—1875 ist der grösste Zuwachs mit 9147 Kilom. im J. 1873 zu beobachten, der mindeste mit nur 6723 Kilom. im J. 1875.

Um endlich den Zustand des Eisenbahnwesens in der neuesten Zeit darzustellen, fügen wir die folgende Tabelle mit Einbeziehung der letzten uns zugänglichen Daten und unter Benützung von Prof. Stürmer's vergleichender Eisenbahn-Statistik („Geschichte der Eisenbahnen" 1876 und „Betriebsergebnisse der europäischen Eisenbahnen" in der Zeitschr. des k. preuss. statist. Bureau's, IV. 1877) bei.

---

[1] Nach der absoluten Länge der letzten Jahre geordnet.

Gegenwärtiger Zustand des Eisenbahnwesens der Erde.

(Ende 1876.) [1]

I. Europa.

	Länge in Kilometer	Es entfallen Kilometer Eisenbahnen auf 10.000 □Kilometer	auf 10.000 Einwohner
Belgien	3.589	1218	6,71
Grossbritannien u. Irland	27.247	865	8,11
Schweiz	2.378	577	8,90
Deutschland	29.149	539	6,82
Niederlande	1.968	556	4,90
Frankreich	22.508	425	6,23
Dänemark	1.366	357	7,18
Oesterreich-Ungarn	17.486	280	4,64
Schweden	4.237	95	9,67
Italien	7.942	265	2,89
Spanien	5.980	120	3,61
Portugal	1.070	119	2,49
Rumänien	1.233	102	2,33
Russland	19.875	37	2,70
Norwegen	667	21	3,70
Türkei	1.537	42	1,81
Griechenland	12	2,4	0,08
Europa	148.244	150	4,79

II. Amerika.

Ver. Staaten v. Amerika	124.649	133,0	28,47
Chile	1.689	37,0	8,16
Cuba	640	54,0	4,57
Uruguay	376	20,7	8,51
Canada	7.150	8,1	19,10
Peru	1.582	12,0	5,85
Argentina	2.133	13,0	11,79
Costarica	59	10,6	3,20
Jamaica	40	37,0	0,65
Honduras	90	7,1	2,56
Paraguay	72	4,9	3,26
Brasilien	2.290	2,7	2,26
Columbia	103	1,2	0,31
Britisch-Guiana	32	1,1	1,68
Mexiko	595	3,1	0,63
Bolivia	130	1,0	0,65
Venezuela	113	1,0	0,63
Ecuador	41	0,6	0,37
Amerika	141.784	38,0	—

[1] Nach der Reihenfolge der relativen Entwickelung geordnet, welche sich aus dem Producte der Kilometer- und Einwohner-Verhältnisszahlen ergibt.

III. Asien.

	Länge in Kilometer	Es entfallen Kilometer Eisenbahnen auf 1.000 *) □Kilometer	auf 10.000 Einwohner
Kaukasien	1.004	$23_{,70}$	$2_{,05}$
Britisch-Ostindien	10.864	$47_{,70}$	$0_{,58}$
Ceylon	146	$23_{,0}$	$0_{,57}$
Java	261	$19_{,70}$	$0_{,11}$
Kleinasien	401	$5_{,3}$	$0_{,30}$
Japan	105	$2_{,7}$	$0_{,03}$
China	9	—	—
Asien	12.790	—	—

IV. Australien.

Tasmania (1875)	241	$35_{,0}$	$35_{,26}$
Victoria (1875)	1.004	$43_{,8}$	$13_{,35}$
Neu-Seeland (1876)	1.131	$41_{,9}$	$13_{,30}$
Neu-Süd-Wales (1875)	703	$8_{,8}$	$11_{,60}$
Süd-Australien (1875)	441	$4_{,5}$	$21_{,00}$
Tahiti	4	$38_{,0}$	$2_{,90}$
Queensland (1875)	427	$2_{,35}$	$23_{,70}$
West-Australien (1875)	61	$0_{,2}$	$25_{,60}$
Australien	4.012	—	—

V. Afrika.

Mauritius	106	553_0	$3_{,33}$
Aegypten	1.763	$32_{,0}$	$3_{,35}$
Algerien	634	$9_{,3}$	$2_{,53}$
Capcolonie	240	$4_{,1}$	$3_{,33}$
Tunis	60	$5_{,0}$	$0_{,30}$
Natal	8	$1_{,6}$	$0_{,25}$
Afrika	2.811	—	—

Länge der Eisenbahnen zu Ende 1876 und 1877.

	1876		1877	
	Kilom.	d. i. geogr. Meil.	Kilom.	d. i. geogr. Meil.
Europa	148.244	19.979	153.198	20.646
Amerika	141.784	19.108	146.939	19.803
Asien	12.790	1.723	13.096	1.764
Australien	4.012	540	4.784	644
Afrika	2.811	379	3.255	438
Totale	309.641	41.729	321.272	43.295

*) Auf Seite 192 bei I. Europa soll hier auch 1.000 statt 10.000 stehen.

Zur Beurtheilung des Antheiles, welchen die Eisenbahnen in
dem modernen Wirthsschaftsleben als Kapitalanlagen einerseits und
als Transport-Anstalten andererseits nehmen, ist es besonders interessant, den für dieselben gemachten Aufwand, den Stand ihrer
Betriebsmittel und die wirkliche Betriebsleistung zu kennen.
Nach den umfassenden neuesten Daten Stürmer's, welche wir im
unmittelbaren Anschlusse und zum Vergleiche mit unseren, für frühere Perioden (für 1860—65 im Geogr. Jahrb., Bd. II, S. 343 und
373 ff., dann für später III, S. 465, und V, S. 455 ff.) durchgeführten
Berechnungen hier benutzen, sind folgende, im grossen Ganzen völlig verlässliche Thatsachen su verzeichnen.

In Europa liegen für das J. 1875 von 139.938 Kilom. Bahnen
die Ausweise über die Anlagekosten vor, welche sich auf 43.178
Mill. Mark, d. i. 308.445 Mark pro Kilometer, berechnen. Nimmt
man für diejenigen noch erübrigenden 1960 Kilometer Eisenbahnen,
über welche genaue Angaben nicht direct zu ermitteln sind, die zu
den betreffenden Ländern gehörenden Durchschnittszahlen, welche
offenbar, obwohl sie interpolirte Zahlen sind, nicht weit von der
Wirklichkeit abweichen können, so berechnet sich das gesammte
im Jahre 1875 in den Eisenbahnen Europa's engagirte
Anlagekapital auf 43.550 Mill. Mark, d. i. um 5790 Mill.
Mark mehr, als wir für den Stand der Eisenbahnanlagen im Jahre
1873 bei 128.619 Kilom. ermittelt haben, so dass jene beiden Ziffern sich völlig bestätigen. Ausser Europa betrug das direct er-
hobene Anlagekapital von 140.102 Kilom. Eisenbahnen im J. 1875
21.955 Mill. Mark, d. i. 156.000 Mark pro Kilometer; davon entfiel auf den Kosten-Aufwand der nordamerikanischen Bahnen der
Löwenantheil mit 17.676 Mill. Mark. Nimmt man auch bei den
aussereuropäischen Bahnen wieder die Durchschnittszahlen der betreffenden Länder oder Erdtheile, so kann das in allen Eisenbahnen
der Erde im J. 1875 investirte Capital auf 65.254 Millionen Mark
veranschlagt werden. Rechnet man nun die Kosten des europäischen
Eisenbahnbaues im J. 1876 etwa 10 Proc. niedriger, als nach dem
Durchschnitt der Anlagekosten von 1875, d. i. zu rund 277.000 Mark
per Kilom., so ergibt dieser Anschlag das Eisenbahnkapital Europa's
für Anfang 1877 mit circa 45.300 Mill. Mark und in ähnlicher
Weise jenes der aussereuropäischen Staaten mit 24.980 Mill. Mark.
Unter der eben erwähnten Voraussetzung führt also dieser Calcul
zu der geschätzten Totalziffer von 70.280 Millionen Mark

für das in den Eisenbahnen der ganzen Erde investirte Kapital.
Die Zunahme seit zehn Jahren ist interessant genug, um sie zu re-
produciren:

Anlagekosten der Eisenbahnen der Erde.

im J. 1867 (nach unseren Einzelberechnungen) . . 37.300 Mill *M.*
  „   1868-69 „   „   „   . . 41.062   „
  „   1870-71 (approximativ) . . . . 48.000   „
  „   1872-73 (nach unseren Einzelberechnungen) . 58.564   „
  „   1875 (nach Stürmer und obigen Daten) . . 65.254   „
  „   1876 (Schätzung) . . . . 70.280   „

Dieses Kapital würde zu seiner mässigen, nur vierprocentigen
Verzinsung im J. 1875 2600 Mill. Mark und im J. 1876 2811 Mill.
Mark jährlich oder nahezu 8 Mill. Mark täglich als Reineinnahme
voraussetzen.   In der That ergaben die Zusammenstellungen von
Stürmer für die Gesammt-Einnahmen aller Bahnen der Erde im
J. 1875 6745 Mill. Mark und für die Ausgaben 4085 Mill. Mark.
so dass damals ein Ueberschuss von 2660 Mill. Mark als Netto-
ertrag blieb, welcher nur um Weniges von unserer berechneten
Ziffer abweicht.

Um einen richtigen Begriff von dem ungeheueren Betriebs-
parke zu geben, dessen diese sämmtliche Schienenstrassen stetig
bedürfen, seien die bezüglichen Totalziffern erwähnt. Auf den Eisenbahnen Europa's standen im J. 1875 nicht weniger als 42.000 Lokomotiven, 90.000 Personenwagen und 1.000.000 Lastwagen, auf den
Eisenbahnen der ganzen Erde aber 62.000 Lokomotiven, 112.000
Personenwagen und 1.465.000 Lastwagen in Verwendung. Mit diesen werden gegenwärtig etwa folgende Transport-Leistungen
bewältigt. Es werden jährlich in Europa 1140 Mill. Personen und
10.800 Mill. Zentner Güter, auf der ganzen Erde aber 1550 Mill.
Personen und 16.130 Mill. Zentner Frachten befördert, so dass im
Durchschnitt täglich mehr als 4 Mill. Personen auf allen Schienenstrassen der Erde verkehren und ungefähr 44 Mill. Zentner Güter
an ihren Bestimmungsort gebracht werden.

II. Handels-Schifffahrt.

Die relevanten Thatsachen, auf welche wir uns in dieser Statistik des Weltverkehrs in grossen Umrissen beschränken müssen,
betreffen den Stand und die Veränderung der Handelsmarine und

die Benutzung der grossen maritimen Handelsstrasse des S u e z -
C a n a l e s , weil in der letzteren der zu ungemeiner Bedeutung gelangte europäisch - orientalische Handel seine eigentliche Zukunft
erblicken darf.

1. Handelsmarine.

Die Handelsmarine hat auch heute noch immer den hervorragendsten Antheil an der Verfrachtung der Massengüter in weite
Fernen; nicht so sehr 'die Zunahme der Anzahl von Fahrzeugen,
als vielmehr die Steigerung ihrer Tragfähigkeit· und der Uebergang
von der Segel- zur Dampfschifffahrt haben die Verkehrsleistung der
Handelsflotten in gleichem Maasse mit jener der Eisenbahnen gehoben. Wir haben seit zehn Jahren regelmässig nachzuweisen versucht, wie rasch sich dieser Entwickelungsprocess vollzieht und können denselben auch wieder für die neueste Zeit verfolgen.

Soweit es die bisher ungleichmässige Art der Registrirung der
Handelsschiffe in verschiedenen Ländern und die mangelhafte Unter-
scheidung zwischen den für weite Fahrten bestimmten Schiffen und
den Cabotage- oder Fischerbooten approximativ gestattet, geben wir
nachstehende Uebersicht der

Leistungsfähigkeit der Handelsmarine Europa's:

	Gesammtzahl der Handelsschiffe	Tragfähigkeit in Reg.-Tonnen	Durchschnittliche Tragfähigkeit eines Schiffes
Ende 1860	95.246	10.800.647	113,₁
„ 1865	100.014	12.436.208	124,₃
im J. 1868-69	100.298	12.761.875	127,₂
„ 1870-71	96.877	12.607.627	130,₁
„ 1872-73	99.006	14.800.194	149,₅
Ende 1875	97.330	15.054.527	154,₆
„ 1876	93.916 [1])	15.599.759	166,₁

Aus diesen Totalziffern geht die constante Zunahme der Grösse
und Tragfähigkeit und zwar innerhalb dieser 10 Jahre um nahezu
53 Tonnen per Fahrzeug und gegenüber dem J. 1860 eine Steigerung um 47 Procente hervor. Für einzelne mächtige Handelsflotten
kann man die nämliche Erscheinung noch ecclatanter nachweisen.
Wie E. L a s p e y r e s berechnet hat, nahm die Grösse der Schiffe in
England, Frankreich und Hamburg nachstehend zu:

---

[1]) Vgl. die Anm. 1 auf folgender Seite unten.

Tragfähigkeit der Handelsmarine.

Durchschnittliche Grösse per Fahrzeug

	in England	in Frankreich[1])	in Hamburg
1841—45	139 Reg.-Tonnen	111 Tonneaux	187 Reg.-Tonnen
1846—50	161 „	111 „	208 „
1851—55	206 „	123 „	246 „
1856—60	216 „	153 „	288 „
1861—65	232 „	156 „	327 „
1866—70	232 „	170 „	390 „
1871—75	270 „	189 „	469 „

[1]) Exclusive Schiffe unter 50 Tonneaux.

In England beträgt also die Steigerung in drei Jahrzehnten 94%, in Frankreich 74% und in Hamburg 251%; das englische Schiff ist jetzt durchschnittlich um 131 Reg.-Tonnen, das französische um 79 Tonneaux und das Hamburger um 282 Reg.-Tonnen grösser gebaut, als es vor dreissig Jahren war.

Zu dieser für die Frachtenbewegung des Welthandels bedeutungsvollen Thatsache gesellt sich als eine zweite nicht minder wichtige Erscheinung die rasche Zunahme der Dampferflotte gegenüber den Segelschiffen. Diese Umwandlung trägt wesentlich dazu bei, die Frachtkosten zu erniedrigen, die Lieferzeit abzukürzen und eine namhaft grössere Transportleistung mit einem geringeren Schiffsparke und geringerer Bemannung zu bewältigen; denn nach einem Erfahrungssatze lässt sich jede Tonne Tragfähigkeit eines Dampfers 3 bis 4 mal so hoch in der Leistung veranschlagen, als jene eines Segelschiffes. Nun hat die Dampferflotte in der oben in's Auge gefassten Zeit folgenden Zuwachs erfahren:

Entwickelung der Dampfschifffahrt im Verhältnisse zur Segelschifffahrt in der Handelsmarine Europa's.

	Anzahl der		Daher jährliche Zunahme (+) oder Abnahme (—) der	
	Dampfschiffe	Segelschiffe	Dampfschiffe	Segelschiffe
Ende 1860	2974	92.272	—	—
„ 1865	4021	95.993	+ 209	+ 744
Jahr 1868—69	4239	96.009	+ 89	+ 5
„ 1870—71	4824	92.053	+ 267	— 1978
„ 1872—73	6228	92.778	+ 702	+ 362
Ende 1875	7510	89.920	+ 641	— 1420
„ 1876	7352	86.564[1])	— 158[2])	— 3356

[1]) Mit Hinzurechnung von 9043 Küstenschiffen der italienischen Marine, die in den früheren Totalziffern inbegriffen sind, also zur Vergleichbarkeit gehören.

[2]) Die Abnahme ist auf die französischen und russischen Daten über die Dampferzahl zurückzuführen.

So wurde die Zahl der Dampfer in der europäischen Handelsflotte in 26 Jahren $2^{1}/_{2}$ mal vermehrt, während jene der Segelschiffe bedeutend zurückgegangen ist. Allerdings findet dieser letztere Rückgang nicht seinen ganz richtigen Ausdruck in den hier
gegebenen Totalzahlen, weil die Grundsätze der Registrirungen im
Laufe des hier in's Auge gefassten Zeitraumes in mehreren Staaten
gewechselt wurden, so dass auch die officiellen Daten nicht strenge
unter einander vergleichbar sind; trotzdem bleibt die Thatsache im
Ganzen richtig und findet ihre Bestätigung in einzelnen Staaten;
denn in der grössten Handelsmarine der Welt, in der englischen,
tritt dieser Umschwung seit 1840 ebenso deutlich hervor, wie in der
französischen; wir geben eine bis 1851 zurückreichende Uebersicht
nach E. Laspeyres:

Zahl und Tragfähigkeit der Handelsschiffe

	in England				in Frankreich			
	Schiffszahl		Tonnengehalt		Schiffszahl		Tonneaux	
	Dampfer	Segler	Dampfer	Segler	Dampfer	Segler	Dampfer	Segler
1851—55	600	17.289	205.965	3.472.271	177	14.330	29.724	746.371
1856—60	887	18.764	374.127	3.868.603	313	14.191	67.211	957.394
1861—65	1180	19.699	547.084	4.301.953	352	14.791	88.672	903.009
1866—70	1762	21.986	861.000	4.654.800	435	15.178	138.510	920.753
1871—75	2823	18.658	1.632.174	4.147.735	512	14.732	184.554	875.489

In dem Vierteljahrhunderte, in welchem sich die Zahl der
Dampfer in England $4^{1}/_{2}$ mal und in Frankreich 3 mal vermehrt
hat, ist jene der Segelschiffe sozusagen constant geblieben und auch
die Zunahme der Tonnenzahl bei den Dampfern zeigt, wie sehr man
auf diese das Schwergewicht legt.

Ebenso ist die in den verflossenen 6 Jahren bewerkstelligte geringe Vergrösserung der Handelsflotte Deutschlands fast gänzlich
auf Rechnung der auf mehr als das Doppelte verstärkten Dampferflotte zu setzen.

Indem wir nur kurz bemerken, dass sich die Spuren des Rückganges der gesammten Welthandels-Bewegung in einer namhaft verminderten Thätigkeit des Schiffsbaues in England, den Vereinigten
Staaten, Frankreich und Italien bemerkbar macht und die Vermehrung des Standes der Handelsmarine der ganzen Erde wesentlich
beschränkt, lassen wir nachstehende neueste Daten folgen. Die
mannigfachen Differenzen in der Einregistrirung von Fahrzeugen

und die daraus hervorgehenden Abweichungen der Zahlen in den verschiedenen statistischen Sammelwerken gebieten es, überall den Quellennachweis beizufügen.

Stand der Handelsmarine.

	Dampfer		Segelschiffe		Gesammte Flotte	
	Zahl	Tonnen-gehalt	Zahl	Tonnen-gehalt	Zahl	Tonnen-gehalt
Grossbrit. u. Irland [1])	5.213	2.132.347	31.941	5.722.986	37.154	7.855.333
Norwegen [2])	218	45.129	7.596	1.349.234	7.814	1.394.363
Deutschland [3])	318	180.946	4.491	922.704	4.809	1.103.650
Italien [4])	142	57.881	10.903	1.020.488	11.045	1.078.369
Frankreich [5])	350	307.841	3.840	744.825	4.190	1.052.666
Russland [6])	285	107.402?	3.291	528.144?	3.576	635.546
Spanien [7])	230	176.250	2.685	381.070	2.915	557.320
Niederlande [8])	86	76.827	1.749	449.700	1.835	526.527
Schweden [9])	175	63.865	1.744	350.982	1.919	414.847
Oesterr.-Ungarn [10]) .	78	56.075	551	226.454	629	282.529
Dänemark [11])	180	43.720	3.083	216.459	3.263	260.179
Griechenland [12]) . . .	16	6.048	4.985	233.086	5.001	239.134
Portugal [7])	23	18.452	410	92.808	433	111.260
Belgien [13])	27	35.430	32	14.756	59	50.186
Türkei [14])	11	3.350	220	34.500	231	37.850
Europa	7.352	3.311.563	77.521	12.288.196	84.873	15.599.759
Ver.Staat. v.N.Amer.	4.208	1.115.441	17.741	2.379.005	21.949	3.494.446

[1]) Alle zu Ende 1876 registrirten Schiffe mit Einschluss derjenigen der britischen Colonien, welche zu Ende 1875 betrugen: 878 Dampfer m. 127.000 T. G. 10.797 Segelsch. m. 1.465.000 T. G. d. i. 11.675 Schiffe m. 1.592.000 Tonnen Gehalt.

[2]) Officielle Angaben für Ende 1875.

[3]) Offic. zu Anfang 1877 nach Netto Raumgehalt und Reg.-Tonnen, wobei nur Schiffe mit mehr als 17,65 Reg.-Tonnen Brutto-Raumgehalt registrirt sind.

[4]) Ende 1876 nach dem off. Ausst. Berichte Italien's 1878. Die 9043 für Hafen- und Küstendienst bestimmten Schiffe sind nicht einge-rechnet, so dass die Zahl der Fahrzeuge geringer ist, als in früheren Nachweisen. (Der Vergleichbarkeit wegen ist diese Differenz oben S. 196 und 197 berücksichtiget.)

[5]) Anf. 1877 ohne Schiffe für Hafendienst, Küstenfahrt etc. nach A. Clapier auf Grund offic. Daten.

[6]) Mit Finnland für Anf. 1876.

[7]) Anfang 1875.

[8]) Anfang 1876 nach Martin, Statesman's Yearbook, 1878.

[9]) Ende 1875, nur Schiffe langer Fahrt; für Ende 1876 liegt eine Total-Angabe von 1969 Fahrzeugen mit 423.619 Tonnen vor.

Anm. [10]) bis [11]) s. nächste Seite.

2. Suez - Canal.

Der grosse Einfluss, welchen die Eröffnung des Suez-Kanals auf die Richtung des Handels, auf den Antheil der einzelnen Nationen an dem Verkehr mit Ostasien und auf die neuesten Veränderungen in der Technik der Handelsmarine (besonders was den Uebergang zu den Auxiliardampfern betrifft) genommen hat, gebietet es, dieser Handelsstrasse fortlaufende Aufmerksamkeit zu schenken. Die Stetigkeit der Zunahme der Kanalfahrten und der Antheil, welchen sich England in neuerer Zeit an dem Unternehmen des Suez-Kanales gesichert hat, schaffen eine neue Bürgschaft für die wachsende Wichtigkeit dieser Welthandels-Strasse, die für immer unserem Jahrhunderte ein ehrendes Denkmal bleiben wird.

Passage von Schiffen durch den Suez-Canal
(seit der Eröffnung).

Jahr	Zahl der Schiffe	Brutto-Tonnengehalt	Netto-Tonnengehalt	Einnahmen Francs
1869	10	?	?	49.600
1870	489	654.914	436.609	5.048.394
1871	763	1.142.200	761.467	8.873.222
1872	1082	1.744.481	1.153.583	16.232.920
1873	1173	2.085.421	1.367.778	22.777.311
1874	1264	2.421.803	1.631.650	24.748.900
1875	1494	2.940.708	2.009.984	28.776.028
1876	1457	3.072.107	—	—
1877	1663	3.418.949	—	—
Zusammen 9395		17.480.583	—	—

Die Benutzung dieser maritimen Strasse von Seite der einzelnen Nationen zeigt folgende Tabelle, in welcher wir die erste 7 jährige Periode und die beiden letzten Jahre gesondert wiedergeben:

---

[10]) Alle Fahrzeuge mit Einschluss der grossen Küstenfahrer aber ohne kleine Küstenfahrer, Fischerbarken u. s. w. nach dem Annuario marittimo (officiell).

[11]) Nach offic. Statistisk Tabelvaerk (alle Fahrzeuge über 4 Reg.-T.) Ende 1876.

[12]) Ende 1875. Die Ausscheidungen der Küstenfahrer und Fischerbarken ist nicht durchführbar.

[13]) Ende 1875. Das Annuaire belge gibt für 1876 nur die Gesammtzahl von 48 Fahrzeugen mit 44.980 T. G. an.

[14]) Ende Juni 1876 nach Martin, a. a. O.

Passage von Schiffen durch den Suez-Kanal
nach Flaggen.

Unter der Flagge von	Zahl der Fahrzeuge in den J. 1869—75 zusammen	1876	1877	mit dem taxirten Tonnengehalt in den J. 1869—75 zusammen	im J. 1876	im J. 1877
England	4347	1090	1303	6.276.070	2.343.522	2.698.878
Frankreich . .	478	89	85	903.656	236.750	234.025
Österr.-Ungarn	345	53	46	335.307	76.236	73.344
Holland	168	60	63	277.466	146.675	155.874
Italien	292	51	58	254.315	82.024	85.506
Spanien	82	26	21	115.149	54.867	50.826
Türkei	140	3	—	99.810	2.984	—
Deutschland . .	118	27	40	117.591	41.301	56.842
Aegypten . . .	118	12	9	79.012	16.173	7.104
Russland . . .	48	14	—	61.926	23.916	—
Norwegen . . .	30	12	12	39.337	20.620	21.027
Dänemark . . .	26	13	15	23.590	19.595	23.580
Schweden . . .	22	3	3	18.746	3.120	2.505
Portugal	24	3	2	17.400	3.648	2.964
Amerika	10	1	3	13.642	670	2.680
Belgien	9	—	2	12.220	—	2.938
Andere Staaten	18	—	1	8.204	—	856
Zusammen .	6275	1457	1663	10.989.527	3.072.107	3.418.949

Im Durchschnitte der ersten 7 jährigen Periode passirten jährlich 896 Fahrzeuge mit je 1.570.000 Tonnen, im J. 1877 schon
doppelt so viele Schiffe mit mehr als dem doppelten Tonnengehalt
den Kanal; zwei Drittel aller Schiffe waren Handelsdampfer, das
Uebrige Postdampfer, Segelschiffe (kaum 300), Transport- und
Avisoschiffe, Corvetten, Yachten u. s. w. Die Gesammtzahl der
während der neun Jahre 1869—1877 beförderten Passagiere beträgt
nur 497,226 Personen. darunter zumeist Truppen, muselmannische
Pilger und wenige Civilreisende.

III. Telegraphen.

Die ungestörte, von den wirthschaftlichen Rückschlägen der
letzten Jahre unberührt gebliebene Entwickelung des Telegraphennetzes der ganzen Erde ist nicht nur der rationellen Leitung und
Einrichtung dieses Verkehrsmittels durch die europäischen Staatsverwaltungen, sondern insbesondere jenen internationalen Vereinbarungen zu danken, welche die Pflege der Telegraphie zu einer
gemeinsamen Aufgabe aller civilisirten Völker gemacht haben. Erst
vor zehn Jahren wurde der Gedanke angeregt, die politischen

Staatengrenzen bei diesen wirthschaftlichen Angelegenheiten gewisser-
maassen zu eliminiren und den Verkehr auf kosmopolitischem Boden
einzurichten. Die Grundlage eines gemeinsamen Verwaltungs-Orga-
nes — zunächst der europäischen Staaten — wurde durch die im
J. 1865 zu Paris abgehaltene erste Telegraphen-Konferenz gelegt
und führte zur Gründung des „internationalen Bureau's der Tele-
graphen-Verwaltungen" in Bern; doch beschränkte man sich noch
in fast ängstlicher Weise auf wenige unvollständige Vereinbarungen.
Bei den folgenden, zu Wien im J. 1868 und zu Rom im J. 1872
abgehaltenen Konferenzen ging man schon in tiefgreifenden Reformen
um viele Schritte weiter, bis die letzte Konferenz von St. Petersburg im J. 1875 das Werk der vorhergehenden zu einem beachtens-
werthen Abschlusse brachte und der Telegraphie einen neuen Aufschwung sicherte. Die Errichtung direkter internationaler Linien
mit einer Anzahl speziell für diesen Dienst bestimmter Drähte zwischen den sämmtlichen Staaten Europa's und vielen Ländern ausserhalb unseres Erdtheiles, die systematische Ordnung und theilweise
Ermässigung der Tarife, die Einführung von speziellen Arten der
Depeschen im internationaten Verkehr, so der Aviso-, recomman-
dirten und Express-Telegramme, und viele andere Erleichterungen
mussten wesentlich dazu beitragen, den Nutzen dieses Verkehrsmittels zu verallgemeinern. Zugleich machte die Technik unaufhalt-
same Fortschritte, welche für die Raschheit und Billigkeit des Betriebes maassgebend sind und den Erfolg nach sich ziehen, dass der
Telegraphendienst den Postdienst für viele Arten der Correspondenz ersetzen wird und denselben schon ersetzt hat.

Was zunächst die Entwickelung des Telegraphenwesens in
Europa betrifft, so fallen die grössten Fortschritte in die erste und
in die allerletzte Zeit. Nach dem unten folgenden Vergleiche sind
in jedem der sieben Jahre 1865—72 durchschnittlich 20.000 Kil.,
dagegen von 1872—75 jährlich nur 6000 Kil. und endlich von 1875
auf 1876 wieder 14.500 Kil. Linien gebaut worden. Die Benutzung
dieses Netzes, welches geographisch immer neue Gebietstheile einbezogen hat, ist, wie alle Anhaltspunkte schliessen lassen, stetig
intensiver geworden; denn um den Anforderungen des Verkehrs zu
genügen, mussten relativ viel mehr Drähte als Linien gelegt, es
mussten mehr Stationen eröffnet werden und die Steigerung der
Depeschenzahl war eine stetige.

Die Daten der folgenden Totalübersicht sind theils unseren

eigenen früheren Arbeiten, theils den Publicationen des statistischen Departements im österreichischen Handelsministerium entommen und nach völlig gleichartigen Gesichtspunkten gewonnen:

Entwickelung des Telegraphenverkehres in Europa seit dem Jahre 1860.

Jahre	Länge in Kilom. Linien	Drähte	Anzahl der Stationen	Depeschen
1860	126.140	293.832	3.502	8.917.938
1865	178.114	543.144	7.785	20.850.511
1869—71	271.297	728.592	13.387	38.567.298
1872	318.266	873.920	20.676	61.648.134
1875	336.928	942.039	26.019	78.976.140
1876	351.394	1.004.291	27.264	81.757.981

Der Antheil der einzelnen europäischen Staaten an der Entwickelung des Telegraphenwesens geht aus der nachfolgenden Uebersicht hervor:

Gegenwärtiger Stand des Telegraphenverkehres in Europa. [1]

	Staats-Telegraphen Länge der Linien	Drähte Kilometer	Anzahl der Stationen	Apparate	Depeschen
Grossbrit. u. Irland [2] .	40.650	182.296	5.375	11.741	21.820.023
Deutsches Reich [3] . .	49.092	171.837	6.396	7.589	13.456.728
Frankreich	54.550	145.300	4.406	5.209	11.412.161
Russland [4]	65.373	126.199	1.765	1.877	4.178.534
Oesterr.-Ungarn . . .	36.610?	109.458	3.240	3.021	7.531.882
Italien	22.349	78.354	1.852	2.010	5.769.234
Türkei	25.232	48.650	444	1.240	1.210.756
Spanien [5]	12.259	29.648	264	465	1.590.823
Belgien	5.086	22.081	613	1.119	4.104.767
Schweden [6]	8.022	19.643	628	481	1.629.419
Schweiz	6.462	15.796	1.092	1.408	2.987.033
Norwegen [7]	7.143	13.186	197	328	795.197
Niederlande	3.470	12.666	335	397	2.462.994
Dänemark	3.035	8.587	226	252	965.734
Portugal	3.533	7.656	147	256	491.971
Rumänien	4.046	7.023	162	362	847.695
Griechenland	2.730	3.320	69	130	274.965
Serbien	1.461	2.145	37	52	165.256
Luxemburg	290	445	38	26	62.809
Zusammen . . .	351.393	1.004.290	27.286	37.963	81.757.981

Anm. 1) 2) 3) 4) 5) 6) 7) s. folg. S.

Die Lebhaftigkeit der durch den Staatstelegraphen vermittelten Correspondenz zeigt uns die Thatsache, dass an jedem Tage des Jahres 1876 in Europa durchschnittlich 227.000 Depeschen aufgegeben wurden. Die relative Benutzung des Telegraphen als Verkehrsmittel in den einzelnen Staaten Europa's aber lässt sich aus der Anzahl der auf jeden Einwohner durchschnittlich entfallenden Depeschenzahl, dann aus der Anzahl der dem Verkehre eröffneten Stationen und endlich aus der Länge der auf die Flächeneinheit entfallenden Linien entnehmen. Eine mittlere Proportionale aus diesen Grössen zu gewinnen, ginge kaum an, wir geben dieselben daher einzeln, in der Reihenfolge der auf jeden Einwohner kommenden Depeschenzahl.

---

[1]) Die Zahlen gelten für das Jahr 1876 mit Ausnahme von Luxemburg, Serbien, wo nur für 1874, Russland, Spanien und der Türkei, wo nur für 1875 Angaben einbezogen sind; in der Stationenzahl sind Staats- und Eisenbahnämter, in der Depeschenzahl amtliche und Privatdepeschen zusammen gerechnet. Als Quelle ist die österreichische o. a. Statistik benützt; neuere Daten sind anmerkungsweise nach dem Journal télégraphique des Berner Bureau's (25. Oktober 1877 und 25. März 1878) beigefügt.

[2]) Zu den hier bezifferten Linien des britischen Metropolitan Office kommen noch 4.686 Kilometer des europäischen und 28.543 des indischen Netzes, welche an zugehörigem Platze unten angeführt sind.

[3]) Das Reichstelegraphengebiet und jenes von Bayern und Württemberg zusammengerechnet.

[4]) Die hier angeführten russischen Linien umfassen nicht alle im fernen Asien liegenden; das Berner Bureau gibt die Totallänge für 1876 mit 91.016 Kilometer Linien und 181.386 Kilometer Drähten an.

[5]) Im Jahre 1876 betrug die Länge der Linien 13.618, jene der Drähte 82.998, der Depeschen 1.560.897.

[6]) Nach dem Berner Bureau beträgt die Länge der Linien 9808 Kilometer, jene der Drähte 26.257 Kilometer.

[7]) Nach derselben Quelle 7768 Kilometer Linien und 13.935 Kilometer Drähte.

[8]) Approximativer Durchschnitt für das ganze deutsche Reich ohne Elsass-Lothringen.

Relativer Stand des Telegraphenverkehres in den Europäischen Staaten im Zusammenhange mit den maassgebenden Elementen.

	Zahl der Privat-Depeschen auf 1000 Einw.	Zahl der auf eine Station entfallenden Einwohner	Länge der auf 1000 Q-Kilom. entfallenden Linien (in Kil.)	Interner Tarifsatz für eine Depesche v. 20 Worten (in Mark)	Auf 1000 Einw. kommen Beuscher der Volksschule
Schweiz	1061	2.780	15.$_5$	0,$_{10}$	155
Niederlande . . .	641	23.520	10,$_5$	0.$_{51}$	136
Grossbrit. u. Irland	638	8.990	12,$_9$	1.$_{00}$	88
Belgien	538	10.410	17,$_2$	0,$_{10}$	123
Dänemark . . .	494	16.400	7,$_9$	0:$_{36}$	135
Württemberg . .	418	5.490	12,$_9$	0,$_{60}$	127
Norwegen . . .	415	14.200	2,$_2$	1,$_{12}$	138
Bayern	359	5.530	10,$_2$	0:$_{80}$	126
Luxemburg . . .	324	12.450	11.$_2$	0,$_{10}$	142
Deutsch. Rchsgbiet	286	14.160	8,$_6$	1,$_{20}$	152[6])
Frankreich . . .	275	12.650	10,$_3$	0,$_{15}$—1:$_{12}$	131
Schweden . . .	252	13.400	1,$_8$	1,$_{12}$	138
Oesterreich . . .	216	21.230	7,$_3$	1:$_{00}$	98
Italien	204	22.510	7,$_6$	0.$_{60}$	70
Griechenland . .	177	22.620	5,$_1$	0:$_{82}$	50
Rumänien . . .	145	64.220	3,$_3$	0,$_{60}$	17
Ungarn	141	42.150	4.$_1$	1:$_{00}$	101
Türkei	124	25.190	6,$_8$	1,$_{76}$—6,$_{16}$	—
Serbien	123	36.120	3,$_3$	0,$_{60}$	17
Portugal	102	30.070	3:$_{17}$	0,$_{60}$	32
Spanien	77	36.630	2,$_1$	0.$_{60}$	82
Russland	45	113.090	0,$_3$	1,$_{60}$—6,$_{10}$	14

Wie man sieht, fallen die Extreme, nämlich die lebhafteste Telegraphen-Correspondenz, in der Schweiz, in Grossbritannien Belgien, Dänemark, Württemberg und Bayern mit der grössten Zahl der Bureaux und mit billigen Depeschensätzen zusammen, während andererseits die schwächste Benutzung dieser Verkehrsanstalt in Russland, Spanien, Rumänien und Ungarn von der geringen Entwickelung des Netzes begleitet ist. Die scheinbaren Anomalien am Anfange und in der Mitte der Reihe lassen sich aus der Höhe der Depeschensätze, aus dem durch den Schulbesuch ausgedrückten Grad der allgemeinen Volksbildung und aus den specifischen Zuständen der commerciellen und industriellen Thätigkeit (so besonders in Holland und England) erklären.

Anm. [6]) s. vor. S.

Die Verbindung Europa's mit den übrigen Theilen der Erde stellen nebst den grossen Landlinien von russisch Asien bis zum Amur, den turkestanischen Linien und den Drähten der Indo-Europäischen Gesellschaft 560 unterseeische Kabel her, wovon ein Theil (gegen 70 Kabel) entweder für immer oder vorübergehend ausser Funktion steht. Nach dem Journal télégraphique umfassen sämmtliche Kabel eine Länge von 65.190 Seemeilen mit 72.462 Seemeilen Drähten; von der Gesammtzahl, die wir unten in der statistischen Tabelle anführen, gehören 149 Kabel mit 59.547 Seemeilen 21 Privatunternehmungen und 420 Kabel mit 5643 Seemeilen den Staatsverwaltungen. Die wichtigsten unterseeischen Leitungen des europäisch-asiatischen Verkehrs sind jene der Eastern Telegraph Company, welche die directe telegraphische Verbindung zwischen England, den continentalen Staaten und Bombay durch ihre 14.503 Seemeilen langen Linien bilden und die früher bestandenen Verzögerungen des Verkehrs mit Asien wesentlich beheben.[1]

Die bereis im J. 1872 vollendete Verbindung Australiens mit Europa, auf dem Wege von Port Darwin im Norden Australiens über Java und Britisch-Indien, hat seither ebenfalls eine wichtige Vervollständigung erfahren; zuerst kam Ende 1872 die 3200 Kilometer lange Ueberlandlinie von Adelaïde nach Port Darwin hinzu, welche die Regierung von Süd-Australien herstellen liess; dann wurden in allen Kolonien des Kontinentes von Australien zahlreiche Anschlüsse und viele innere Zweiglinien angefügt und endlich wurde im J. 1876 Neu-Süd-Wales mit Neu-Seeland durch ein Kabel verbunden. In gleicher Weise wurde der Plan ernstlich angeregt, von Normanton in Queensland ein Kabel direkt nach Singapore zu legen. Da die Kabel des „Japan submarine Telegraph" von Hakodade und Nagasaki nach Shanghai reichen, und sich hier die Linien nach Hongkong, Saigon und Britisch-Indien unmittelbar anschliessen, so ist der äusserste Osten Japan's mit dem äussersten Westen Europa's direkt verbunden.

Wenn Europa auf solche Art mit der orientalischen und polynesischen Welt seinen Gedankenaustausch bewerkstelligt, so ist nach

---

[1] Wir vermeiden näheres Eingehen in die geographische Ausbreitung. Vgl. die Uebersichten in Behm's geogr. Jahrb. IV. S. 459 und V. S. 685; dann K. Andree, Geographie des Welthandels. 2. Aufl. v. R. Andree. Stuttg. 1877. I. 479 ff.

dem Westen hin die telegraphische Correspondenz über den Ocean durch fünf selbstständige Kabel der französischen, amerikanischen und englischen Compagnien gesichert, die durch Fusionen die Konkurrenz ziemlich vermieden haben. Ueberdiess wurde im Juli 1874 jene wichtige sechste unterseeische Linie glücklich vollendet, welche von Pernambuco in Brasilien zu den Kapverdischen Inseln und von dort nach Madeira führt und ihren Endpunkt in Lissabon findet. Die La Plata-Staaten besitzen eine Anzahl von Küstenlinien und Kabel, welche sie mit Brasilien verbinden, und der nördliche Theil von Süd-Amerika, sowie Central-Amerika ist über Para und die Küste von Guyana mit Pernambuco in telegraphischen Verkehr gesetzt. Ebenso hat Bolivia mehrere Transversallinien gebaut und Chile wurde über die Anden mit dem Argentinischen Netze verknüpft, und so ist auch dieses ganze Gebiet der neuen Welt mit Europa in unmittelbaren Kontakt gebracht.

Noch fehlt die submarine Verbindung zwischen dem Westen von Amerika und Japan, dann die Einbeziehung der Ostküste Afrika's von der Kapcolonie bis Aden und der Westküste desselben Continentes zur Verbindung der Niederlassungen am Senegal mit den europäischen Mutterländern. Aber der englisch-amerikanische Unternehmungsgeist wird nicht ruhen, ehe auch diese Glieder der grossen Kette des elektrischen Verkehrs eingefügt sind. Auf dem Programme von Cyrus Field und seinen Gesinnungsgenossen stehen jetzt die Kabel von San Francisco zu den Sandwich-Inseln (2100 Seemeilen), von dort zu den Fidschi-Inseln (3000 Seemeilen) nach Neu Caledonien (810 Seemeilen), nach Australien (800 Seemeilen), nach Japan und noch viele andere. Würden diese Projecte in einer oder der anderen Variante durchgeführt, so wäre der Gürtel um die Erde geschlossen. Es hat den Anschein, als ob sich in denselben der ganze Osten Asiens mit viel grösserer Leichtigkeit einfügen würde, als in die übrigen Institutionen europäischen Ursprunges. Wenigstens beweisen die Nachrichten aus China, dass die Eingeborenen den Versuch der ersten einheimischen Leitung, der im Juli 1877 angestellt wurde, unbehelligt liessen, es zeigt sich in Japan für den seit 1870 eingebürgerten Telegraphendienst, der jetzt in 98 Staats- und 13 Eisenbahnämtern dem Publikum geboten wird, die grösste Sympathie. Formosa und Siam besitzen ebenfalls ihre Linien und im Innern von Asien hat erst jüngst die Weiterführung des britisch-ostindischen Telegraphen bis nach Beludschistan dem Khan von

Kelât Gelegenheit gegeben, dieses moderne Verkehrsmittel unter
seinen Schutz zu nehmen.

Ueber den gegenwärtigen Zustand des gesammten aussereuropäischen Telegraphennetzes liegen nur unvollständige Daten vor, und
selbst das Berner internationale Bureau vermag darüber keine vergleichende Statistik zu geben.

Ausdehnung des Telegraphenverkehrs
ausser Europa. [1]

I. Amerika.

	Länge der		Anzahl der	
	Linien	Drähte	Stationen	Depeschen
Ver. Staaten (1876)[2]	123.897	312.860	7.218	21.158.941
Canada (1877) . .	17.592	26.142	830	1.142.000
Mexiko (1876) . .	11.697	?	252	?
Argentina (1877) . .	8.542	15.392[3]	182	275.000[3]
Chile (1875) . . .	6.420	?	62	375.000
Brasilien (1877) . .	6.230	?	104	?
Columbien (1875) .	2.045	?	?	98.000
Uruguay (1877) . .	2.080	?	?	?
Guatemala (1878) .	1.727	1.961	42	?
Peru (1877) . . .	973	?	25	?
Bolivia (1877) . . .	760	?	15	?
Costarica (1877) . .	352	?	16	?
Ecuador (1877) . .	336	?	10	?
In den hier nachweis- baren Staat. v. Amer.	182.651	?	circa 8.756	circa 23.000.000 ?

II. Asien.

Brit.-Ostind. (1875) .	26.794	54.077	225	883.727
Niederl. Indien (1876)	5.613	6.885	66	336.220 ?
Persien (1876) . .	3.966	7.645	46	675.000
Japan (1876) . . .	2.832	?	111	400.000 ?
China (1877) . . .	29	?	1	?
Zusammen . .	39.234	ca. 72.000	469	circa 2.300.000

[1] Nach dem American Almanac 1878 und dem Gothaer genealog.
Taschenbuch 1878 mit vielen Ergänzungen, welche wir für die neueste
Zeit aus dem Journal télégraphique beizubringen vermochten.
[2] Nach dem American Almanac waren Mitte 1877 bereits 151.542
Kilometer Linien mit 8829 Stationen im Betriebe, wobei wohl die Kabel
mit eingerechnet sein dürften.
[3] Die Länge der Drähte und Zahl der Depeschen gilt für das J. 1875.

III. Australien.

	Länge der Linien	Drähte	Anzahl der Stationen	Depeschen
Neu-Südwales (1875)	12.894	?	137	385.000?
Queensland (1876) .	7.374	9.690	98	156.600 (1873)
Süd-Austral. (1875) .	6.283	?	105	170.900 (1873)
Victoria (1875) . .	4.231	8.000	164	718.324
Neu-Seeland (1875) .	5.079	11.304	133	993.323
West-Austral. (1875)	1.233	?	20	22.774 (1873)
Tasmanien (1875) .	637	749	32	40.000 (1874)
Zusammen . .	37.731	?	689	2.486.921

IV. Afrika.

Aegypten (1876) . .	6.550	13.900	78	562.000 (1873)
Algerien (1875) . .	5.349	9.005	98	}557.000
Tunis (1874) . . .	964	?	18	
Cap Colonie (1871) .	200	?	2	?
Zusammen . .	13.063	?	196	?

Die Zusammenstellung dieser aussereuropäischen mit den oben (S. 203) angeführten europäischen Daten führt zu folgenden ungefähren Totalziffern:

Telegraphennetz der Erde.

	Länge der Linien (Kilometer)	Stationen	Depeschen (in runder Zahl)
Europa (1876) . .	351.393	27.286	81.758.000
Amerika (1875-77) .	182.651	8.756	23.000.000
Asien (1875-76) . .	39.234	489	2.300.000
Australien (1875) .	37.731	689	circa 2.500.000
Afrika (1874-76) .	13.036	196	„ 1.200.000
Totale	624.045	37.416	110.758.000

Die vorstehenden Uebersichten sind in Bezug auf die Anzahl der Stationen und Depeschen als ziemlich vollständig anzusehen, dagegen zeigen sie keineswegs das gesammte, dem Verkehre dienende Netz von Linien und Drähten, weil nur die Staatstelegraphen, nicht jene der Eisenbahnen und Privatunternehmungen angeführt sind, über welche letzteren keine umfassenden statistischen Nachweise vorliegen. Ueberdiess ist es kaum möglich, dasjenige genau zu bestimmen, was von submarinen Leitungen unter den Angaben der Linien und Drahtlängen der einzelnen Länder inbegriffen und was als international davon ausgeschieden ist. Man müsste jedenfalls einen Theil der bestehenden Kabel noch zu den oben angeführ-

ten Leitungen hinzurechnen, und diess würde die Gesammtziffer
wesentlich erhöhen, denn es bestehen:

	Linien	Drähte
a) 420 Kabel im Besitze und Betriebe der Staatsverwaltungen in 18 Ländern, welche in obiger Summe inbegriffen sind mit .	Kilometer 10.439	12.820
b) 149 Kabel im Besitze und Betriebe von 21 Privatunternehmungen, die nur theilweise oben inbegriffen sind, im Ganzen in der Ausdehnung von	110.162	121.240
Zusammen . .	120.601	134.060

So verfügt also die civilisirte Menschheit heute über ein Netz
von Luft- und unterseeischen Linien, welches auf mindestens 700.000
Kilometer oder 94.000 geogr. Meilen zu veranschlagen ist, ohne dass
die mehrfachen Leitungen gerechnet sind, welche einer Drahtlänge
von mindestens 1.600.000 Kilom. oder circa 215.000 geogr. Meilen
entsprechen. Der Gebrauch, welcher davon in den bestehenden
37—38.000 Telegraphenämtern der Welt gemacht wird, drückt sich
in der Zahl von jährlich 110—111 Millionen oder täglich im Durchschnitte 305.000 Depeschen aus, welche von Ort zu Ort, von Land
zu Land, von Erdtheil zu Erdtheil stetig gewechselt werden und
die Telegraphie zu einem echten Weltverkehrsmittel gestaltet haben.

IV. Weltpostverkehr.

Die Eisenbahnen, Dampfschiffe und Strassenzüge, welche wir
den letzten Jahrzehnten danken, haben auf die Hebung des Post-
verkehrs einen so mächtigen Einfluss ausgeübt, dass sich noch in
der vorigen Generation kaum Jemand eine richtige Vorstellung von
der gegenwärtigen Lebhaftigkeit des auf diesem Wege vermittelten
Gedanken- und Gütertausches hätte machen können. Mit dem Bedürfnisse der Benützung stellte sich die technische und administra-
tive Vervollkommnung des Postdienstes ein, welche mit den denk-
würdigen Reformen Sir Rowland Hill's beginnt und in der Schöpfung
des Weltpost-Congresses ihren Abschluss findet.

Um einen Einblick in das ungeheuere Getriebe zu gewinnen,
welches täglich auf der ganzen Erde vor sich gehen muss, damit
nur die Briefe — von den Journalen und übrigen Postsendungen
gar nicht zu reden — an ihre Adresse gebracht werden, genügt es,
zu erwähnen, dass im J. 1865, nach einer von uns versuchten Zu-

sammenstellung[1]), alle Bewohner der Erde circa 2300 Mill. Briefe
unter einander wechselten. Der General-Postdirector Stephan hat
im J. 1873 auf Grund amtlichen Materiales, welches nur in wenigen
Beziehungen einer Ergänzung bedurfte, nachgewiesen, dass die Post
damals jährlich mindestens 3300 Mill. Briefe auf dem ganzen Erdball expedirte. Nach den für die letzte Zeit gewonnenen Daten
aber hat dieser Correspondenzverkehr schon die enorme Höhe von
4020 Mill. Briefen überschritten; das macht per Tag 11 Mill. oder
in jeder Secunde 127 Stück. Bei dieser Schätzung ist mit Vorsicht
zu Werke gegangen und eher zu gering als zu hoch gerechnet.
Europa ist an dem Weltpostverkehre, wie die unten folgende Uebersicht zeigt, mit 3036 Millionen betheiligt, auf Amerika dürften 760
Millionen, auf Asien 150 Millionen, auf Afrika 25 Millionen und auf
Australien 50 Millionen Briefe entfallen. Rechnet man die Bevölkerung des Erdballes zu 1400 Millionen Menschen, so ist die mittlere Correspondenz-Zahl etwa 3 Briefe jährlich per Kopf. Von
diesem culturellen Durchschnitte ausgehend, sieht man in der unten
folgenden Tabelle einerseits bei den europäischen Völkern die gewaltige Lebhaftigkeit des Briefverkehrs in Grossbritannien, der
Schweiz, den Niederlanden, dem Deutschen Reiche und Belgien, andererseits den geringen Grad der Intensität in Spanien, Italien,
Griechenland, Rumänien, Russland und Serbien. Ausserhalb Europa
zeigt die Colonisten-Bevölkerung von Australien mit 21,$_7$ Briefen,
die Einwohnerschaft der Vereinigten Staaten mit 18,$_4$ Briefen, jene
von Canada mit 6,$_7$ Briefen einen hohen, dagegen jene von Japan
mit nur 0,$_6$ und von Britisch-Indien mit 0,$_5$ Briefen den niedrigsten
Stand des Correspondenz-Bedürfnisses.

Da wir nicht wagen, ein für die neuesten Routen richtiges Bild
selbst zu entwerfen, beschränken wir uns auf die interessante Schil-
derung, welche Generalpostdiretor Stephan davon entworfen hat
und welche im Grossen und Ganzen wohl auch heute noch zutrifft.
Die Weltpost dringt bis zu den äussersten Pionieren der Gesittung;
denn Postdampfer-Linien umgeben die ganze Erde von Neu-Seeland
bis Hammerfest. Diejenigen nach den Vereinigten Staaten von
Amerika und nach Aegypten und Ostindien sind darunter die wichtigsten. Von den letzteren zweigen sich in Singapore die Linien

---

[1]) Die Verkehrsmittel auf der Pariser Weltausstellung. Offic. Bericht
Wien 1867.

nach Annam, China und Japan, in Sydney die Linie nach Neu-Seeland, in Aden die Linien nach der Ostküste von Afrika, nach Mauritius und Reunion ab, während nach der Westküste Afrika's bis
zur Capstadt und herum bis Port Elisabeth und Port Natal direkte
Postdampfer-Linien von Southampton und Liverpool führen. Es
folgen dann die Linien nach Westindien, Mexiko, Central-Amerika,
nach Venezuela und Columbien, sowie nach Brasilien und den La
Plata-Staaten: ferner die Verbindungen mit den Ländern der Süd-
westküste Amerika's: Peru, Chile etc., welche theils auf dem Wege
über den Isthmus von Panama, theils auf demjenigen durch die
Magellanstrasse stattfinden, bis die südamerikanische Centralbahn,
die vom La Plata vorläufig bis Cordova geht, die Cordilleren über-
stiegen haben wird. Seit dem Bestande der Pacificbahn gehen
Briefe von Europa auch über San Francisco regelmässig mittelst
Amerikanischer Postdampfer nach Yokohama, wo sie den Anschluss
an die Dampfer-Linien nach Hongkong erreichen. Endlich ist mit
Unterstützung der Regierung der Vereinigten Staaten ganz neuerlich
eine direkte Postdampfer-Linie von San Francisco nach Neu-Süd-
Wales hergestellt worden, eine Route, welche den Stillen Ocean in
einer Länge von 1300 geogr. Meilen durchmisst und auch den Postverkehr mit unseren Gegenfüsslern in Neu-Seeland zu vermitteln
geeignet ist.

Wir schliessen diese geographische Skizze des Weltpostver-
kehrs mit der nachfolgenden Tabelle, deren Daten einer Publi-
cation des statistischen Departements im österr. Handelsministerium
entnommen sind.

---

[1] In der Reihenfolge der Lebhaftigkeit des relativen Briefverkehrs.

[2] Waarenproben etc. sind in der Briefzahl, Bücherpackete unter den
Journalen inbegriffen.

[3] Ohne Kreuzbandsendungen und Zeitungen, welche nach dem Gewichte verzeichnet werden.

[4] Daten aus dem Jahre 1874. (Im Jahre 1875 betrugen die Briefe
und Correspondenzkarten 125.386.297 Stück.)

[5] Mit Inbegriff der Zeitungen.

[6] Ohne Finnland.

[7] Daten aus dem Jahre 1872.

[8] Daten aus dem Jahre 1874.

Europäischer Brief-Postverkehr[1])
im Jahre 1876.

	Anzahl der				Auf einen Einwohner entfallen	
	Briefe und Correspondenzkarten	Waarenproben, Drucksachen etc.	Zeitungen	Zusammmen		
	(000 ausgelassen, also 1,116,688 = 1,116,688,000)				Briefe	Zeitungen
Grssbrit. u. Irland	1.116.688[2])	—	298.791	1.415.479	33,1	9,0
Schweiz . . .	66.169	19.817	49.069	135.055	24,1	17,8
Deutsch.R.Gebiet	594.994	100.391	300.510	995.895	16,6	8,1
Niederlande . .	59.363	10.212	28.353	97.928	15,6	7,1
Württemberg .	28.527	4.525	25.566	58.618	15,2	13,6
Belgien . . .	70.740	33.389	68.969	173.098	13,1	12,8
Bayern	60.740	5.040	80.252	146.032	12,1	16,00
Dänemark . .	22.430	1.501	22.115	46.046	11,8	11,6
Oesterreich . .	230.294	26.626	58.421	315.341	10,7	2,17
Frankreich . .	366.506	178.179	174.691	719.376	10,2	4,8
Schweden . . .	29.230	1.714	23.439	54.383	6,17	5,13
Norwegen . . .	11 204	620	8.798	20.622	6,12	4,9
Spanien . . .	80.633	4.580[3])	—	85.213	4,8	?
Ungarn . . .	70.456	8.309	30.210	108.975	4,15	1,9
Italien[4]) . . .	119.552	54.707	64.979	239.238	4,5-	2,1
Portugal . . .	12.985	6.965[5])	?	19.950	3,0	?
Griechenland . .	3.067	1.996[5])	?	5.063	2 0	?
Russland[6]) . .	86.612	5.766	50.719	143.097	1,0	0,6
Serbien[7]) . . .	1.200	?	?	1.200	0,13	?
Rumänien . . .	2.580	2.802[5])	?	5.382	0,5	?
Türkei[8]) . . .	2.439	75	1.250	3.764	0,12	?
Zusammen . .	3.036.409	467.214	1.286.132	4.789.755		

Innerhalb des letzten Quinquenniums hat der europäische Postverkehr um rund 400 Millionen Briefe und Correspondenzkarten zugenommen, und diess in der Zeit der geschäftlichen Stagnation!

Anm. [1]) [2]) [3]) [4]) [5]) [6]) [7]) [8]) s. vor. S.

Der Welthandel.

Die Nervenfäden des productiven und circulativen Lebensprozesses der Weltwirthschaft laufen in den mächtigen Umsätzen des Welthandels zusammen; hier finden wir ihren gesammten Ausdruck in den riesigen Totalwerthen, welche der Gütertausch unter allen Völkern des Erdballes bewerkstelliget. Nicht nur nimmt der Verkehr in den schon längst der europäischen Cultur erschlossenen Gebieten immer an Intensität zu, sondern die Interessen des materiellen Erwerbes und der Drang nach Erweiterung des geographischen Wissens öffnen stets neue Länderstrecken den Wegen des Handels. So entwickelten sich seit einer kurzen Spanne Zeit die Beziehungen der Menschheit in erstaunlichster Weise. Nach einer Schätzung von Kolb betrugen die in der Ein- und Ausfuhr umgesetzten Gütermengen im J. 1860 ungefähr 30 Milliarden Mark; acht Jahre später berechneten wir dieselben nach den officiellen Handels-Ausweisen und den verlässlichsten Consulatsberichten auf 44 Milliarden, und heute belaufen sie sich, wie wir unten zeigen, auf ungefähr 56 Milliarden Mark. Innerhalb dieser Zeit haben die Krisen, und zwar namentlich die grossen Erschütterungen des J. 1873 zeitweilige nicht unbedeutende Rückschläge veranlasst; allein im Ganzen gehen dieselben doch insoferne ohne dauernde Folgen vorüber, als immer wieder das Bestreben, einen höheren Standpunkt zu erreichen, siegreich zum Durchbruch gelangt. Die Unregelmässigkeit der Entwickelung, welche sich in den Jahren 1870—1873 geltend machte, indem damals der Aussenhandel der wichtigsten Länder fast dreimal so rasch zunahm, als im Durchschnitte des ganzen vorhergehenden Decenniums 1860—70 und indem derselbe nachher von 1873—1875 eine ebenso namhafte Einschränkung erfuhr, beginnt sich in den beiden Jahren 1876 und 1877 wieder in der Mehrzahl der Staaten durch kleine Zunahmen des Aussenhandels auszugleichen. Es ist nicht zu bezweifeln, dass die aufsteigende Conjunktur dem Wiedereintritte des europäischen Friedens rasch folgen wird.

Wir geben nun eine Uebersicht des Handels der Welt im Jahre 1876, welche allerdings an jenen Ungenauigkeiten leidet, die man überhaupt der officiellen Statistik dermalen noch in vielen Ländern zum Vorwurfe machen kann, die aber trotzdem als Gesammt-Ausdruck richtig sein dürfte. Wenn wir trotz zahlreicher uns verfügbarer Daten aus dem J. 1877 diese letzteren nicht aufgenommen haben, sondern uns auf das J. 1876 beschränkten, so möge sich dies dadurch rechtfertigen, dass wir wenigstens für Europa den höchsten Werth auf den Synchronismus gelegt haben und die definitiven Daten den oft sehr abweichenden provisorischen Aufstellungen der statistischen Aemter vorgezogen haben.

Der Welthandel im Jahre 1876 [1]).
Werth in Millionen Mark.

I. Europäische Staaten.

	Einfuhr	Ausfuhr	Gesammter Aussenhandel
Grossbritannien u. Irland .	7503,1	5135,5	12638,6
Deutschland	3913,3	2549,1 [2])	6462,7
Frankreich	3160,2	2855,9	6016,1
Russland [3])	1537,8	1290,2	2828,0
Oesterreich-Ungarn [4]) . .	1068,6	1190,4	2259,0
Niederlande	1212,8	906,2	2119,0
Italien [5])	1061,7	973,5	2035,2
Belgien	1158,9	851,0	2009,9
Spanien [6])	459,7	508,2	967,9
Türkei [7])	370,0 ?	200,0 ?	570,0 ?
Schweden	317,1	249,1	566,5
Dänemark [8])	256,1	202,1	458,8
Norwegen [9])	198,1	115,9	314,0
Portugal [10])	126,8	106,8	233,6
Rumänien [11])	64,8	113,7	178,5
Griechenland [10])	96,2	60,4	156,6
Serbien [10])	25,9	31,2	57,1
Europa	22.531,2	17.340,1	39.871,3

[1]) Als leitender Gesichtspunkt für die Zusammenstellung dieser Uebersicht galt, dass regelmässig nur der Waarenhandel, nicht jener mit Edelmetallen eingesetzt ist; wo letztere in der Ausfuhr den Charakter eines Landesproduktes haben, ist deren Einrechnung ausdrücklich be-

II. Amerika.

	Einfuhr	Ausfuhr	Gesammter Aussenhandel
Vereinigte Staaten [12] . .	1939,6	2417,9	4357,5
Brasilien [14]	401,1	427,8	828,9
Canada [13]	397,8	340,0	737,8
Argentina	146,6	195,3	341,9
Chile	156,9	151,0	307,9
Cuba [15]	120,0	140,0	260,0
Peru [15]	100,0	157,5	257,5
Mexiko [16]	121,8	132,7	254,5
Britisch-Westindien [17] . .	87,9	80,8	168,7
Uruguay [9]	56,3	53,3	109,6
Französisch Westindien [18]	50,4	61,5	111,9
Portorico [15]	61,2	36,4	97,6
Venezuela [19]	45,0	48,3	93,3
Republiken v. Centr.-Amer.	28,5 ?	62,6	91,1
Britisch Guyana [20] . . .	36,7	53,5	90,2
Columbia [19]	29,1	41,9	71,0
Haïti	35,8	33,1	68,9
Neu-Fundland	30,2	27,5	57,7
Bolivia [19]	23,0	20,0	43,0
Ecuador [21]	4,9	15,7	20,6
San Domingo [19]	7,3	6,5	13,8
Niederländ. Guyana . . .	5,3	4,7	10,1
Französisch Guyana [9] . .	5,8	0,4	6,2
Amerika	3891,3	4508,4	8399,7

merkt. Die Einfuhr und Ausfuhr gilt regelmässig für den Specialhandel, also ohne Durchfuhren und Transhipments und ebenso, wo besondere Declarationen in den Handelsausweisen vorliegen, als Einfuhr zum Verbrauche oder Ausfuhr aus dem freien (eigenen) Verkehre des Landes. Ausnahmen, welche die Art der Verfassung der officiellen Ausweise mit sich brachte, sind besonders angegeben. Für die Umrechnung der Werthe auf Mark galt: 1 Pfd. St. = 20 Mark; 1 Fr. = 0,80 Mark; 1 Fl. = 2 Mark; 1 Doll. Gold = 4,20 Mark; 1 Rub. = 3,22 Mark; 1 fl. holl. = 1,70 Mark; 1 Peseta = 0,861 Mark; 1 Krone = 1,125 Mark; 1 Gold-Yen (Japan) = 4,38 Mark; 1 H.-Tael (China) = 6 Mark. Quellen sind stets die Original-Ausweise jedes Landes, wo nicht ausdrücklich eine andere Literatur-Angabe in der Note bemerkt ist.

[2]) Da das deutsche statistische Reichsamt nur die Werthe der Einfuhr, aber nicht jene der Ausfuhr angibt, so ist diese Ziffer den sorgfältigen Berechnungen von Prof. E. Laspeyres entnommen, enthält aber nur einen Theil der Ausfuhr und ist strenge genommen mit der Einfuhr nicht vergleichbar.

[3]) Aussenhandel über die europäische und asiatische Grenze, sowie von und nach Finnland.

III. Asien.

	Einfuhr	Ausfuhr	Gesammter Aussenhandel
Britisch Ostindien [22] . .	707,3	1178,8	1886,11
China [23]	421,6	485,11	906,7
Straits Settlements [9] . .	212,8	194,1	407,2
Java u. Madura [19] . . .	153,6	244,3	397,9
Japan [74]	110,0	120,5	230,5
Ceylon [9]	107,2	107,5	214,7
Französ. Cochinchina [23] .	53,6	70,1	124,0
Sumatra u.übr.holl.Ostind. [10]	55,8	65,6	121,1
Russisch Asien [9]	66,9	30,8	97,7
Siam	30,8	36,2	67,0
Persien [26]	22,0	11,0	33,0
Französ. Bes. in Indien [9] .	5,8	12,1	17,9
Formosa [27]	6,1	7,9	14,2
Labuan [20]	2,1	2,2	4,6
Asien	1956,2	2566,7	4522,9

[4] Nach den actuellen Handelswerthen und ohne Einschluss von Dalmatien, dessen Handel grösstentheils über die österr. Grenze geht.

[5] Nach den commerciellen Werthen, welche bedeutend höher sind, als die officiellen.

[6] Die officielle „Estadistica general del comercio" liegt erst für 1873 vor (Madrid 1877). Für die späteren Jahre sind alle Schätzungen wegen der carlistischen Occupation unvollständig.

[7] In Ermangelung einer offic. Statistik nach einer Schätzung von F. Martin, the Statesman's Yearbook.

[8] Allgemeine Ein- und Ausfuhr; von letzterer entfielen 20,7 Mill. Kronen auf fremde Waaren, also 160 Mill. Kronen = 179,2 Mill. Mark auf den Specialhandel, der übrigens nicht besonders nachgewiesen ist.

[9] Daten aus dem Jahre 1875, da keine neueren vorliegen.

[10] Die neuesten Ausweise reichen nur bis 1874.

[11] Diese officiellen Ziffern sollen um wenigstens 30 % unter der Wahrheit bleiben.

[12] Mit Einschluss der Contanten, welche 34,1 Mill. Doll. in der Einfuhr und 47,9 Mill. Doll. in der Ausfuhr betragen; die Ausfuhr auf Goldwährung ungerechnet.

[13] Einfuhr zum Verbrauch und allgemeine Ausfuhr inclus. Edel-Metall im Fiscaljahre 1875—76.

[14] Nach dem Gotha'schen geneal. Taschenb., Fiscaljahr 1875—76, inclus. Edelmetalle. 1 Milreïs = 2,33 Mark.

[15] Schätzung nach Durchschnitten von F. Martin a. a. Orte und nach dem American Almanac.

[16] 1875 nach dem American Almanac.

[17] Daten für 1876 von Jamaica, Trinidad u. Barbados.

IV. Australien.

	Einfuhr	Ausfuhr	Gesammter Aussenhandel
Victoria [26]	333,7	295,3	629,0
Neu-Südwales [26]	269,8	273,4	543,2
Neu-Seeland [28]	160,5	116,5	277,0
Süd-Australien [28] . . .	84,1	96,1	180,2
Queensland [26]	66,5	77,1	143,6
Tasmanien [28]	23,7	21,7	45,4
West-Australien [28] . . .	7,0	7,8	14,8
Sandwich-Inseln [29] . . .	6,6	9,4	16,0
Australien	951,9	897,3	1849,2

V. Afrika.

	Einfuhr	Ausfuhr	Gesammter Aussenhandel
Aegypten [9]	117,1	264,1	381,2
Algier	170,8	133,2	304,0
Cap Colonie [20]	114,6	81,7	196,3
Mauritius [30]	45,6	53,0 ?	98,6
Réunion [28]	17,6	19,8	37,4
Natal [30]	20,4	13,1	33,5
Marokko [31]	9,3	14,3	23,6
Tunis [30]	9,5	13,7	23,2
Französ. Col. am Senegal .	8,5	11,4	19,9
Zanzibar [29]	9,2	7,9	17,1
Portugies. Colonien [29] . .	7,1	5,1	12,2
Tripolis [29]	5,4	5,5	10,9
Gambia (?)	2,6	3,6	6,2
Afrika	537,7	626,4	1164,1

[18]) Nach dem Annuaire Statistique de la France 1878. Einfuhr zum Verbrauch und allgemeine Ausfuhr im Jahre 1875.

[19]) Für 1875 nach dem Gotha'schen geneal. Taschenbuche 1878.

[20]) Für 1875 nach dem englischen Blue Book (Papers relating to Her Majesty's Colonial-Possessions I et II. 1876).

[21]) Für 1876 nach Martin, Statesman's Yearbook, 1878.

[22]) Für das Fiscaljahr 1876—77. Waaren-Handel ohne Edelmetalle, deren Import 114,3, deren Export 40,3 Mill. Rupien betrug; unter den Exporten nur der Special-Handel, nicht die Reexporte.

[23]) Netto-Importe, d. i. directe Einfuhr fremder Waaren abzüglich der Wiederausfuhr und Total-Exporte aus den Vertragshäfen 1876.

[24]) Fiscaljahr (vom 1. Juli bis 30. Juni) 1876—77. Netto-Importe von fremden und Netto-Exporte von einheimischen Waaren.

[25]) Schätzung für 1874 nach dem Annuaire de l'Economie pol. 1877.

[26]) Schätzung für den Durchschnitt der Jahre 1873—75 nach Martin, Statesman's Yearbook 1878.

Recapitulation.

	Einfuhr	Ausfuhr	Gesammter Aussenhandel
Europa	22.531,$_4$	17.340,$_1$	39.871,$_5$
Amerika	3891,$_3$	4508,$_4$	8399,$_7$
Asien	1956,$_2$	2566,$_7$	4522,$_9$
Australien	951,$_9$	897,$_3$	1849,$_2$
Afrika	537,$_{17}$	626,$_4$	1164,$_{11}$
Zusammen	29.868,$_{13}$	25.938,$_9$	55.807,$_{14}$

Als Vergleichsdaten mit früheren Jahren sei angeführt, dass die **Welthandels-Umsätze** betrugen:

1867—68	23.314	20.000	44.215
1869—70	24.326	22.014	46.340
1872—73	31.088	26.677	57.765
1874—75	29.006	25.793	54.799
und 1876	29.868	25.939	55.807

Um irrigen Interpretationen vorzubeugen, fügen wir ausdrücklich bei, dass man die Total-Summen der Welthandelswerthe auf mehr als die Hälfte reduciren müsste, um den wirklichen Werth der in der ganzen Welt nachweisbar in den Aussenhandel gelangten Waarenmenge annähernd zu kennen. Eine und dieselbe Waare wird nämlich in diesen Uebersichten mindestens zweimal angerechnet: in der Ausfuhr des einen und in der Einfuhr des anderen Landes. Auch diese Hälfte würde noch zu viel sein, indem eine beträchtliche Menge von Waaren als transitirend oft in einer ganzen Reihe von Durchfuhrländern immer wieder aufgeführt wird, wogegen die directe Sendung vom Productions- in das Bestimmungsland zu den Seltenheiten gehört. Vermindert sich dadurch die Höhe der äusseren Umsätze des Welthandels effectiv auf etwa 30—25 statt der oben angegebenen 55,$_8$ Milliarden Mark, so erscheint andererseits der gesammte

---

[27]) Angaben aus dem Jahre 1872.
[28]) Inclus. Edelmetallen nach o. a. Blue Book.
[29]) Nach einem österr. Cons.-Berichte für 1876.
[30]) Nach Cosularberichten für 1876.
[31]) Für 1876 nach dem Gotha'schen Geneal. Taschenbuche 1878.

innere Verkehr, der nationale Handel, gar nicht in Betracht gezogen. Wir besitzen für dessen Beurtheilung kein statistisches Material ausser den Aufschreibungen der grossen Transport-Gesellschaften, und auch dieses ist noch nicht in wissenschaftlicher Weise statistisch bearbeitet worden. Es würde eine höchst lehrreiche Ergänzung bilden, um zu beurtheilen, in welchem Umfange Arbeitstheilung und Massenproduction zur Befriedigung der Bedürfnisse in der Volkswirthschaft geführt haben.

Literatur-Nachweis.

Die Gewähr für die Verlässlichkeit der vorhergehenden Daten ruht auf den Quellen, aus welchen sie geschöpft sind; aus diesem Grunde und um einen Beitrag zur neuesten Literatur der amtlichen und vergleichenden Statistik zu liefern, hielten wir es für geboten, das Verzeichniss der wirklich benutzten Werke vollständig zu geben, dessen weitere Verwerthung zu Specialarbeiten den schönsten Erfolg der vorangehenden allgemeinen Uebersichten bilden würde.

1. Allgemeines.

The Statesman's Yearbook by Fr. Martin. London 1877.

Annuaire de l'Économie politique et de la statistique par M. Maurice Block. Années 1877 et 1878. Paris, Guillaumin & Cie.

Gothaisches genealogisches Taschenbuch nebst diplomatisch-statistischem Jahrbuch. 115. Jahrgang. 1878. Gotha, Justus Perthes.

Brachelli, Dr. H. F. Die Staaten Europa's. 3. Aufl. Brünn 1876.

Preussisches Handels-Archiv mit den in demselben enthaltenen deutschen Consulats-Berichten. Jahrgänge 1876 bis 1878.

Deutsches Handelsblatt. Berlin 1876—1878.

Nachrichten über Industrie, Handel und Verkehr. Herausgegeben von dem statistischen Departement im k. k. österreichischen Handelsministerium (Berichte der österr.-ungar. Consulate, vergleichende Statistik der Verkehrsmittel etc.). Wien 1876—1878.

Austria. Herausgegeben ebenda. Wien 1876—1878.

L'Économiste français, rédigé par M. P. Leroy-Beaulieu. Années 1876—1878.

Journal des Économistes. Paris, Guillaumin. 1876—1878.

The Economist und insbesondere dessen Beilage Commercial History and Review of 1877.

Journal of the Statistical Society, London. 1876—1878.

Reports of Her Majesty's Consuls in den Bluebooks. 1876.
Papers relating to her majesty's colonial possessions. 1876.
Bulletin de Statistique et de législation comparée. 1e année 1877.
2ième année 1878. (Ministère des finances. Paris 1877 et 1878.)
Financial Reform Almanack for 1878. London and Liverpool 1878.

2. Statistische Publicationen über einzelne Länder.

Statistik des Deutschen Reiches. Herausgegeben vom kais.
statist. Amte. Berlin 1875—1878.
Zeitschrift des königl. bayerischen statistischen Bureau's. Red.
von Dr. G. Mayr. Jahrg. 1876 u. 1877.
Statistische Mittheilungen über das Grossherz. Baden. 1875.
Oesterreichisches statistisches Jahrbuch. Herausgegeb. von
der k. k. statistischen Central-Commission. Wien 1876—1878.
Oesterreichische statistische Monatsschrift. Red. von F. X.
v. Neumann-Spallart und G. A. Schimmer. I. bis IV. Jahrg. 1875—1878.
Amtliche statistische Mittheilungen des ungarischen sta-
tistischen Bureau's. 1868—1875.
Statistisches Jahrbuch für Ungarn 1876—1878.
Statistique de la Hongrie, rédigée par Ch. Keleti et L. Beöthy.
Budapest 1876.
Schwicker, J. H. Statistik des Königreichs Ungarn. Stuttgart 1877.
Statistisches Handbuch der österr.-ungar. Monarchie für die
Periode 1867—1876. Wien 1878.
Statistique de la France. Statistique sommaire des industries
principales en 1873. Paris 1874.
Annuaire statistique de la France. 1e année 1878. Paris 1878.
Statistique de la France comparée etc. par M. Maurice Block.
2ième éd. Paris 1875.
Statistical Abstract for the United Kingdom 1862 to 1876.
London 1877.
Statistical Abstract for the several colonial and other pos-
sessions of the United Kingdom. 1861—1875.
Papers relating to her majesty's colonial possessions.
Part I. and II. of 1876. London 1876. (Bluebook.)
Annuaire statistique de la Belgique. Bruxelles 1875—1877.
Zeitschrift für schweizerische Statistik. XI. u. XII. Jahrg.
1876 u. 1877.
Egli, Dr. J. Taschenbuch schweizerischer Geographie, Volkswirth-
schaft und Kulturgeschichte. 2. Aufl. 1878.
Russische Revue. Monatsschrift für die Kunde Russlands.
Herausgegeben von C. Röttger. VI. u. VII. Jahrg. 1877—78.
Lindheim, W. v. Russland in der neuesten Zeit. Wien 1876.
Monatsschrift für den Orient. Herausgegeben vom oriental.
Museum in Wien. 1875—1878.

Resumé de renseignements sur la Norvége. Élaboré par le bureau de statistique du ministère de l'Intérieur. Christiania 1875.

Le Royaume de Norvége et le peuple Norvégien par le Dr. O. J. Broch. Christiania 1876.

Norges officielle Statistik. Tabeller vedkommende Norges-Handel etc. Udgivne af det statistiske Centralbureau. Christiania 1876 u. 1877.

Statistisk Tidskrift (Schweden) utgifven af kungl. statist. Centr.-Byrân. 1877. Stockholm 1877.

Sveriges officiella Statistik, Bidrag etc. (Handel, Schifffahrt). Dänemark. Statistisk Tabelvaerk, udgivet af det statistiske Bureau. 33. Bind. Tabeller over vare-indförsel og udförsel etc. (Handels-und Schifffahrts-Ausweise) i aaret 1876. Kjöbenhavn 1877.

Udbyttel of Hösten i aarene 1875 og 1876 (Ernteberichte der Jahre 1875 und 1876 aus den „Statistiske Meddelelser". 13. Bind. 1877).

A. Beaure & H. Mathorel. La Roumanie. Paris 1878.

La Roumanie économique par M. G. Obédénare. Paris 1876.

Recueil statistique sur les contrées Serbes par Vladimir Jakchitch. I. Vol. 1875.

Geographia e estatistica geral de Portugal e colonias por Gerardo A. Pery. Lisboa 1875.

Annuario estatistico do reino de Portugal. I. 1875. Lisboa 1877.

Estadistica general del comercio exterior de España en 1873. Madrid 1877.

Statistical Abstract relating to British India from 1866/67 to 1875/76. London 1877.

Statement exhibiting the moral and material progress and condition of India. 1872-73, 1873-74 and 1874-75. 3 vol.

Review of the trade of British India for the official year 1876-77 by J. E. O'Conor. Calcutta 1878 (officiell).

Indie orientali, della navigazione e del commercio; relazione dell avv. G. Solimbergo. Roma 1877.

Tasmania. Statistics of the Colony for the year 1876.

Statistiek van den Handel, de Scheepvaart en de In- en Uitvoer-regten of Java en Madura 1873. Batavia 1875.

Quarterly Reports of the Chief of the Bureau of Statistics. United Staates. Washington 1877—78.

An American Almanac and treasury of facts for the year 1878 by A. R. Stofford, New-York 1878.

New-Yorker Handels-Zeitung. Jahrg. 1877 u. 1878.

Annnaire statistique de la Colombie par M. le docteur Annibal Galinda, à Bogota 1876.

Chile. La Patria Chilena; le Chili tel qu'il est: Publications officielles de la commission belge etc. à l'Epos. du Chili de 1875. Valparaiso 1876.

Le Chili, Rapport sur le progrès et la condition etc. par M. Horace Rumbold. Paris 1877.

Anuario estadistico de los estados unitos de Colombia. I & II. Bogota 1876.

North China Herald. Shanghai 1877 u. 1878.
China Overland Trade Report. Hongkong 1876. Vol. XXX.
Reports on Trade at the treaty Ports in China for the year 187
Published by order of the Inspector General of Customs. 2 vol. Sha
ghai 1877.
Return of the foreign commerce and trade of the Empire ›
Japan. Published by order of the Inspector General of Custom
Tokio 1877 u. 1878.
Bousquet, G. Le Japon de nos jours et les Echelles de l'extrêm
Orient. Paris 1877.
J. C. Mac Coan. Egypt as it is. London 1877.
The Empire of Japan. Published by the Imp. Commission fo
the Philadelphia Exhibition. Philadelphia 1876.
Japan Weekly Mail. Yokohama 1877 u. 1878.

3. Statistische Publicationen über einzelne Zweige der Production, des Verkehrs und Handels.

Ausweise über den auswärtigen Handel der österr.-ungar.
Monarchie für 1875 u. 1876 und vorläufige Uebersicht der Waaren-
Ein- und Ausfuhr 1877. Wien 1867 u. 1877.
Jahrbuch des k. k. Ackerbau-Ministeriums. (Ernteberichte Oester-
reichs.) Wien 1876–1878.
Uebersichtstabellen der Ein-, Aus- und Durchfuhr der schwei-
zerischen Eidgenossenschaft 1872—1876.
Mandello, Dr. K. Rückblicke auf die Entwickelung der ungar.
Volkswirthschaft im J. 1876 (Budapest 1877) und ebenso im J. 1877
(Budapest 1878).
Tableau général du commerce de la France pendant l'année
1876. Paris 1877.
Commerce de la France. Documents statistiques réunis par
l'administration des douanes. Années 1876 et 1877. Paris 1877 et 1878.
Statistique de la production de la soi en France et à l'Étran-
ger par le Syndicat de l'Union des marchands de soie de Lyon. I.—VII.
1872—1878.
Accounts relating to trade and navigation of the United King-
dom in the year 1876.
First annual Report of the internal commerce of the United States, by J. Nimmo. (Im 2. Theile des Report on the commerce
and navigation for the fiscal-year ended June 30 1876.) Washington 1877.
Statements of Home consumption and Imports etc. prepared
by Edw. Young. Washington 1878.
Report of the Commissioner of Agriculture for the year 1873
& for the year 1874. Washington 1874 & 1875.
Stephen Bourne, on the increasing dependence of the United

Kingdom upon foreign supplies for food. (Transactions of the Manchester statistical Society.)

Agricultural Returns of Great Britain with Abstract Returns for the United Kingdom etc. for 1876 and 1877. London 1876 & 1877. (Bluebook.)

Reports from Her Majesty's Consular officers respecting the Cattle trade etc. (Parl. I.) London 1877.

Statistiek van den Handel en de Scheepvaart van het Koningrijk der Nederlanden over het jaar 1876. s'Gravenhage 1872—1878.

Verslag van den Landbouw in Nederland over 1871—1876. s'Gravenhage 1872—1878.

Statistica din Romania. Commerciul exterior pe anu 1873. Bucuresci 1876.

ibidem. Statistica agricola 1870—1875. Bucuresci 1875—1877.

Jordbruk och Boskapsskötsel för år 1874—1877. (Schwedens Ernte-Statistik für 1874—1877.)

Bulletin du Conseil supérieur d'agriculture du Royaume de Belgique. Année 1873. Bruxelles 1875.

Laverrière, Tableau raisonnée de la récolte de blé de 1877 en France. Paris 1878. (Echo agricole.)

Statistique internationale de l'agriculture. Nancy 1876.

Wilson, J. Aperçu statistique de l'agriculture et de la sylviculture en Russie. St. Pétersbourg 1876.

Miraglia Relazione al Consiglio di agricoltura del Regno d'Italia. Roma 1876.

Statistica del commercio speciale di importazione e di esportazione nel Regno d'Italia. Firenze 1876.

Relatorio da Direcção geral do commercio e industria acerca repartição de agricultura. Lisboa 1873.

Commercio exterior de la Republica del Uruguay en 1873, comparado con el de 1872 &c. Montevideo 1875 (da M. Vaillant).

Sheep and Cattle farming in Buenos-Ayres with a sketch of the financial and commercial position of the Argentine Confederation by Frederick Woodgate. London 1876.

Registro estadistico de la República Arjentina. Bajo la direccion de D. Hudson. VII, Año 1872—1873. Buenos-Ayres 1875.

Annual Report of the Director of the Mines. Washington 1874 & 1875.

Loria, R. Le commerce de l'Égypte. Etude statistique. Alexandrie 1876.

Bavier, E. v. Japan's Seidenzucht, Seidenhandel und Seiden-Industrie. Zürich 1874.

XI. Annual Report of the Flax supply association for the year ending 31. Dec. 1877. Belfast 1878.

Hohenbruck, A. Freih. v. Beiträge zur Statistik der Flachs- und Hanfproduction in Oesterreich. Wien 1873.

Lunier, le Dr., de la production, de la consommation des boissons alcooliques en France et de leur influence sur la santé physique et intellectuelle des populations. Paris 1877.

Stürmer, Dr. G. Geschichte der Eisenbahnen. 2. Th. Statistisch Darstellung für 1871—1875. Bromberg 1876.

Poor's Manual of railroads of the United States for 1877—78.

Cohnstaedt, L. Zur Silberfrage. Frankfurt a. M. 1876.

Report from the select Comittee on depreciation of silver. July 187.

Rapport des délégués suisses à la Conférence monétaire de Par pas MM. Kern et Feer-Herzog 1876.

Statistics of mines and mining by Rossiter W. Raymond. Eigl annual Report. Washington 1877.

Report of the monetary commission, submitted to the House Representatives March 2, 1877. (United States.) Vol. I. Washington 187

Soetbeer, Dr. Ad. Zur Kritik der bisherigen Schätzungen de Edelmetallproduction. Separatabdr. aus den Preuss Jahrb. XII.

Suess, Ed. Die Zukunft des Goldes. Wien 1877.

Fawcett, W. L. Gold and Debt, an american handbook of finance Chicago 1877.

www.ingramcontent.com/pod-product-compliance
Lightning Source LLC
Chambersburg PA
CBHW030407270326
41926CB00009B/1315